학생 탐구 중심 수업과
질문 연속체

학생 탐구 중심 수업과
질문 연속체

로버트 마르자노 · 줄리아 심스 지음

정혜승 · 정선영 옮김

사회평론아카데미

학생 탐구 중심 수업과 질문 연속체

2017년 3월 31일 초판 1쇄 펴냄
2023년 12월 1일 초판 5쇄 펴냄

지은이 로버트 마르자노·줄리아 심스
옮긴이 정혜승·정선영

책임편집 정세민
편집 이소영·김혜림·조유리
디자인 김진운
본문조판 토비트
마케팅 김현주

펴낸이 권현준
펴낸곳 ㈜사회평론아카데미
등록번호 2013-000247(2013년 8월 23일)
전화 02-326-1545
팩스 02-326-1626
주소 03993 서울특별시 마포구 월드컵북로6길 56
이메일 academy@sapyoung.com
홈페이지 www.sapyoung.com

ISBN 979-11-88108-10-7 93370

* 일러두기
  1) 저자가 강조하기 위해 이탤릭체로 표기한 부분은 고딕체로 표시하였다.
  2) 본문에 언급된 책, 노래 가운데 국내에 번역되거나 소개된 것은 독자에게 친숙한 제목으로 번역하고 원어를 병기하였다.
  3) 각주는 모두 한국 독자의 이해를 돕기 위해 역자가 달아놓은 주석이며, 다양한 자료를 종합하여 내용을 구성한 경우
     출처를 특정하여 표시하지 않았다.

역자 서문

로 버트 마르자노는 국내 연구자와 교육자에게도 큰 영향을 끼쳐온 사고력 교육과 교수법 분야의 세계적 학자이다. 그가 제1 저자로 참여한 이 책은 다음 몇 가지 점에서 특히 주목할 만하다.

첫째, 질문에 대한 우리의 편견을 과감하게 깬다. 대부분의 사람들은 수준 높은 질문이 좋은 질문이며, 고등 수준의 질문을 해야 학생의 사고력이 계발되고 학업 성취도 높아진다고 생각한다. 그래서 교과서나 수업에 제시된 질문을 벤저민 블룸(Benjamin Bloom)의 분류 체계를 준거로 분류해서 낮은 수준의 질문이 많다거나 높은 수준의 질문이 적다는 등의 비판을 해왔다. 그러나 질문의 효과성에 대한 선행 연구를 종합한 저자들에 의하면 수준 낮은 질문이 늘 낮은 학업 성취와 연관되거나 수준 높은 질문이 항상 높은 학업 성취를 보장하지는 않는다. '늘 좋은 질문이란 존재하지 않는' 것이다. 따라서 수준 높은 질문을 산발적으로 '던진다고' 해서 학생의 사고력이 계발되거나 학업 성취가 높아지리라 기대할 수는 없다. 중요한 것은 질문을 학습 목표와 관련지어 체계적으로 구성하고, 학생들이 지속적으로 탐구할 수 있도록 지도하는 것이다. 이렇게 구성된 일련의 질문을 저자들은 '질문 연속체'라고 명명한다.

둘째, 학생이 지식을 탐구하고 구성하는 과정을 실질적으로 지도할 수 있게 한다. 구성주의 지식관을 가지고 우리는 '지식 구성자'로서의 학생, '지식 구성 과정'으로서의 '학습'을 강조해왔다. 그러나 수업에서 어떻게 학생으로 하여금 지식을 탐구하고 구성하게 할 것인지에 대해 구체적이고도 실질적인 지도 방안을 충분히 알지 못하였다. 이 책은 '질문 연속체'라는 체계적 질문 틀을 제시하여 학생이 구체적 사실로부터 일반적인 속성을 도출하여 지식을 생성하며, 증거를 들어 구성한 지식을 지지하고, 예외와 같은 한계도 인지하게 하는 유연한 지식 구성의 모델을 제공한다. 교사는 '질문 연속체'를 활용하여 학생의 지식 탐구와 구성 과정을 지도할 수 있다.

셋째, 성취기준을 질문 중심으로 실행하는 수업 모델을 구체적으로 보여준다. 최근 질문의 중요성이 강조되면서 수업 질문을 개선하고 질문 중심으로 수업을 운영하려는 노력이 이루어지고 있다. 그런데 아쉽게도 질문 중심으로 수업을 한다는 것이 막연하기도 하고, 질문 중심으로 수업을 하면 교육과정에 제시된 성취기준과 동떨어진 수업을 하게 될 것 같은 걱정을 하는 교사가 적지 않다. 이 책은 성취기준을 내용 요소로 나누어 단원(또는 차시) 학습 목표로 설정하고, 설정된 목표를 한 차시 또는 그 이상 차시에서 질문 중심으로 실행하는 방법을 제시하여 교사의 막연함이나 걱정을 덜어준다. 특히, 부록에 영어, 수학, 과학의 성취기준에 질문 연속체를 적용한 사례가 실려 있는데, 이는 질문 중심의 교육과정을 실행하는 데 실제적인 도움을 준다.

넷째, 교사가 질문 중심 수업을 하는 데 꼭 필요한 지도 내용과 방법을 구체적으로 제시한다. 질문 중심으로 수업을 하려면 교사가 질문을 체계적으로 계획하여 잘 발문하는 것도 중요하지만, 학생이 답을 찾고 토론을 통하여 더 나은 답을 생산하도록 지도하는 것도 중요하다. 이 책은 학생이 답을 찾기 위해 다양한 자료(언어적 텍스트, 비언어적 텍스트, 전자 텍스트)를 어떻게 이해하고 활용할 수 있는지, 학생이 더 나은 답을 찾기 위해 토론을 할 때 어떻게 듣고 말하고 논증해야 하는지 구체적인 자료와 실제 수업 사례를 들어 설명하고 있어 교사에게 실질적인 도움을 줄 수 있다.

이 책은 사회평론아카데미의 미래교육 디자인 총서 중 두 번째 책이다. 어려운 출판 상황에서도 질문이 교육의 핵심임을 인식하고 총서를 기획하고 출판해주신 윤철호 사장님과 고하영 선생님께 깊이 감사드린다. 교육에 '개혁'이 요구되는 시대에 질문으로 수업이 바뀌고, 질문으로 학생이 성장하는 교육이 이루어지기를, 그리고 이 책이 그러한 희망을 현실로 구현하는 데 기여할 수 있기를 기대한다.

정혜승

저자 서문

『학생 탐구 중심 수업과 질문 연속체(Questioning Sequences in the Classroom)』는 '수업 전략 시리즈'라 불리는 시리즈의 일부입니다. 이 시리즈는 학생의 학업성취를 향상시키기 위해 수업에서 사용할 수 있는 연구 기반 교수 전략을 심도 있게 다루어서 관리자와 교사들에게 제공하는 것을 목적으로 합니다. 이 시리즈에서 다루는 전략 중 상당수는 『학업성취 향상 수업 전략(Classroom Instruction That Works)』(Marzano, Pickering, & Pollock, 2001), 『효과적인 교실 운영(Classroom Management That Works)』(Marzano, 2003), 『교수의 기술과 과학(The Art and Science of Teaching)』(Marzano, 2007), 『수업 장학(Effective Supervision)』(Marzano, Frontier, & Livingston, 2011) 등 다른 책에서 이미 다루어진 내용입니다. 이 책들은 특정 전략에 한 장 또는 한 장의 일부만을 할애하고 있지만, 『학생 탐구 중심 수업과 질문 연속체』는 책 전체를 교수 전략 또는 일련의 관련 전략에 할애하고 있습니다.

『학생 탐구 중심 수업과 질문 연속체』는 먼저 질문에 대한 연구와 이론을 검토하는, 간략하지만 포괄적인 장으로 시작합니다. 이 책을 읽는 독자는 학교에서 적용할 수 있는 기법을 제시하는 장으로 바로 넘어가고 싶겠지만, 먼저 연구와 이론을 살펴볼 것을 강력하게 권합니다. 왜냐하면 그것은 이 책의 기초가 되기 때문입니다. '수업 전략 시리즈'에 포함된 『학생 탐구 중심 수업과 질문 연속체』나 다른 책들의 기본적인 목적은 현존하는 가장 신뢰할 수 있는 연구와 이론을 기반으로 해서 가장 유용한 전략을 제공하는 것입니다.

연구와 이론은 실제 수업의 일반적인 방향만을 제시하기 때문에, 『학생 탐구 중심 수업과 질문 연속체』는 한 걸음 더 나아가 그런 연구를 수업에서의 질문에 적용하도록 이끕니다. 구체적으로 말하자면, 이 책은 수업에서 행해지는 질문에 대한 특별한 전략을 제시합니다. 질문 연속체가 바로 그것입니다. 연구 결과에 따르면, 목표 질문을 잘 조직된 순서에 따라 의도적으로 사용했을 때 학생의 선행 지식을 끌어내고, 새로운 정보의 발견을 촉진하며, 모든 내용 영역에서 학생의 학습을 심화하고 확장할 수 있다고 합니다.

1장에서는 수업에서의 질문과 관련된 역사, 연구, 이론을 검토합니다. 이 장의 주요 내용 중 하나가 개별적인 질문은 심도 깊은 이해와 고차원적인 인지 능력을 질문 연속체만큼이나 효과적으로 촉발시키지 못한다는 것입니다. 이 책에서 우리는 질문 연속체를 세부 사항 단계, 범주 단계, 정교화 단계, 증거 단계라는 네 단계로 제시합니다. 2장에서는 각각의 단계를 설명하고 이에 대한 예를 제시하며, 수업에서 즉각적으로 질문 연속체를 실행할 수 있는 구체적이고 명확한 지침을 제공합니다. 3장에서는 질문 연속체의 네 단계에서 제시되는 각각의 질문에 답하기 위해 모든 유형의 텍스트에서 정보를 찾아내는 법을 어떻게 학생에게 가르칠 것인가를 설명합니다. 질문에 답하기 위해 학생은 두 가지 가능한 자료, 즉 자신이 이미 알고 있는 지식이나 외부 자료 중 하나로부터 정보를 가져와야 합니다. 외부 자료로는 전통적인 인쇄 텍스트, 그래픽 텍스트, 멀티미디어 텍스트, 전자 텍스트, 인터넷 텍스트 등이 있습니다. 4장에서는 질문에 답하기 위해 학생이 개별적으로 반응하거나 모둠으로 반응할 때 교사가 사용할 수 있는 다양한 반응 기법에 초점을 맞추었습니다. 또한 이 장에서는 학생들이 모둠을 이뤄 활동할 때 모둠의 상호작용을 촉진하기 위해 교사가 사용할 수 있는 다양한 기법에 대해서도 살펴볼 것입니다. 마지막으로 5장에서는 한 차시의 수업 또는 여러 차시의 수업에서 활용할 수 있는 질문 연속체를 계획하는 방법에 대해 상세한 지침을 제공할 것입니다.

이 책에서 우리는 간단한 수업 상황을 설정하여 다양한 전략에 대한 예를 제시하고 있습니다. 이러한 서술을 통해 독자는 각 전략이 교사의 실제 수업에서 어떻게 보이게 될지를 가늠할 수 있습니다. 이는 우리가 제시한 전략을 학년의 수준과 내용 영역에 맞게 어떻게 적용할 것인지를 독자에게 보여줄 것입니다. 추가적으로 부록 B에는 유치원부터 고등학교까지 12학년 동안 사용할 질문 연속체의 예들을 제공하고 있습니다. 예시한 질문들은 읽기, 쓰기, 수학, 과학 등 다양한 내용 영역을 다루고 있습니다.

어떻게 이 책을 사용할 것인가

교육자들은 『학생 탐구 중심 수업과 질문 연속체』를 수업에서 효과적으로 질문하는 법을 깊이 이해하기 위한 자율학습 텍스트로 사용할 수 있습니다. 각 장의 마지막에는 내용에 대한 이해 여부를 확인하는 질문들이 있습니다. 이 질문들에 답하고 자신의 답을 부록 A에 제시된 답안과 비교해보는 것은 매우 중요합니다. 이러한 상호작용을 통해 독자는 내용을 다시 한 번 복습하고 자신의 이해 여부를 철저히 검토할 수 있습니다. 또한 질문 주제를 심도 있게 공부하고자 하는 교사와 관리자는 그룹을 구성하여 『학생 탐구 중심 수업과 질문 연속체』를 활용할 수도 있습니다. 이 경우 각 구성원들은 먼저 질문에 개별적으로 답한 후 자신의 답을 소그룹이나 좀 더 큰 그룹 내에서 비교해볼 수 있습니다.

차례

1장

연구와 이론

> 질문 연속체 개념은 학생이 정보를 수집하고, 이를 분류하며, 결론을 도출하고, 그 결론을 뒷받침하는 증거를 제시함으로써 자신의 주장을 형성하는 과정을 지도하기 위해 특별히 고안된 것이다.

교수 전략으로서의 높은 인기에도 불구하고 수업에서의 질문은 한 세기 이상 미국에서 교육 논쟁의 주제가 되어 왔다. 그러나 놀랍게도 지금까지 효과적인 질문의 정확한 속성을 명확하게 규명한 연구는 없었다.

질문에 관한 논쟁은 1912년 로미엣 스티븐스(Romiett Stevens)가 교사들의 질문 성향을 연구하면서 시작되었다. 그녀가 조사한 변수들 중 하나는 교사가 하루에 얼마나 많은 질문을 하느냐 하는 것이었다. 그녀는 "하루 동안의 교수 활동 중 발생하는 평균 질문 수는 395개였고"(p. 15), 이는 "수업 시간의 10분의 8"(p. 6)을 차지한다고 보고했다. 스티븐스의 연구 이후 많은 연구자들이 수업에서의 질문 빈도에 대해 조사했고, 비슷한 결과를 보고했다([표 1-1] 참조). 매일 교사들이 던지는 많은 양의 질문은 질문을 수업의 중요한 변수로 만들었다.

스티븐스(1912)의 연구 중 가장 중요한 발견은 어떤 수업에서는 많은 질문을 하는 것이 학생의 성취를 향상시키지만 다른 수업에서는 그렇지 않을 수도 있다는 것이다. 그렇다면 단순히 질문만 하는 것은 바람직한 수업 활동이 아닐지도 모른다. 이러한 연구 결과는 효과적인 질문 방법에 대한 즉각적인 관심을

[표 1-1] 교사가 묻는 질문 수에 관한 연구 결과

플로이드(Floyd), 1960*	평균적으로 초등학교 교사는 하루에 348개의 질문을 했다.
모이어(Moyer), 1966*	평균적으로 초등학교 교사는 한 차시 과학 수업 동안 180개의 질문을 했다.
슈라이버(Schreiber), 1967*	평균적으로 5학년 교사는 30분의 사회 수업 동안 64개의 질문을 했다.
덩킨(Dunkin) & 비들(Biddle), 1974	종합된 연구(Dahllöf & Lundgren, 1970; Furst, 1967; Furst & Amidon, 1967)에 따르면, 수업 내 모든 상호작용의 10분의 1에서 6분의 1은 교사가 묻는 질문의 형태로 일어난다.
내시(Nash) & 시만(Shiman), 1974	30분 동안 12~20개의 질문을 한다는 교사들의 인식과는 달리 교사들은 실제로 30분 동안 45~150개의 질문을 했다.
레빈(Levin), 1981	종합된 연구(Floyd, 1960; Gall, 1970; Schreiber, 1967; Stevens, 1912)에 따르면, 교사는 보통 하루에 300~400개의 질문을 했다.
갬브렐(Gambrell), 1983	3학년 교사는 43초마다 질문을 하나씩 했다.

* Gall, 1970에서 재인용.

불러일으켰다. 그러나 아쉽게도 효과적인 질문과 비효과적인 질문의 속성에 대한 체계적인 연구는 그 후 10년이 지난 뒤에야 이루어졌다.

1. 효과적인 질문의 초기 개념

1950년대에 접어들어 연구자들은 효과적인 질문에 대해 본격적으로 연구하기 시작했다. 일단 효과적인 질문 기술이 발견되면 교사에게 이를 명확하게 가르칠 수 있고 이는 학생들의 성취 향상으로 이어질 것이라 생각하였다. 이러한 노력은 연구자들로 하여금 "체계적인 관찰과 분석을 위한 정교한 방법"(Wilen & Clegg, 1986, p. 153)을 개발할 필요를 느끼게 하였다. 더욱 정확하게 말하면 질문을 분류할 방법이 필요하게 된 것이다. 메러디스 '마크' 골(Meredith 'Mark' Gall, 1970)은 1950년에서 1970년 사이에 개발된 다수의 질문 분류 체계를 확인하였다(Adams, 1964; Aschner, 1961; Carner, 1963; Clements, 1964; Gallagher 1965; Guszak, 1967; Moyer, 1966; Pate & Bremer, 1967; Sanders, 1966; Schreiber, 1967). 많은 분류 체계 중에서 여러 연구자들은 기존의 인지 유형 모델을 사용해 질문을 분류하였다. 예를 들면, 메리 제인 아슈너(Mary Jane Aschner, 1961)는 조이 폴 길퍼드(Joy Paul Guilford, 1959)의 '지능의 3차원' 모형[1]을 기반으로 질문 분류 체계를 만들었다. 이러한 노력 중 가장 잘 알려진 것이 블룸(Bloom, 1956)의 분류법을 질문 유형에 적용한 노리스 샌더스(Norris Sanders, 1966)의 분류 체계이다.

본래의 목적이 대부분 잊히긴 했지만, 블룸의 분류법은 원래 대학 평가자들(대학생을 대상으로 평가하는 사람들)이 평가 문항을 개발하는 것을 돕기 위해 개발되었다. 벤저민 블룸(Benjamin Bloom, 1956)과 그의 동료들은 기능과 지식을 교육 목표에 따라 분류하기 위해 신뢰도 높은 체계를 개발하려고 노력하였다. 이러한 목적은 『교육 목표 분류법: 교육 목적에 따른 분류(Taxonomy of Educational Objectives: The Classification of Educational Goals)』라는 책의 제목에서도 잘 드러난다. 블룸의 분류법은 교육 목표를 지식(1.00), 이해(2.00), 적용(3.00), 분석(4.00), 종합(5.00), 평가(6.00)라는 여섯 가지의 위계 수준으로 분류한다. 로린 앤더슨(Lorin Anderson)과 그의 동료들은 2001년에 블룸의 분류법을 수정하면서 다음과 같이 설명한 바 있다.

블룸의 분류법이 개발되면서 평가자들은 각 목표를 하나의 독특한 실체로 접근할 필요가 없게 되었다. 그것보다는, "오, 이것은 분석 목표에 해당하는군. 나는 분석 목표에 대한 평가 문항을 작성하는 방법을 알고 있지"라고 자기 자신에게 말할 수

----

1 길퍼드가 제시한 지능 구조의 가설적 모형으로, 지능의 구조를 내용 차원(시각, 청각, 상징, 의미, 행동), 조작 차원(평가, 수렴, 확산, 기억 파지, 기억 저장, 인지), 결과 차원(단위, 종류, 관계, 체계, 변화, 함축)이라는 세 가지 차원의 복합적 구성으로 설명하였다. 각 차원은 다시 소분류로 세분화된다. 길퍼드에 따르면, 지능은 내용 차원 다섯 가지와 조작 차원 여섯 가지, 그리고 결과 차원 여섯 가지가 곱해져 180개의 영역으로 구성된다.

있게 되었다. 그들은 자신의 '견본'을 꺼내 … 교과의 차이를 고려하여 수정하면서, 비교적 짧은 시간 내에 여러 문항을 작성할 수 있게 되었다. (p. 35)

다시 말해서 블룸의 분류법은 다양한 교육 목표(혹은 학습 목표)에 대한 평가 문항 작성을 용이하게 할 목적으로 고안된 것이다. 최초의 판본에서 블룸(1956)과 그의 동료들은 분류법을 확대 적용하는 것에 대해 경고했다.

주목해야 할 점은 우리가 교사의 교수 방법, 교사와 학생의 상호작용 방식, 혹은 교사가 사용하는 다양한 종류의 수업 자료를 분류하고 있지 않다는 것이다. 또한 우리는 특정 주제나 내용을 분류하려고 시도하지도 않는다. 우리가 분류하고자 하는 것은 학생의 의도된 행동, 즉 개인이 교수의 일정 단위에 참여한 결과로서 나타나는 행동방식이나 사고방식이나 느끼는 방식이다. (p. 12)

2001년에 블룸의 분류법을 수정하면서 앤더슨과 그의 동료들은 "학습 목표를 구체화한다고 해서 규정된 교수 방법에 자동적으로 이르지는 않는다"(p. 257)라고 말하면서 이러한 경고를 강화하였다. 블룸, 앤더슨, 그리고 그들의 동료들은 분류 단계라는 것이 질문과 같은 교수 방법, 또는 토론 수업에서와 같은 교사와 학생의 상호작용 방법을 분류하기 위한 목적으로 고안된 것이 결코 아니라는 사실에 주목하였다.

2. 블룸의 분류법: 잘못 적용된 체계

블룸의 분류법이 (교육 목표를 분류한다는) 애초의 목적에 적용되었을 때에는 계획대로 되고 꽤 유용하였음에도 불구하고 곧 질문 위계의 기본 틀로 자리 잡게 되었는데, 이는 노리스 샌더스의 영향력이 컸다. 1966년 그는 『수업 질문:

어떤 종류의?(Classroom Questions: What Kinds?)』라는 책을 출간하였다. 이 책에서 그는 질문들을 분류하기 위해 블룸의 분류법을 사용해야 한다고 주장하며 자신의 판단을 다음과 같이 변호하였다.

일부 교사는 직관적으로 양질의 질문을 던지지만, 너무나 많은 교사가 그저 학생의 기억만을 상기시키는 질문에 지나치게 치중한다. 그래서 가치 있는 모든 종류의 질문을 충분히 사용하는 교사는 실제로 거의 없다. 이 책의 목적은 수업에서 다양한 지적 분위기를 보장하기 위해 실제적인 계획을 서술하는 것이다. 이러한 접근은 학생에게 단순히 기억을 상기시키는 질문보다는 생각을 사용할 것을 요구하는 질문을 체계적으로 숙고하는 것을 통해 이루어진다. (p. 2)

샌더스(1966)는 "교육 목표에 관한 책[블룸의 분류법]이 어떻게 질문이라는 주제에도 의미를 가지는지에 대해서는 설명이 필요하다"(p. 2)라고 하면서 블룸의 분류법을 질문에 적용하는 것이 원래 의도한 목적이 아님을 인정하였다. 샌더스가 그런 적용에 대해 설명을 하긴 했지만, 그의 논리는 최소한 네 가지 측면에서 블룸의 분류법이 질문 체계로서 한계가 있음을 드러냈다.

첫째, 샌더스는 블룸과 그의 동료들이 분류의 각 단계에서 예시 평가 문항을 제시했기 때문에 그들의 분류법이 수업에서의 질문을 분류하는 데에도 유용하다는 점을 암시했다고 주장한다. 블룸과 그의 동료들을 언급하며 샌더스(1966)는 다음과 같이 말했다.

그들이 각 범주를 정의한 방법 중 하나는 학생들에게 특정한 종류의 사고에 참여하도록 요구하는 질문 사례를 사용하는 것이었다. … 블룸과 그의 동료들은 모든 목표가 자신들의 분류법을 통해 분류될 수 있다고 주장했고, 모든 질문 또한 분류될 수 있음을 암시했다. (pp. 3, 7, 고딕체 추가)

그러나 블룸(1956)과 그의 동료들은 질문을 분류하는 것이 목표를 분류하는 것과 같다는 가정에 대해 분명하게 경고하였다. 예시 평가 문항의 서문에서 그들은 다음과 같이 말했다.

평가 문항[즉, 질문]을 분류하는 과제는 교육 목표를 분류하는 것보다 좀 더 복잡하다. 독자는 특정 평가 문항을 분류하기 전에 해당 평가에 선행하는 학습 상황에 대해 알아야 하거나 최소한 이에 대해 추정해야 한다. 독자는 또한 평가 문항을 실제로 풀려고 시도해야 하고, 작동하고 있는 정신적 과정에 주목해야 한다. (p. 51)

책의 저자들이 명시한 바와 같이 블룸의 분류법을 사용해 평가 문항(및 추론컨대, 질문)을 분류하는 것은 교육 목표를 분류하는 것보다 더 복잡하다. 질문을 분류하는 것이 가능은 하겠지만, 교육 목표를 위해 특별히 고안된 분류법을 질문 분류를 위해 사용하는 것을 이 책의 저자들이 반드시 권한다고 볼 수는 없다. 질문을 분류하기 위해서는 특별히 그 목적을 위해 고안된 체계가 필요하다.

둘째, 샌더스(1966)는 블룸의 분류법을 이용해 질문을 분류하는 체계적인 방법을 제시하지 못했으며, 그의 연구는 어떤 질문이 분류의 어느 단계에 속하는지에 대해 교사들 간에 의견이 일치하지 않는 경우가 많았음을 드러냈다.

경험한 바로는 그 분류법을 함께 이용한 교사들이 질문 분류에서 불일치하는 경우가 많았고, 이러한 논란에 대해 모든 당사자는 자신의 입장을 옹호하며 훌륭한 주장을 펼칠 수 있었다. (p. 7)

그러나 샌더스는 이런 문제점을 다음과 같이 일축한다.

이는 수업 교사의 예상된 질문 사용에서 심한 장애가 되지 않는다. … 교사가 기억해야 할 중요한 요점은 질문을 분류하는 데 따르는 어려움이 질문의 질에 아무런 영향도 미치지 않는다는 것이다. (pp. 7~8)

유감스럽게도 샌더스는 교사가 이러한 불일치를 어떻게 해소해야 하고 질문 분류 문제를 어떻게 해결해야 하는지에 대해 추가적인 설명을 하지 않았다. 질문의 명확한 분류에 대한 실패는 블룸의 분류법을 사용하는 것의 한계를 잘 드러냈다.

셋째, 샌더스(1966)는 자신의 분류 체계가 비판적 사고를 발전시킬 것이라고 주장했다. 그러나 샌더스는 비판적 사고란 "기억 범주를 넘어서는 모든 사고 과정이다. 환언, 해석, 적용, 분석, 종합, 평가 범주에서 학생에게 적절한 경험을 제공하는 교사는 비판적 사고의 모든 지적 영역을 가르치고 있다고 확신해도 된다"(p. 6)라고 했다. 그의 비판적 사고에 대한 정의는 비판적 사고의 본질과 기능에 대한 이해의 한계를 보여준다. 실제로 샌더스는 재인과 회상[2]을 넘어서는 모든 종류의 사고를 상위 수준의 사고와 동일시했다. 이는 직관적으로는 다소 매력적이지만, 분명 비판적 사고라는 개념을 지나치게 단순화한 것이다. 그리고 이는 복잡한 질문을 통한 의도된 효과, 즉 내용에 대한 학생의 깊이 있고 면밀한 사고를 끌어낼 수 있도록 교사에게 충분한 정보와 안내를 제공하지는 못한다.

마지막으로 넷째, 샌더스의 권고가 완전한 타당성을 가지기 위해서는 질문의 인지 수준과 질문이 유도하는 응답의 인지 수준이 상관관계를 가져야 한다. 다시 말해, 교사는 자신이 상위 단계의 질문을 하면 그 질문이 학생의 상위 단계의 응답을 촉진할 것이라고 기대한다. 그러나 항상 그런 것은 아니다. 만약 학생이 상위 단계의 질문에 대한 답을 이미 알고 있다면 질문에 답하기 위해 상위 단계의 사고를 할 필요는 없다. 그는 단순히 전에 들은 것을 정답으로 상기할 것이다. 예를 들어, 교사가 평가를 염두에 두고 다음과 같은 질문을 했

----

2 재인(recognition)은 기억 인출의 한 형태로서 제시되는, 자극이 이전에 경험을 통해서 기억 속에 저장돼 있는 경우 그것을 확인해 알아보는 것을 가리킨다. 반면에 회상(recall)은 제시 자극 없이 재생해내는 것을 뜻한다.

다고 가정해보자. "태양열 발전의 장점과 단점을 비교하고, 자신의 집에 태양 전지판을 설치하는 것이 좋은 판단인지 결정하시오." 만약 특정 학생의 가족이 최근에 태양 전지판을 집에다 설치했고 그 학생이 찬성과 반대 그리고 마지막 결정에 이르는 부모님의 토론 과정에 참여했다면, 이미 그 학생은 자신이 알고 있는 정보를 단순히 떠올릴 뿐이다. 이러한 경우 해당 학생에게 평가적 사고 혹은 상위 단계의 사고가 반드시 요구되는 것은 아니다. 이와 같이 상위 단계의 질문이 반드시 학생으로 하여금 상위 단계의 사고를 하도록 보장하지는 않는다. 샌더스(1966)는 이 문제에 대해 모호하게 말하고 있다. 처음에는 "특정 종류의 질문은 특정 종류의 사고를 유도한다"(p. 8)라고 했으나, 나중에는 "하나의 질문이 필연적으로 하나의 사고 범주를 이끈다거나 모든 학생이 답을 찾기 위해 동일한 정신 작용을 한다고 생각하는 것은 잘못이다"(pp. 8~9)라고 했다. 이와 같이 블룸의 분류법을 질문 체계로 사용하는 데에는 한계가 있다.

연구자들은 블룸의 분류법이나 인지 단계에 기반을 둔 다른 분류법을 사용해 질문을 분류할 때 야기되는 문제들을 놓치지 않았다. 골은 1970년 그의 논문 「수업에서 질문 사용하기(The Use of Questions in Teaching)」에서 1912년 스티븐스의 연구 이후에 나온 질문에 대한 문헌을 조사하고서 더 많은 연구가 필요하다고 권고했다. 그는 질문의 중요성과 교사가 많은 질문을 한다는 견해([표 1-1] 참조)를 되풀이하면서, 그와 동시에 (이번 장에서 개괄한 바와 유사하게) 질문 분류를 위해 인지 과정 모델을 사용하는 것의 약점을 강조했다.

질문 분류에서 인지-과정 접근법을 사용하는 것의 약점은 이 과정이 추정에 의한 구인(構因: constructs)[3]이라는 것이다. 따라서 이러한 과정은 직접 관찰될 수 없다. … 한 학생이 특정 질문에 답하기 위해 분석이나 종합과 같은 상위 수준의 인지 과

---

3 지능이나 태도와 같이 직접 관찰하거나 측정할 수 없는 인간의 심리적 특성이나 행동을 설명하기 위하여 존재한다고 가정하는 요인.

정을 사용했는지, 아니면 비교적 낮은 수준의 지식 회상 과정을 사용했는지를 항상 알 수 있는 것은 아니다. (p. 710)

또한 골의 검토는 그 후 20년 동안 질문 연구의 방향을 제시한 다음의 물음을 다루었다. "상위 단계의 질문이 더 좋은 것인가?"

3. 상위 단계 질문에 대한 연구

샌더스(1966)의 주요 전제는 특정 유형의 질문이 다른 유형의 질문보다 더 낮거나 더 바람직하다는 것이다. 앞에서 언급한 바와 같이, 그는 "일부 교사는 직관적으로 양질의 질문을 던지지만, 너무나 많은 교사가 그저 학생의 기억만을 상기시키는 질문에 지나치게 치중한다"(p. 2)라고 했다. 이 진술에는 학생으로 하여금 그저 정보만을 기억하게 하거나 상기시키는 질문은 낮은 질의 질문이라는 의미가 내포되어 있다.

골(1970)이 추측하기로 (기억 질문, 지식 질문, 하위 인지 질문, 또는 하위 단계 질문이라고도 불리는) '사실' 질문 또는 '회상' 질문을 둘러싸고 있는 이런 낙인은 교사가 그런 질문을 아주 많이 한다는 확고한 생각에 기인한 것이다. 그는 이를 다음과 같이 설명하였다.

교육자들이 일반적으로 동의하는 바는 교사는 학생이 사실에 대한 학습 능력 및 회상 능력보다 비판적 사고 능력을 계발하도록 강조해야 한다는 것이다. … 그러나 반세기가 넘는 기간을 살펴본 연구 결과에 따르면, 교사의 질문은 사실을 강조해왔다. … 반세기 동안 수업에서 교사가 강조하는 질문 유형에는 본질적인 변화가 없었다고 결론 내리는 것은 당연하다고 할 수 있다. 교사가 던지는 질문의 약 60퍼센트는 사실을 상기시키는 질문이고, 약 20퍼센트는 학생으로 하여금 생각하

게 만드는 질문, 그리고 나머지 20퍼센트는 절차상의 질문이다. (pp. 712~713)

골은 교사가 이러한 질문을 하는 이유를 다음과 같이 제시하였다.

- 사실에 대한 질문은 비판적 사고 질문에 답하기 위해 필요한 정보를 소환하는 데 필요하다.
- 비판적 사고와 문제 해결 능력은 최근에야 교육과정 자료에 포함되었고, 따라서 교사의 질문이 아직 이러한 경향을 따라잡지 못했다.
- 교사가 사용하는 교육과정 자료들이 사실에 대한 질문을 강조하고 있다.
- 교사 훈련 프로그램이 효과적인 질문 기술을 가르치지 못하고 있다.

'사실' 질문 또는 '회상' 질문이 널리 사용되는 이유가 무엇이든지 간에, 골은 수업에서 이러한 질문이 많이 사용되고 있다는 연구 결과를 재확인했다.

1) 질문 수준에 대한 초기 연구

1970년대 초반은 교육 연구에서 중요한 이정표를 남긴 시기이다. 특정한 교수 전략과 학생 성취 사이의 관련성을 살펴보는 연구가 대중화된 것이다. 이러한 유형의 연구는 과정–산출 연구로 알려져 있다(Dunkin & Biddle, 1974). 연구자들은 특정한 교사의 행동과 학생의 성취 사이에 관련이 있는지를 살펴보기 위해 다양한 교수 전략을 조사하였다. 교사의 질문 행위와 관련해 연구자들은 상이한 인지 수준의 질문이 야기하는 효과에 초점을 맞추었다. 많은 경우 '상위 단계'와 '하위 단계' 질문을 구분하기 위해 블룸의 분류법이 사용되었다.

초기 연구자들은 매우 상이한 결과를 내놓았다. 프랜시스 헝킨스(Francis Hunkins, 1968)는 상위 단계의 질문이 학생의 성취를 향상시킨다는 사실을 발견했지만, 성취를 측정하기 위해 그가 사용한 방법은 보다 개방적이고 추상적인 상위 단계의 사고를 측정하기에는 적합하지 않은 선다형 질문이었다. 골 (1970)은 "질문 형태를 선다형으로 한 것은 … 왜곡으로 보인다. 왜냐하면 평가 질문과 같은 일부 유형의 질문은 사실 '정확한' 답이 없기 때문이다"(p. 714)라 고 말하면서 헝킨스의 연구 결과를 "단지 참고만 할 뿐"이라고 하였다. 5년 후 프랭크 라이언(Frank Ryan)은 교사 질문의 인지 수준을 연구하기 위해 다시 선 다형 시험을 사용하여 두 번의 실험(1973, 1974)을 하였다. 첫 번째 연구(1973) 에서 그는 "상위 수준의 질문이 학생의 저차원적 이해 및 고차원적 이해를 제 고하는 데에서 하위 수준의 질문보다 효과적"(p. 66)이라는 것을 발견하였다. 그러나 두 번째 연구(1974)에서는 하위 단계의 질문도 고차원적 이해를 제고하 는 데 상위 단계의 질문만큼 효과적이라는 사실을 발견하였다. 그는 다음과 같 이 말하였다.

> 성취가 오직 질문 유형(예컨대, 상위, 하위)하고만 함수관계를 가진다고 결론 내리는
> 것은 지나치게 단순한 생각처럼 보인다. … 제기된 질문 유형만을 대상으로 한 질
> 문 연구는 교육적 추론의 측면에서 지나치게 제한적이고, 잠재적으로는 한계가 있
> 다. (p. 74)

마이클 덩킨(Michael Dunkin)과 브루스 비들(Bruce Biddle)은 1974년에 질문 연구에 대한 자신들의 검토에서 동일한 의견을 내놓았다. 그들은 교사가 묻는 질문의 유형이 학생의 성취와는 큰 연관이 없다는 결론을 내리면서, 향후 50년 동안 연구자와 교육자에게 큰 영향을 준 편견에 주의를 집중시켰다. "비 록 … 교사가 종합, 평가와 같은 상위 수준의 인지 과정을 더 강조해야 하는 점은 자명해 보이지만, 이러한 강조가 기대한 효과를 산출한다는 것을 보여주는 증 거는 지금까지 없었다"(p. 243). 사실 연구자와 교육자들은 상위 단계의 질문이 하위 단계의 질문보다 어떤 면에서는 우월하지 않다는 사실을 믿기 힘들었다.

버락 로젠샤인(Barak Rosenshine, 1976b)은 질문에 대한 사회적 통념을 재

검토할 것을 요구하였다. 그는 하위 단계의 질문이 학생의 높은 성취로 이어진다는 이전의 연구 결과(Brophy & Evertson, 1974a; Gage & Stanford Program on Teaching Effectiveness, 1976; Soar, 1973; Stallings & Kaskowitz, 1975; Ward & Tikunoff, 1975)를 설명한 후 다음과 같이 말했다.

> 사실적 질문은 나쁘고 상위 수준의 질문은 좋다는 오래전의 진부한 생각은 잘 설계된 연구의 지지를 받지 못하였다. ··· 복합적인 질문 또는 상위 수준의 질문에 대한 의미 있는 결과의 부재는 모든 연구자들을 혼란스럽게 하였으며, 이는 질문 유형과 그 효과의 의미를 재고해야 한다는 결론에 이르게 하였다. (pp. 61, 63)

1978년에 골과 그의 동료들은 질문 연구의 애매한 속성을 재확인했다. 그들은 질문의 인지적 수준을 조사하고 이에 대한 연구를 수행하여, "교사가 상위 수준의 인지 질문을 사용하는 빈도와 학생의 성취 사이에는 분명한 관련성이 없다. ··· 많은 교육자들의 믿음과는 달리 ··· 상위 수준의 인지 질문보다 사실에 대한 질문을 강조하는 것이 더 바람직한 교수 양식"(pp. 177, 196)이라는 사실을 발견하였다. 그들은 로젠샤인처럼 자신들의 연구 결과를 "당황스럽다" (p. 196)라고 했는데, 이는 상위 단계의 질문이 어떤 면에서나 하위 단계의 질문보다 더 나아야 한다는 교육자들 사이에 확고하게 자리 잡은 생각을 보여주었다. 다른 통합 연구들도 엇갈린 결과를 계속 내놓았다.

1979년에 필립 위니(Philip Winne)는 교사의 질문 행위에 관한 열여덟 가지의 연구를 검토해서, "교사가 상위 수준의 인지 질문을 주로 사용하는지 또는 사실적 질문을 주로 사용하는지는 학생 성취에 거의 영향을 주지 않는다"(p. 43)라는 결론을 내렸다. 그는 이어서 "상위 수준의 인지 질문이 예상된 인지 작용을 학생들에게 실제로 촉진한다는 것을 입증한 연구는 교수법에 관한 전통적인 연구 중에는 거의 없다. 그리고 우리가 검토한 실험 중 어느 것도 이를 입증하지 못했다"(p. 44)라고 했다. 1981년에 타마르 레빈(Tamar Levin)은 "하위 단계의 질문은 성취와 분명히 관련이 있는 것처럼 보이는 반면, 상위 단계의 수업 질문은 성취와 관련이 없는 것 같다. 이런 결과와 결론은 교육자와 연구자의 추정을 반박하는 것이다"(p. 29)라고 하며 놀라움을 표시했다. 이전의 연구와 마찬가지로 상위 단계의 질문이 학생 성취에 거의 또는 아무 영향을 주지 못했다는 결과는 연구자와 교육자에게 놀라움과 혼란을 초래했다.

2) 상위 단계 질문의 부상

1981년에 도리스 레드필드(Doris Redfield)와 일레인 루소(Elaine Rousseau)는 이전의 연구 경향과는 다른 결론을 내놓았다. 이들은 메타 분석이라 불리는 기법을 사용해 위니의 1979년 연구 데이터를 재분석해서 상위 단계의 질문 사용에 대해 다소 큰 수치의 효과 크기(0.73)를 계산해냈다. 효과 크기(effect size)는 수업 전략이 얼마나 효과적인지를 나타내며, 수치가 높을수록 해당 전략은 더욱 효과적인 것이 된다. 대부분의 교육 지도에서 평균 효과 크기가 0.40(Hattie, 2009)임을 감안할 때, 0.73이라는 수치는 의미 있는 효과임을 보여주는 것이다. 흥미롭게도 레드필드와 루소는 위니와 동일한 데이터를 사용했음에도 불구하고 그들의 결론은 정반대로 나타났다. 그렇지만 연구자와 교육자들은 이전의 통합 연구보다 레드필드와 루소의 연구를 더 비중 있고 중요한 것으로 간주하면서 그들의 연구 결과를 지지했다. 질문의 수준에 대해 신중했던 이전의 연구자들은 레드필드와 루소의 연구를 상위 단계 질문의 우월성을 입증하는 연구로 받아들이는 듯했다.

1984년에 골은 교사의 질문 행위에 대한 연구(Dunkin & Biddle, 1974; Redfield & Rousseau, 1981; Rosenshine, 1976b; Winne, 1979)를 다시 검토하였다. 검토한 네 연구 중 세 연구(레드필드와 루소의 연구를 제외한 모두)에서 상위 단계의 질문이 아무런 효과도 없었거나 부정적인 영향을 미쳤다고 보고했음에도 불구하고, 골은 "연구에 따르면 상위 수준의 인지 질문을 강조하는 것이 더 효과적이다"(p. 42) 그리고 "상위 수준의 인지 질문을 강조하는 것이 일반적으로 사실 질문을 강조하는 것보다 더 나은 학습 결과를 낳는다"(p. 45)라고 말하였다. 상위 단계의 질문에 대한 골의 새로운 연구 열의는 다른 연구자들도 공유하였다. 너새니얼 게이지(Nathaniel Gage)와 데이비드 벌리너(David Berliner)(1984)는 『교육 심리학(Educational Psychology)』 3판에서 상위 단계의 질문에 대한 자신들의 긍정적 믿음을 단언한 바 있다. 그들은 레드필드와 루소의 종합적 연구를 자신들의 연구에서 기본 자료로 사용하면서 다음과 같이 말했다.

> 상위 단계의 질문을 던지는 것은 학생들로 하여금 비교적 상위 수준의 인지 작용을 하게 한다는 의미에서 "효과가 있다." 상위 단계의 질문은 학생에게 상위 단계의 정신 작용, 즉 단순한 기억보다는 추론 과정을 경험하도록 만드는 것처럼 보인다. 이러한 질문들은 그 자체만으로도 정당화될 수 있다. (p. 636)

연구자들의 이러한 열의에도 불구하고, 상위 단계의 질문에 대한 엇갈린 연구 결과는 계속되었다.

3) 계속되는 엇갈린 연구 결과

레드필드와 루소(1981)의 연구 결과에도 불구하고, 질문 연구에 대하여 신중한 태도를 계속 견지한 연구자들이 있었다는 사실에 주목해야 한다. 1986년 제어 브로피(Jere Brophy)와 토머스 구드(Thomas Good)는 교사의 질문에 대한 다수의 연구(Brophy, 1973; Brophy & Evertson, 1974a, 1974b, 1976; Clark et al., 1979; Dunkin, 1978; Evertson & Brophy, 1973, 1974; Gall et al., 1978; Redfield & Rousseau, 1981; Ryan, 1973, 1974; Soar, 1968, 1973, 1977; Soar & Soar, 1972, 1973, 1978, 1979; Stallings & Kaskowitz, 1974; Winne, 1979; Wright & Nuthall, 1970)를 검토하였다. 그들은 다음과 같이 경고하였다.

질문의 인지 수준에 관해서 여기서 검토한 데이터, 그리고 이 데이터에 대한 메타 분석 및 다른 관련 데이터에 대한 메타 분석(Winne, 1979; Redfield & Rousseau, 1981)조차도 일관성 없는 결과를 보여주었다. 이 데이터는 상위 단계의 질문이 하위 단계의 질문보다 절대적으로 더 우월하다는 단순한(그러나 자주 가정되는) 관념을 반박한다. (p. 363, 고딕체 추가)

1986년에 윌리엄 윌른(William Wilen)과 앰브로즈 클레그(Ambrose Clegg)는 상위 단계의 질문에 대해 "이것은 효과적인 교수법 연구와 관련해 제시된 모든 질문 사례 중에서 상충된 연구 결과로 인해 가장 불확실하다"(p. 156)라고 언급하였다.

마지막으로, 1987년에 고든 샘슨(Gordon Samson), 버나뎃 스트라이코스키(Bernadette Strykowski), 토머스 웨인스타인(Thomas Weinstein), 허버트 월버그(Herbert Walberg)는 위니(1979)의 검토와 레드필드 및 루소(1981)의 검토 사이에 존재하는 긴장을 해소하려고 하였다. 샘슨과 그의 동료들은 위니와 레드필드 및 루소가 했던 동일한 연구를 재분석해 상위 단계의 질문에 대해 레드필드와 루소가 산출한 효과 크기(0.73)보다 훨씬 낮은 효과 크기(0.13)를 산출하였다. 샘슨과 그의 동료들은 다음과 같이 말했다.

상위 수준의 인지 질문의 효과 연구에 대한 현재의 양적인 종합은 이것이 학습 수치에 미미한 효과(평균 효과 크기=.13)만 가지고 있음을 시사한다. … 이러한 종합 결과는 질문의 효과에 대해 레드필드와 루소(1981)가 이전에 도출한, 설명할 수 없는 큰 추정치를 반박한다. 이 결과는 크고 일관성 있는 효과는 여전히 입증되어야 한다고 말한 위니(1979)의 결론을 지지한다. (p. 294)

다시 말해 샘슨과 그의 동료들은 레드필드와 루소의 연구를 되풀이해서 다른 결과를 도출해낸 것이다. 사실 그 결과는 너무나 달라서 샘슨과 그의 동료 저자들은 자신들의 연구가 위니의 1979년 결론, 즉 상위 단계의 질문과 학생의 성취 사이에는 아무런 관계가 없다는 결론을 지지한다고 주장하였다.

4) 상위 단계의 질문에 대한 계속된 편견

1987년까지 상위 단계의 질문 대 하위 단계의 질문이라는 주제는 "질문 연구에서 가장 철저하게 연구"되었다(Gall & Rhody, 1987, p. 31). 좋게 말해 연구자들은 종합 연구를 회의적인 시선으로 보았다. 최악의 경우에는 상위 단계의 질문을 옹호하며 이와 상반된 연구 결과를 무시하기도 했다. 상위 단계의 질문에 대한 지지가 급증하면서 교사가 수업에서 던지는 상위 단계의 질문 및 하위 단계의 질문 수를 교장이나 다른 관찰자가 세도록 도와주는 체크리스트까지 등장했다(Wilen, 1987). 또한 블룸 분류법의 각 단계에 해당하는 질문 표본 목록은 교사 훈련 프로그램의 단골 내용이 되었다. 많은 저자와 연구자는 종종 아무 연구 결과도 인용하지 않은 채 상위 단계의 질문을 옹호하곤 했다.

질문과 관련한 지식 기반은 새로운 세기가 도래했지만 큰 변화가 없었다. 메릴루 댄토니오(Marylou Dantonio)와 폴 베이슨허즈(Paul Beisenherz)는 자신들의 책『질문하는 법 배우기, 배우기 위해 질문하기(Learning to Question, Questioning to Learn)』에서 이 상황을 다음과 같이 요약하였다.

> 심지어 오늘날까지도 많은 교육자와 연구자는 학생의 성취를 개선하고 학습을 향상시키기 위해 교사가 상위 단계의 질문을 해야 한다는 생각을 고수한다. … 상위 단계의 질문 대 하위 단계의 질문 그리고 이 질문들이 학생 성취에 미치는 영향에 대한 수년간의 연구 결과는 기껏해야 혼란스럽거나 최악의 경우 환상을 깨뜨리는 것이었다. … 상위 단계의 질문 대 하위 단계의 질문이 학생의 성취에 미치는 영향에 대한 논쟁은 명확한 해법 없이 현재도 계속되고 있다. (pp. 26~27)

1990년대와 2000년대의 첫 10년 동안 교육자들은 상위 단계의 질문이 더 우월하고, 블룸의 분류법은 질문을 분류하기 위해 사용되어야 하며, 1970년대와 1980년대의 상반된 연구 결과는 대부분 무시해도 좋다는 주장을 받아들이는 것처럼 보였다.

4. 현재 우리의 견해

질문에 관심 있는 교육자는 1966년에 샌더스의 영향력 있는 책이 발간된 이후 수행된 연구로부터 어떤 결론을 내릴 수 있을까? 그 답은 [표 1-2]에 잘 나타나 있다.

[표 1-2] 질문 수준과 학생 성취의 관계를 조사한 연구

하위 단계의 질문이 더 효과적이다	차이가 없거나 결정적인 차이가 나지 않는다	상위 단계의 질문이 더 효과적이다
Wright & Nuthall, 1970[1]	Spaulding, 1965[3]	Kleinman, 1965[1]
Soar, 1973[2]	Millett, 1968[1]	Hunkins, 1968
Stallings & Kaskowitz, 1975[2]	Rogers, 1968[1]	Ladd & Anderson, 1970[1]
Gage & Stanford Program on Teaching Effectiveness, 1976	Rosenshine, 1971[2]	Buggey, 1971[1]
Rosenshine, 1976b	Savage, 1972[1]	Aagard, 1973[1]
Gall et al., 1978	Martikean, 1973[1]	Beseda, 1973[1]
Clark et al., 1979[1]	Bedwell, 1974[1]	Ryan, 1973
Soar & Soar, 1979[2]	Brophy & Evertson, 1974a	Lucking, 1975[1]
	Dunkin & Biddle, 1974	Redfield & Rousseau, 1981

Ryan, 1974	Gayle, Preiss, & Allen, 2006
Gall, 1975[2]	
Ghee, 1975[1]	
Rosenshine, 1976a	
Mathes, 1977[1]	
Winne, 1979	
Hare & Pulliam, 1980	
Levin, 1981	
Ripley, 1981[1]	
Brown & Edmondson, 1984	
Brophy & Good, 1986	
Samson et al., 1987	

1 Gayle et al., 2006에서 보고됨.
2 Rosenshine, 1976a, 1976b에서 보고됨.
3 Levin, 1981에서 보고됨.

[표 1-2]를 통해 추측할 수 있는 바와 같이, 상위 단계의 질문 대 하위 단계의 질문에 대한 연구 결과는 애매하다. 둘 중의 하나가 다른 하나에 비해 우월하다는 점이 분명히 나타나지 않는다. 다음과 같이 구드와 브로피(2003)가 적절히 관찰한 바처럼 말이다.

그런 분류에 기반을 둔 연구들은 상반된 결과를 보이기도 하며, 대체로 교사가 언제 그리고 왜 다른 유형의 질문을 해야 하는지에 대해 유익한 정보를 제공하지 않는다. 이 연구들은 질문에 수반된 복잡성을 강조하고 질문 연속체의 신중한 계획을 간단한 공식으로 대체하려는 시도를 주의하라고 경고한다. (p. 378)

그들은 계속해서 다음과 같이 말한다.

상위 단계의 질문 혹은 복잡한 질문이 하위 단계의 질문이나 단순한 질문보다 항상 낫다는 말은 옳지 않다. … 심지어 이 문제를 이런 식으로 표현하는 것은 잘못된 이분법을 강요하는 것이다. 하위 단계의 질문과 상위 단계의 질문은 교사가 추구하는 목적에 따라 다양하게 조합될 필요가 있다. 서로 별개로 간주되는 개별 질문의 인지 수준뿐만 아니라 연결된 이해를 학생이 발전시키는 것을 돕기 위하여 설계된 질문 연속체에도 지침의 초점을 맞출 필요가 있다. (p. 378)

이 책에서 우리는 수업에서의 질문과 관련된 과거의 문제들이 개별 질문을 분류하려 한 초점 설정의 잘못에서 야기되었다는 입장을 취하고 있다. 아이번 해널(Ivan Hannel, 2009)은 "대부분의 교사는 고려해야 할 질문 표본 목록이나 블룸의 분류법에 대한 설명 등 질문에 대한 단편적인 정보만을 질문에 대한 기초 지식으로 가지고 있었다. 그런데 질문에 대한 실제적인 교수법을 배운 교사는 거의 없었다"(pp. 65~66)라고 설명했다. 우리는 블룸의 분류법을 이용해 개별 질문을 분류하는 현재의 관행이 교사로 하여금 질문 틀을 세울 수 없게 하는 비효과적인 제도라는 점을 주장한다. 그 대신에 교사가 내용에 대한 학생의 이해를 끌어내고 이를 심화할 수 있는 일련의 질문을 사용하는 것이 더 효과적이라고 강력히 주장한다. 우리는 이 일련의 질문을 질문 연속체(questioning sequences)라고 부른다.

5. 질문 연속체

최근의 연구는 개별 질문이 아닌 질문 연속체에 초점을 맞춰 더 나은 질문 체계를 탐색하기 시작하였다. 2007년 해럴드 패슐러(Harold Pashler)와 그의 동료들은 질문에 대한 최근 연구(Beck, McKeown, Hamilton, & Kucan, 1997;

Craig, Sullins, Witherspoon, & Gholson, 2006; Driscoll, Craig, Gholson, Ventura, & Graesser, 2003; Gholson & Craig, 2006; Graesser & McMahen, 1993; Graesser & Olde, 2003; King, 1992, 1994; Otero & Graesser, 2001; Rosenshine, Meister, & Chapman, 1996; Wisher & Graesser, 2007)를 요약한 다음 교사의 수업 활동에 대한 권고 사항을 제시하였다. 패슐러와 그의 동료들은 "학생들은 보통 피상적인 질문에 답할 때보다 깊이 있는 질문에 답할 때 더 많은 시간을 필요로 한다" (p. 30)는 사실을 인정했다. 그러나 새롭게도 그들은 학생에게 지식을 상기시키는 질문을 비난하지도, 학생에게 더 깊은 생각을 하도록 유도하는 질문을 미화하지도 않았다. 각각의 질문은 자기 자리를 가지고 있어서 질문을 통한 학생의 학습에서 중요한 역할을 수행한다.

질문 연속체는 학생이 내용과 관련된 사실 및 세부 사항에 대한 일반화를 도출하고, 이를 정교화하며, 방어하도록 이끈다. 댄토니오와 베이슨허즈(2001)는 다음과 같이 말했다.

> 일관되게도 효과적인 질문 사례에 대한 문헌들은 질문 연속체가 특정 유형의 질문보다 학생의 이해를 촉진하는 데 훨씬 더 효과적이라고 주장한다(Beyer, 1997; Costa & Lowery, 1989; Dantonio, 1990; Gall, 1970; Gall et al., 1978; Klinzing & Klinzing-Eurich, 1987; Riley, 1981; Wilen, 1991; Wright & Nuthall, 1970). (p. 37)

구드와 브로피(2003)는 더 나아가 "잘 설계된 수업 단위의 필수적 부분인 가치 있는 목표를 달성하기 위해 질문 연속체가 계획된다면, 질문의 인지 수준을 둘러싼 논쟁은 자연스럽게 해결될 것이다"(p. 379)라고 말했다. 다시 말해서 질문 연속체는 학생을 내용과 그 내용이 함축하는 바를 깊이 이해하는 데 필요한 사고로 이끌기 위하여 의도한 순서에 따라 특정 유형의 질문들을 사용한다.

6. 연구와 이론을 실천으로 옮기기

이 책에서 우리는 질문에 대한 독특한 접근법을 제안하기 위해 이 장에서 언급한 연구와 이론 및 『교수의 기술과 과학』(Marzano, 2007)과 같은 책들을 활용한다. 우리는 질문 연속체를 학생이 내용의 세부 사항을 관련짓고, 내용과 관련된 범주의 특성을 찾아내고, 내용을 정교화하고, 이런 정교화에 대한 증거와 근거를 제공하도록 요구하는 일련의 질문 혹은 촉진제로 간주한다. 여기에서 제시된 질문 연속체 개념은 학생이 정보를 수집하고, 이를 분류하며, 결론을 도출하고, 그 결론을 뒷받침할 수 있는 증거를 제시함으로써 자신의 주장을 형성하는 과정을 지도하기 위해 특별히 고안된 것이다. 이어지는 장에서는 이러한 개념들을 보다 상세히 설명하고, 이를 사용하기 위한 구체적인 방향과 지침을 제시할 것이다.

2장

질문 연속체

질문 연속체는 성취기준에서 도출된 확고한 수업 목표를 기반으로
설계되어야 하며, 세부 사항 질문, 범주 질문, 정교화 질문, 증거 질문의
네 단계로 구성된다.

1장에서 언급한 연구들이 공통적으로 뒷받침하는 한 가지 사실은 학생
으로부터 상위 단계 또는 하위 단계의 인지를 끌어내는지 여부로 질문
을 분류하는 것이 불가능하지는 않다 하더라도 어렵다는 것이다. 이는 질문의
복잡성과 관계없이 학생이 해당 내용을 미리 알고 있다면 그 질문은 학생에게
(기억 같은) 하위 단계의 인지만을 요구하기 때문이다. 예를 들어, 다음과 같은
질문을 생각해보자. "달의 중력이 한 방향으로만 작용할 때 왜 지구 양편에 동
일하게 만조[1]가 일어날까?" 이전에 이 질문에 대한 답을 접해본 적이 없는 학생
은 다음과 같은 상위 단계의 추론을 할 필요를 느낄 것이다.

달이 중력을 가지고 있고 동시에 지구의 반대편에도 만조가 일어난다는 사실을 나
는 안다. 달의 중력이 지구의 바닷물을 당기면, 이는 아마도 달과 가장 가까운 지
구의 측면에 만조를 일으킬 것이다. 그런데 달을 마주보고 있지 않은 지구의 반대
편은 어떠할까? 아마도 달의 중력이 지구의 핵을 당길 것이고, 이는 지구의 반대편

----

1 밀물이 가장 높은 해면까지 꽉 차게 들어오는 현상 또는 그런 때.

에서 밀어내는 저항력을 발생시킬 것이다. 이것은 또한 대조[2]와 소조[3]를 설명한다. 즉, 태양, 달, 지구가 일직선 상에 있을 때에는 인력이 강해지면서 조수 간만의 차가 커지거나 대조가 발생하고, 달이 지구를 꼭짓점으로 태양과 직각의 위치에 있을 때에는 인력이 약해지면서 조수 간만의 차가 작아지거나 소조가 발생한다.

물론 학생으로서는 이러한 사고 유형이 다양한 힘의 영향을 따져보고 결론을 도출하는 정신 작용을 수반하기 때문에 상위 수준의 인지 작용으로 간주될 것이다. 그러나 만약 학생이 이러한 설명을 전에 듣거나 읽은 적이 있어서 그 정보를 장기 기억에 저장해놓았다면, 질문이 끌어낸 학생의 사고는 단순한 회상일 것이다.

실제로 다른 유형의 질문(예컨대, '하위 단계'의 질문)을 경시한 채 특정 유형의 질문(예컨대, '상위 단계'의 질문)에만 초점을 맞춘 설계는 실패할 가능성이 높다. 그러나 다양한 유형의 질문을 선형적 연속체로 던짐으로써 학생에게서 보다 깊고 철저한 사고를 끌어내고자 하는 접근법은 큰 기대를 갖게 한다.

1. 질문 연속체 모델

우리는 효과적인 질문 연속체란 다음과 같은 네 단계로 구성된다고 생각한다.

1. 세부 사항에 대한 질문
2. 범주에 대한 질문

---

2 한사리. 음력 보름과 그믐 무렵의 밀물이 가장 높은 때.
3 조금. 조수 간만의 차가 가장 적은 때.

3. 학생에게 이전의 답에 대한 정교화를 요구하는 질문
4. 학생에게 자신의 정교화에 대한 증거를 제시할 것을 요구하는 질문

개별적인 질문을 주로 위계적으로 분류한다고(따라서 특정 유형의 질문을 다른 유형의 질문보다 더 중요하게 생각한다고) 여겨지는 블룸의 분류법과 달리, [그림 2-1]에 제시된 질문 연속체는 공통의 주제와 목표를 가지고 네 단계로 구성된 일련의 질문들로 설계된다. 각 단계는 다른 모든 단계와 동일한 중요성을 가진다.

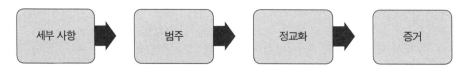

[**그림 2-1**] 효과적인 질문 연속체의 요소

질문 연속체는 일반적으로 일련의 성취기준에서 도출된 한 단원의 확고한 수업 목표를 기반으로 설계되어야 한다. 5장에서는 교사가 학생이 배워야 하는 특정 지식과 기능을 확인하기 위해 어떻게 성취기준 진술을 분석하고, 어떻게 이러한 목표에 맞게 질문 연속체를 구성할지에 대해 자세히 살펴볼 것이다. 또한 부록 B에서는 성취기준에서 도출한 목표와 질문 연속체에 대한 광범위한 예들을 제공할 것이다. [그림 2-1]에 나타난 바와 같이 질문 연속체는 보통 세부 사항에 대한 내용으로 시작한다.

예를 들어, "작문에서 표준 영어의 대문자, 구두점, 철자를 적절히 구사할 수 있다"[National Governors Association Center for Best Practices & Council of Chief State School Offices(NGA & CCSSO), 2010a, p. 25]라는 성취기준으로부터 영어 교사는 학생이 종료 구두점을 적절히 사용할 수 있도록 한다는 목표를 도출하고, 이에 초점을 맞추면서 문장 종료 구두점에 대한 한 개 혹은 여러 개의

세부 사항 질문을 함으로써 질문 연속체를 시작할 수 있다.

- 물음표는 언제 사용하는 것이 적절한가요?
- 마침표는 언제 사용하는 것이 적절한가요?
- 다음 각 문장의 끝에 어떤 유형의 종료 구두점을 사용해야 할까요?
    - 나는 우리가 지금 가야 한다고 생각해
    - 나랑 같이 가고 싶은 사람 없니
    - 내가 무엇을 할 수 있는지 봐
    - 나는 그가 몇 살인지 궁금해

다음으로, 교사는 종료 구두점이 속해 있는 범주에 관한 질문을 던진다. 이 경우 타당한 범주는 일반적인 구두점이다. 교사는 다음과 같은 질문을 할 수 있다.

- 한 문장이 끝났다는 것을 알려주는 다른 유형의 구두점으로는 무엇이 있나요?
- 독자에게 전달하는 내용 면에서 세미콜론은 마침표와 어떻게 다른가요?

세부 사항이 속해 있는 범주에 대해 교사가 질문하고 학생이 답하면, 교사는 정교화 질문으로 넘어간다. 정교화 질문은 일반적으로 학생에게 이유를 탐구하게 한다. 예를 들어, 교사는 "글을 읽을 때 왜 (마침표나 물음표에 비해) 콜론을 비교적 적게 본다고 생각하나요?"와 같은 질문을 할 수 있다. 정교화 질문은 대체로 분명하게 가르침을 받았거나 이미 알고 있는 내용에 대해서는 넘어갈 것을 학생에게 요구한다. 질문 연속체의 마지막 단계는 학생에게 자신의 정교화에 대한 증거를 제시할 것을 요구한다. 이는 "여러분의 답이 정확하다는 것을 어떻게 아나요?"라고 묻는 것과 같다. 예를 들어, 콜론에 대한 정교화 질문에 학생이 다음과 같이 대답했다고 가정해보자.

제 생각에 사람들이 마침표나 물음표보다 콜론을 적게 사용하는 이유는 콜론이 마침표와 동일한 역할을 하고(둘 다 독립된 절의 끝에 사용됩니다) 콜론을 적절하게 사용하는 방법을 아는 사람이 거의 없기 때문입니다.

교사는 학생에게 이 진술에 대한 증거를 제시할 것을 요구한다. 학생은 (대부분의 독립절은 쉽게 마침표로 끝낼 수 있고 콜론을 필요로 하지 않는다는 점을 지적하면서) 마침표나 콜론으로 끝나는 독립절의 예를 제시하거나, 자신의 설명을 뒷받침하는 유효한 인터넷 자료에서 콜론 사용에 대한 인용을 할 수 있다. 이어지는 절에서는 질문 연속체의 네 단계를 각각 상세하게 살펴볼 것이다.

2. 첫 번째 단계: 세부 사항 질문

세부 사항은 복잡한 생각과 정신적 개념의 기본 토대가 된다. 그렇기 때문에 하위 단계의 질문 대 상위 단계의 질문에 대한 과거의 논쟁에서 세부 사항 질문이 경시되어 왔다는 사실은 매우 아쉽다. 사실 세부 사항에 대한 질문은 특정 주제에 대한 학생의 지식 기반을 확장하고 계발하기 위해 신중하고 세밀하게 설계되어야 한다. 수업에서 다루는 특정 주제와 관련해 수없이 많은 세부 사항이 있을 수 있기 때문에 이 일이 반드시 용이하다고는 말할 수 없다. 앞에서 언급한 바와 같이 무엇에 초점을 맞출지를 알기 위한 열쇠는 명확하게 정해 놓은 학습 목적 혹은 목표를 가지는 것이다. 학생들이 "혁명전쟁의 주요 사건과 연대기 그리고 정치적, 군사적, 외교적 지도자들(예컨대, 조지 워싱턴, 벤저민 프랭클린, 토머스 제퍼슨, 존 애덤스, 새뮤얼 애덤스, 존 행콕,[4] 리처드 헨리)이 수행한 역할을 이해한다"(Kendall & Marzano, 2000, p. 144)라는 학습 목표에 초점을 맞춘 사회 교사가 미국독립혁명 기간에 활동했던 미국 정치 지도자들의 역할과 그들이 이후의 정치인에게 미친 영향을 학생들에게 가르칠 때 어떻게 질문 연속체를 설계하는지 우리는 다음 예에서 살펴볼 것이다.

질문 연속체의 설계를 시작할 때 사회 교사는 미국독립혁명과 관련하여 학생에게 질문할 세부 사항이 많다는 것을 발견할 것이다.

- 미국독립혁명과 관련된 인물(예컨대, 조지 워싱턴, 벤저민 프랭클린, 토머스 제퍼슨, 애비게일 애덤스, 폴 리비어[5])
- 미국독립혁명과 관련된 기관 및 단체(예컨대, 식민지 주민, 애국파,[6] 국왕파,[7] 미합중국 헌법 제정자, 북미 원주민, 프랑스인)
- 미국독립혁명과 관련된 지적 혹은 예술적 산물(예컨대, 독립선언서, 미국 헌법, 권리장전, 롱펠로의 「폴 리비어의 질주」)
- 미국독립혁명과 관련된 자연 발생적 사물 혹은 동물(예컨대, 차, 말, 담배, 면화)
- 미국독립혁명과 관련된 자연 발생적 장소(예컨대, 보스턴 항구, 애팔래치아 산맥, 대서양)
- 미국독립혁명과 관련된 사람이 만든 사물(예컨대, 인쇄기, 소총, 깃발)

---

4 미국의 정치가로 2차 대륙회의 및 연합회의의 의장을 맡아 매사추세츠주의 첫 주지사가 되었으며 미국독립선언서에 최초로 서명한 인물이다.
5 미국독립혁명 당시의 애국자이자 은세공업자. 미국독립전쟁이 발발한 1775년 4월 18일 새벽, 지금의 찰스타운, 서머빌, 메드퍼드, 알링턴을 달리며 영국군의 침공 소식을 전했다. 그의 활약으로 미국은 첫 전투인 렉싱턴 콩코드 전투에서 대승을 거두었다. 헨리 롱펠로는 「폴 리비어의 질주」(1861)라는 시를 쓰기도 했다. (출처: 두산백과)
6 미국독립혁명 당시 영국 본국의 중상주의 체제에 반대하여 독립을 추구한 식민지 주민 그룹. 중상주의 체제에 압박당해온 농민·장인·소상인을 주력 기반으로 하고, 같은 이해관계를 가지고 있던 대상인·대(大)플랜테이션 소유자가 지도층을 형성하였다. (출처: 두산백과)
7 18세기 미국독립혁명 당시 영국으로부터의 독립에 반대한 사람들. 본국과 결부해 이익을 얻던 자들로서 식민지의 총독과 관리, 영국 국교회 성직자, 영국과 관계를 가진 대상인, 중부 식민지의 대지주, 공장주 등이 있다. (출처: 두산백과)

- 미국독립혁명과 관련된 사람이 만든 장소(예컨대, 보스턴, 렉싱턴,[8] 콩코드,[9] 찰스턴,[10] 새러토가,[11] 뉴욕, 타이콘데로가 요새[12])

- 미국독립혁명과 관련된 사건(예컨대, 벙커힐 전투,[13] 렉싱턴 콩코드 전투,[14] 요크타운 전투,[15] 찰스턴 포위전,[16] 1차 대륙회의, 2차 대륙회의, 보스턴 차 사건, 인지 조례 제정[17])

- 미국독립혁명과 관련된 자연현상(예컨대, 밸리포지[18]의 겨울, 1780년의 그레이트 허리케인[19])

- 미국독립혁명과 관련된 물리적 행동(예컨대, 행군, 소총 쏘기, 총검 사용하기, 말타기)

....

8 미국 켄터키주 중북부에 있는 상업도시로, 1775년 미국독립전쟁 당시 최초의 전투가 벌어진 장소로 유명하다.

9 미국 매사추세츠주에 있는 도시. 1775년 4월 18일 밤, 영국군 북아메리카 총사령관이 된 토머스 게이지 장군이 이 도시에 있는 식민지 민병대의 무기고를 접수하고자 700명의 부대를 파견했다.

10 미국 사우스캐롤라이나주 남동부에 있는 항구 도시. 1775년 5월, 이선 앨런과 베네딕트 아널드가 지휘하는 민병대가 타이콘데로가 요새를 공격하기 위한 계획을 세우기 위해 이곳에 모였다.

11 미국 뉴욕주 새러토가 카운티의 동쪽 경계에 위치한 마을. 1777년 새러토가 전투의 결과, 영국군의 존 버고인 장군이 대륙군의 호레이쇼 로이드 게이츠 장군에게 항복한 장소로 유명하다. 이 전투는 미국독립전쟁의 전환점이 되었다.

12 미국 뉴욕주 샴플레인 호수에 있던 요새로 독립전쟁 때 이선 앨런과 베네딕트 아널드가 지휘하는 민병대가 영국군이 지키고 있던 이곳을 급습하여 탈취했다. 미국 대륙군은 1777년 6월까지 이 요새를 지키고 있었지만, 존 버고인 장군이 지휘하는 영국군이 요새를 내려다보는 고지를 점령하고 대륙군을 위협해 대륙군은 결국 요새 주변의 방어지에서 철수했다.

13 미국독립전쟁 초기인 1775년 6월 17일에 일어난 대륙군과 영국군의 전투. 미국독립전쟁이 일어난 후 두 번째로 벌어진 전투이다.

14 1775년 4월 19일에 일어난 대륙군과 영국군의 전투로 미국독립전쟁의 포문을 연 전투이다. 영국군은 매사추세츠주 콩코드에 있는 식민지 민병대의 무기고를 접수하고자 했으나, 이에 반발하는 식민지 민병대와 무력으로 충돌하게 된다. 영국군과 민병대는 렉싱턴과 콩코드에서 격렬한 전투를 벌였고 결국 민병대가 영국군을 격파했다.

15 1781년 미국독립전쟁의 결말을 지은 결정적인 전투로 영국군은 식민지·프랑스 연합군에게 항복하였다.

16 미국독립전쟁 중 1780년 3월에서 5월까지 벌어져 대륙군이 매우 큰 패배를 경험한 전투. 영국군이 항구 도시 찰스턴을 함대로 봉쇄해 보급로를 끊고 병력 1만 명으로 도시를 포위하자, 약 5천 명의 병력으로 찰스턴을 지키던 대륙군은 결국 버틸 수 없게 되어 1780년 5월 12일 항복하고 말았다.

17 1765년 영국이 북아메리카 식민지에서 강제적으로 실시한 최초의 과세법. 각종 증서와 증권에서부터 신문·광고·달력 등에 이르는 인쇄물에 인지를 붙이도록 했으며, 인지 수입으로 북아메리카에 주둔하고 있던 영국군의 유지비를 충당했다. (출처: 두산백과)

18 미국 펜실베이니아주 동남부에 위치한 마을로, 미국독립혁명군이 1777년 겨울부터 이듬해 여름까지 이곳에 주둔했다.

19 1780년 북대서양 마르티니크 해안에서 발생한 아주 강력한 허리케인으로 약 2만 2000명의 사망자를 낳았으며, 미국독립전쟁을 돕기 위한 40척의 프랑스 배가 이 허리케인으로 전복되었다.

- 미국독립혁명과 관련된 정신적 행동(예컨대, 독립선언서 초안 작성하기, 전투 전략 세우기)
- 미국독립혁명 기간에 생겨나거나 경험된 감정(예컨대, 반란, 두려움, 슬픔, 기쁨)
- 미국독립혁명과 관련된 인간이 만든 개념(예컨대, 민주주의, 권리로서의 자유, 지배로부터의 자유, 사회계약, 생존권)

이러한 유형의 세부 사항은 모두 질문에 적합한 주제이다. 앞에서 언급한 바와 같이 교사는 질문 연속체의 전 과정에 걸쳐 자신이 강조하고자 하는 바에 토대를 두고서 세부 사항 질문의 초점을 결정한다. 이러한 강조점은 보통 해당 단원의 학습 목표나 결과에서 드러난다. 예를 들어, 학습 목표가 얼마나 다양한 인물이 미국독립혁명에 영향을 주었는지를 학생에게 이해시키는 것이라면, 교사는 조지 워싱턴, 벤저민 프랭클린, 토머스 제퍼슨, 애비게일 애덤스, 폴 리비어 등과 같은 특정 인물에 대한 세부 사항 질문에 초점을 맞출 수 있다. 만약 학습 목표가 학생에게 미국독립혁명과 관련된 기관과 단체를 이해시키는 것이라면, 교사는 식민지 주민, 애국파, 국왕파, 미합중국 헌법 제정자, 북미 원주민, 프랑스인 등에 대해 질문할 수 있다.

앞의 목록에서 본 바와 같이, 우리는 교사가 초점을 맞출 수도 있는 13개의 구체적인 세부 사항 유형을 찾았다.

1. 인물
2. 기관 혹은 단체
3. 지적 혹은 예술적 산물
4. 자연 발생적 사물 혹은 동물
5. 자연 발생적 장소

6. 사람이 만든 사물

7. 사람이 만든 장소

8. 사건

9. 자연현상

10. 물리적 행동

11. 정신적 행동

12. 느낌, 조건, 혹은 상태

13. 인간이 만든 개념(세계를 체계화하는 방식)

물론 세부 사항을 분류하는 방법은 셀 수 없이 많다. 우리는 다만 교사가 주제를 분석하고 질문에 대한 세부 사항을 확인하기 위해 사용할 수 있는 유용한 조직적 체계를 13개 항의 목록으로 제시했을 뿐이다. 여기에서 우리는 독자의 이해와 수업에서의 개념 적용을 돕기 위해 세부 사항의 유형을 굵은 활자로 표시할 것이다.

우리가 만든 분류 체계의 장점 중 하나는 일단 교사가 질문할 세부 사항의 유형을 결정하면 세부 사항 질문의 작성을 돕기 위한, [표 2-1]에 있는 질문 표본과 길잡이 단어를 사용할 수 있다는 것이다. [표 2-1]의 길잡이 단어는 교사의 질문 작성을 돕는 것으로, (인물, 장소, 사건 등과 같이 일부 중복되는) 13개 항의 세부 사항 유형과의 혼동을 피하기 위해 기울임체로 표시하였다. 교사는 모든 질문에 길잡이 단어가 포함되어야 한다는 생각을 가질 필요는 없다. 예를 들어, "조지 워싱턴은 언제 살았나요?"라는 질문에는 '시기'라는 단어가 포함되어 있지는 않지만 이 질문은 인물에 대한 *시기* 질문이다.

[표 2-1]에 제시된 질문 표본이 질문 연속체의 초점인 세부 사항 모두에 적용되는 것은 아니다. 이 책 전체와 부록 B의 예들에서 드러난 바와 같이, 교사는 학생에게서 질문 연속체와 관련된 세부 사항 정보를 적절히 끌어낼 때 아주

[표 2-1] 세부 사항 질문을 위한 표본

유형	세부 사항 질문
인물	이 인물과 관련된 *시기*는 언제인가요? 이 인물과 관련된 *장소*는 어디인가요? 이 인물과 관련된 *사건*은 무엇인가요? 이 인물과 관련된 *업적*은 무엇인가요?
기관 혹은 단체	이 기관 혹은 단체와 관련된 *신념*은 무엇인가요? 이 기관 혹은 단체와 관련된 *위치*는 어디인가요? 이 기관 혹은 단체와 관련된 *시기*는 언제인가요? 이 기관 혹은 단체와 관련된 *사건*은 무엇인가요?
지적 혹은 예술적 산물	이 산물과 관련된 *사람*은 누구인가요? 이 산물과 관련된 *시기*는 언제인가요? 이 산물과 관련된 *사건*은 무엇인가요? 이 산물과 관련된 *원인* 혹은 *결과*는 무엇인가요? 이 산물과 관련된 *장소*는 어디인가요? 이 산물과 관련된 *가치*는 무엇인가요?
자연 발생적 사물 혹은 동물	이 사물 혹은 동물과 관련된 *사건*은 무엇인가요? 이 사물 혹은 동물과 관련된 *사람*은 누구인가요? 이 사물 혹은 동물과 관련된 *시기*는 언제인가요? 이 사물 혹은 동물과 관련된 *위치*는 어디인가요? 이 사물 혹은 동물은 어떤 *체제*의 일부인가요? 이 사물 혹은 동물과 관련된 *색, 수/양, 혹은 크기*는 무엇인가요?
자연 발생적 장소	이 장소와 관련된 *사건*은 무엇인가요? 이 장소와 관련된 *사람*은 누구인가요? 이 장소와 관련된 *시기*는 언제인가요? 이 장소와 관련된 *위치*는 어디인가요?
사람이 만든 사물	이 사물과 관련된 *위치*는 어디인가요? 이 사물은 어떻게 *사용되나*요? 이 사물은 어떤 *더 큰 개체*의 일부인가요? 이 사물을 만들기 위한 *과정*은 무엇인가요? 이 사물은 어떤 *모습*인가요? 이 사물과 관련된 *가치*는 무엇인가요? 이 사물과 관련된 *위험*은 무엇인가요?
사람이 만든 장소	이 장소와 관련된 *사건*은 무엇인가요? 이 장소와 관련된 *사람*은 누구인가요? 이 장소와 관련된 *위치*는 어디인가요? 이 장소에서 수행된 *행동*은 무엇인가요? 이 장소는 어떤 *더 큰 개체*의 일부인가요? 이 장소는 어떻게 획득 혹은 *매각*되었나요?

	이 장소와 관련된 *가치*는 무엇인가요? 이 장소와 관련된 *위험*은 무엇인가요?
사건	이 사건과 관련된 *사람*은 누구인가요? 이 사건과 관련된 *시기* 혹은 날짜는 언제인가요? 이 사건과 관련된 *장소*는 어디인가요? 이 사건과 관련된 *원인* 혹은 *결과*는 무엇인가요? 이 사건 동안 무슨 일이 *발생했나요*? 이 사건 동안 어떤 *장비*가 사용됐나요? 이 사건에 의해 어떤 문제가 *야기* 혹은 *해결됐나요*?
자연현상	이 자연현상과 관련된 *장소*는 어디인가요? 이 자연현상과 관련된 *시간*은 언제인가요? 이 자연현상과 관련된 *원인* 혹은 *결과*는 무엇인가요? 이 자연현상 동안 무슨 일이 *발생했나요/발생하나요*?
물리적 행동	이 물리적 행동과 관련된 *과정*은 무엇인가요? 이 물리적 행동과 관련된 *위치*는 어디인가요? 이 물리적 행동과 관련된 *목적*은 무엇인가요? 이 물리적 행동과 관련된 *원인* 혹은 *결과*는 무엇인가요?
정신적 행동	이 정신적 행동과 관련된 *과정*은 무엇인가요? 이 정신적 행동과 관련된 *목적*은 무엇인가요? 이 정신적 행동과 관련된 *원인* 혹은 *결과*는 무엇인가요?
느낌, 조건, 혹은 상태	이 느낌, 조건, 혹은 상태와 관련된 *행동*은 무엇인가요? 이 느낌, 조건, 혹은 상태와 관련된 *원인* 혹은 *결과*는 무엇인가요? 이 느낌, 조건, 혹은 상태와 관련된 *장소*는 어디인가요? 이 느낌, 조건, 혹은 상태와 관련된 *가치*는 무엇인가요? 무엇이 혹은 누가 어떻게 이 느낌, 조건, 혹은 상태에 *도달하나요*? 이 느낌, 조건, 혹은 상태와 관련된 *위험*은 무엇인가요?
인간이 만든 개념 (세계를 체계화하는 방식)	사람이 만든 개념이란 어떤 *개념*을 말하나요? 사람이 만든 개념과 관련된 *크기, 양*, 혹은 *질*은 무엇인가요? 사람이 만든 개념은 어떤 방식으로 *세계를 체계화*하는 것을 돕나요?

유용하게 쓰일 [표 2-1]로부터 질문 표본을 고를 수 있을 것이다.

[표 2-1]을 어떻게 사용할 것인지 살펴보기 위하여 교사가 미국독립혁명 시기의 인물에 초점을 맞추기로 결정했다고 가정해보자. 교사는 [표 2-1]의 인물 칸에 속한 질문을 자신이 강조하고자 하는 각각의 인물에 적용할 것이다. 예를 들어, 조지 워싱턴에 초점을 맞춘다면 다음과 같은 질문을 할 것이다.

- 조지 워싱턴과 관련된 *시기*는 언제인가요?
- 조지 워싱턴과 관련된 *장소*는 어디인가요?
- 조지 워싱턴과 관련된 *사건*은 무엇인가요?
- 조지 워싱턴과 관련된 *업적*은 무엇인가요?

교사는 조지 워싱턴에 대한 질문이 끝나면 토머스 제퍼슨에 관해 똑같은 질문을 이어갈 것이다.

본질적으로 [표 2-1]에 제시된 각각의 **인물** 질문은 특정 인물과 관련된 세부 사항을 탐구하는 출발점이 된다. 학생은 이런 유형의 세부 사항 질문에 답하기 위해 외부 자료를 참고해야 할 필요도 있을 것이다. 3장에서 우리는 학생의 외부 자료 사용을 교사가 어떻게 조직할 수 있는지에 대해 살펴볼 것이다. 다음 이야기는 수업에서 세부 사항 질문을 사용하고 있는 교사의 모습을 보여 준다.

스미스 선생님은 수업에서 미국독립혁명에 대한 정보를 간단히 소개한 후, 이 단원이 끝날 때 학생들은 독립전쟁과 관련된 남성 혹은 여성이 되어 해당 인물의 견해와 관점을 설명하고 반 친구들이 던지는 질문에 답하게 될 것이라고 설명한다. 학생들이 이 활동을 준비할 수 있도록 스미스 선생님은 미국독립혁명 시기의 인물에 초점을 맞춘 질문 연속체를 설계한다. 학생들이 독립전쟁의 특정 인물에 대해 미리 얼마나 알고 있는지 확인하기 위해 스미스 선생님은 독립전쟁의 시기, 장소, 사건, 다양한 남성과 여성의 업적에 대해 질문을 던진다. 학생들이 답하면 스미스 선생님은 학생들이 이미 알고 있는 내용과 잘못 알고 있는 내용에 대해 메모한다. 한 학생이 영국군이 백악관에 불을 질렀을 때 마사 워싱턴이 남편의 초상화를 불에서 구해냈다고 말하자, 스미스 선생님은 이를 학생의 오해를 바로잡을 기회로 삼아, 백악관은 1792년에 지어졌기 때문에 (조지 워싱턴이 백악관의 설계와 건축에 도움을 주기는 했지만) 조지 워싱턴과 마사 워싱턴은 백악관에 살지 않았고, 1812년 영국과의 전쟁에서 백악관이 불탔을 때 조지 워싱턴의 초상화를 구한 사람은 대통령 부인 돌리 매디슨이라고 설명해준다.

3. 두 번째 단계: 범주 질문

교사는 질문 연속체의 초점을 정해 세부 사항에 대한 질문을 한 다음에는 세부 사항이 속해 있는 범주에 관한 질문으로 넘어간다. 첫 번째 단계의 미국독립혁명 예를 이어가면, 조지 워싱턴과 토머스 제퍼슨은 둘 다 미합중국 헌법 제정자, 미국 대통령, 노예 소유주, 지식인 등과 같은 여러 범주에 속한다.

교사는 자신의 수업 목표를 고려해 세부 사항에 접합한 범주를 선택할 수 있다. 예를 들어, 어떤 단원의 학습 목표로 명시된 내용이 학생들이 미국 대통령과 대통령 부인이 된 사람을 중심으로 미국독립혁명 시기의 인물을 공부하는 것이라면, 미국 대통령은 질문 연속체의 이 단계에서 사용할 수 있는 좋은 범주가 될 것이다. 이와 달리 학습 목표가 학생이 당시 미국의 지적 지도자를 중심으로 미국독립혁명 이면에 숨어 있는 사상을 공부하는 것이라면, 교사는 식민지 및 독립혁명 시기 미국의 지식인이란 범주에 초점을 맞출 수도 있다. 만약 수업 목표가 학생이 상인, 토지 소유자, 기업인을 중심으로 미국독립혁명 시기의 인물을 공부하는 것이라면, 교사는 식민지 시대 미국의 사업가라는 범주에 초점을 맞출 수도 있다. 이 책에서 설명하고 있는 질문 연속체는 교사가 특정 단원의 학습 목표 및 목표한 결과에 맞춰 조정할 수 있을 정도로 탄력적인 운영이 충분히 가능하다. 다시 말해 교사가 선택한 범주가 질문 연속체의 초점이 된다고 할 수 있다. 따라서 범주 선택은 신중을 기해야 한다.

설명을 돕기 위해, 교사가 질문 연속체의 두 번째 단계에서 초점을 맞출 범주로 미국 대통령을 골랐다고 가정해보자. 교사가 사용할 수 있는 범주 질문에는 다음과 같은 세 가지 유형이 있다. (1) 학생에게 해당 범주에 속하는 예를 찾으라고 요구한다. (2) 학생에게 해당 범주의 일반적인 특성을 기술하라고 요구한다. (3) 학생에게 범주 내 비교하기와 범주 간 비교하기를 하라고 요구한다.

1) 범주에 속한 예 찾기

이 유형의 질문은 선택한 범주에 속하는 다수의 예를 학생이 떠올릴 수 있도록 돕고자 설계된 것이다. 추가적인 예들을 찾는 일은 학생이 해당 범주를 더욱 분명하게 정의해 해당 범주의 일반적인 특성에 대한 일반화를 할 수 있도록 준비시킨다. 만약 학생이 조지 워싱턴과 토머스 제퍼슨에 대한 세부 사항 질문에 이미 답했다면, 그리고 교사가 미국 대통령이란 범주에 속하는 추가적인 예들을 제시하라고 요구했다면, 학생은 다음과 같은 예들을 제시할 수도 있다.

- 존 애덤스
- 빌 클린턴
- 조지 W. 부시
- 버락 오바마

교사는 고안된 범주에 속하는 예들을 학생이 가능한 한 많이 찾아내도록 독려해야 한다(다양한 예들을 학생으로부터 끌어낼 수 있는 구체적인 전략에 대해서는 4장에서 살펴볼 것이다). 학생은 해당 범주에 속하는 충분한 예들의 목록을 도출한 후, 도출한 예들이 공통점을 갖고 있는지 알아보기 위해 예들을 검토한다. 이 공통점이 해당 범주의 일반적인 특성이다.

2) 범주의 일반적인 특성 기술하기

이 유형의 질문은 학생이 해당 범주의 모든 예들 사이에 존재하는 공통된 특성을 찾을 수 있도록 돕고자 설계된 것이다. 앞에서 설명한 바와 같이 이를 위한 가장 쉬운 방법은 도출한 예들의 목록을 검토하고 예들 사이의 공통점을 찾아내는 것이다. 예를 들어, 미국 대통령 목록을 검토함으로써 학생은 미국 대통령들이 일반적으로 다음과 같은 특성을 가지는 경향이 있다고 결론 내릴 수도 있다.

- 그들은 영향력이 있다.
- 그들은 남자이다.
- 그들은 미국 시민이다.

교사는 추가 질문을 통해 학생이 더 많은 특성을 찾아내도록 도울 수 있다. 교사는 [표 2-2]에 제시된 질문 표본을 이용해 학생이 추가적인 특성을 도출하도록 유도할 수 있다. [표 2-1]에서의 세부 사항 질문과 마찬가지로 각 질문 표본의 길잡이 단어는 기울임체로 표시되어 있다.

[표 2-1]의 질문 표본과 마찬가지로, 교사는 [표 2-2]의 질문 표본이 질문 연속체의 초점인 범주 모두에 적용되는 것은 아니라는 사실에 주목해야 한다. 이 책 전체와 부록 B의 예들에서 드러난 바와 같이, 교사는 초점 범주나 여러 범주의 특성을 도출할 때 아주 유용하게 쓰일 질문 표본을 선택할 수 있을 것이다. 인물 범주에 대한 [표 2-2]의 질문 표본을 이용하여 교사는 다음과 같이 질문할 수도 있다.

- 미국 대통령은 어떤 *행동*을 수행하나요?
- 미국 대통령이 되기 위한 *요건*은 무엇인가요?
- 미국 대통령들의 공통된 *신체적* 특성은 무엇인가요?
- 미국 대통령들의 공통된 *심리적* 특성은 무엇인가요?

[표 2-2] 범주 질문을 위한 표본

유형	범주 질문
인물	이 범주의 인물은 어떤 *행동*을 수행하나요? 이 범주의 인물이 되기 위한 *요건*은 무엇인가요? 이 범주에 속한 인물의 공통된 *신체적 특성*은 무엇인가요? 이 범주에 속한 인물의 공통된 *심리적 특성*은 무엇인가요?
기관 혹은 단체	이 범주의 기관 혹은 단체와 관련된 *목적*은 무엇인가요? 이 범주의 기관 혹은 단체와 관련된 *사람*은 누구인가요? 이 범주의 기관 혹은 단체와 관련된 *장소*는 어디인가요?
지적 혹은 예술적 산물	이 범주의 산물과 관련된 *과정*은 무엇인가요? 이 범주의 산물과 관련된 *목적* 혹은 용도는 무엇인가요? 이 범주의 산물과 관련된 *사람*은 누구인가요?
자연 발생적 사물 혹은 동물	이 범주의 사물 혹은 동물과 관련된 *장소*는 어디인가요? 이 범주의 사물 혹은 동물과 관련된 *물리적 특성*은 무엇인가요? 이 범주의 사물 혹은 동물과 관련된 *용도*는 무엇인가요?
자연 발생적 장소	이 범주의 장소와 관련된 *위치*는 어디인가요? 이 범주의 장소와 관련된 *물리적 특성*은 무엇인가요? 이 범주의 장소는 어떻게 *형성*되었나요? 이 범주의 장소와 관련된 *용도*는 무엇인가요?
사람이 만든 사물	이 범주의 사물과 관련된 *장소*는 어디인가요? 이 범주의 사물과 관련된 *물리적 특성*은 무엇인가요? 이 범주의 사물은 어떻게 *세워지거나 만들어*졌나요? 이 범주의 사물과 관련된 *용도*는 무엇인가요? 이 범주의 사물이 초래하는 *위험*은 무엇인가요?
사람이 만든 장소	이 범주의 장소와 관련된 *위치*는 어디인가요? 이 범주의 장소와 관련된 *물리적 특성*은 무엇인가요? 이 범주의 장소는 어떻게 *세워*졌나요? 이 범주의 장소와 관련된 *용도*는 무엇인가요? 이 범주의 장소가 초래하는 *위험*은 무엇인가요?
사건	이 범주의 사건과 관련된 *사람*은 누구인가요? 이 범주의 사건과 관련된 *과정* 혹은 행동은 무엇인가요? 이 범주의 사건과 관련된 *장비, 자재,* 혹은 *자원*은 무엇인가요? 이 범주의 사건과 관련된 *장소*는 어디인가요? 이 범주의 사건과 관련된 *원인과 결과*는 무엇인가요?
자연현상	이 범주의 현상과 관련된 *과정*은 무엇인가요? 이 범주의 현상과 관련된 *원인* 혹은 결과는 무엇인가요? 이 범주의 현상과 관련된 *장소*는 어디인가요?

물리적 행동	이 범주의 물리적 행동과 관련된 *과정*은 무엇인가요? 이 범주의 물리적 행동과 관련된 *위치*는 어디인가요? 이 범주의 물리적 행동과 관련된 목적은 무엇인가요? 이 범주의 물리적 행동과 관련된 *원인* 혹은 *결과*는 무엇인가요?
정신적 행동	이 범주의 정신적 행동과 관련된 *과정*은 무엇인가요? 이 범주의 정신적 행동과 관련된 *위치*는 어디인가요? 이 범주의 정신적 행동과 관련된 *원인* 혹은 *결과*는 무엇인가요?
느낌, 조건, 혹은 상태	이 범주의 느낌, 조건, 혹은 상태의 *원인* 혹은 *결과*는 무엇인가요? 이 범주의 느낌, 조건, 혹은 상태에 이르게 된 *과정*은 무엇인가요?
인간이 만든 개념 (세계를 체계화하는 방식)	이 범주의 사람이 만든 개념과 관련된 목적 혹은 용도는 무엇인가요? 이 범주의 사람이 만든 개념과 관련된 *원인* 혹은 *결과*는 무엇인가요?

이 특정한 범주 질문에 대한 반응으로 학생은 미국 대통령이라는 범주에 대해 '국가를 이끈다, 법안에 서명하여 법률을 만든다, 법안을 거부한다, 국가를 대표한다, 선출되어야 한다, 35세 이상이어야 한다, 토박이 미국 시민이어야 한다, 남자, 키가 크다, 의사소통에 능한 자' 등과 같은 추가적인 특징을 도출할 수도 있다. [표 2-2]에서 파생된 촉진 질문(stimulus questions)을 다시 언급하자면, 그것에 대한 처음 네 가지 대답은 미국 대통령이 수행하는 행동에 관한 것이고, 그다음 세 가지는 미국 대통령이 되기 위한 요건, 그다음 두 가지는 미국 대통령의 신체적 특성, 그리고 마지막 하나는 미국 대통령의 심리적 특성에 관한 것이다. 이와 같이 교사는 [표 2-2]에 제시된 질문 표본을 이용해 학생이 최초의 생각을 뛰어넘어 해당 범주의 특성을 더 깊게 탐구하도록 도와줄 수 있다.

3) 범주 내 비교하기와 범주 간 비교하기

교사가 범주에 대해 물어볼 수 있는 마지막 유형의 질문은 같은 범주 내의 예들과 다른 범주에 속한 예들을 비교하도록 하는 것이다. 이러한 비교를 통해 학생은 해당 범주의 고유한 특성뿐만 아니라 그것이 여러 범주들과 공유하는 특성도 확인할 수 있다. 예를 들어, 교사는 학생에게 조지 워싱턴과 버락 오바마(미국 대통령이라는 동일한 범주)를 비교하도록 할 수 있다. 학생은 워싱턴과 오바마 둘 다 대통령으로 재임했고(유사점), 일반적으로 워싱턴은 내향적인 사람이었다고 알려져 있는 반면 오바마는 외향적인 사람이라고 알려져 있으며(차이점), 둘 다 책을 출간했고(유사점), 오바마의 책이 워싱턴의 책보다 훨씬 더 많은 사람들에 의해 읽혔다(차이점)는 점을 발견할 것이다. 이러한 발견은 학생으로 하여금 미국 대통령의 역할이 18세기 이후 어떻게 변했는지를 검토하게 하는 계기가 될 수 있다.

범주 간 비교하기의 경우 교사는 학생에게 조지 워싱턴과 무함마드 무르시(한 명은 미국 대통령이라는 범주, 다른 한 명은 외국 대통령이라는 범주)를 비교하라고 요구할 수 있다. 학생은 조지 워싱턴은 대통령이 되는 것을 망설였고, 대통령으로 있는 동안 권력을 움켜쥐지 않았으며, (그 시기의 법에 의해 가능했음에도 불구하고) 다시 선출되기를 원하지 않아 두 번의 임기 후 물러난 반면, 무함마드 무르시는 권력을 획득해 공고히 했으며, 가능한 한 오랫동안 권력을 유지하는 데 관심이 있는 것처럼 보였다는 사실을 발견할 것이다. 또한 조지 워싱턴은 외부의 통치자(영국의 조지 왕)에게 저항해 대통령이 되었지만, 무함마드 무르시는 자국의 통치자(이집트의 호스니 무바라크)에게 저항해 대통령이 되었다. 이러한 비교를 통해 학생들은 독립전쟁 기간 동안 미국 대통령들이 직면한 고유한 도전과 성과를 인식할 수 있게 된다.

범주 간 비교하기를 통해 학생은 유사점과 차이점을 표현하는 것 외에도 양쪽 예들에 부합하는 새로운 범주를 발견할 수 있다. 예를 들어, 조지 워싱턴과 무함마드 무르시는 한 나라의 초대 대통령이라는 범주에 부합한다. 시간이 허락하고 내용에 들어맞는다면 학생은 이 새로운 범주에 대한 일반화를 함으로써 사고를 확장할 수 있다.

범주의 예, 특성, 유사점과 차이점을 도출하면서 학생들은 세부 사항 단계에서 시작한 작업, 즉 질문 연속체의 세 번째 단계에서 내용을 정교화하는 데 사용될 정보를 찾아내고 이를 명확히 하는 작업을 계속 진행한다. 다음 이야기는 범주 단계에서 교사가 어떻게 학생을 지도할 수 있는지를 보여준다.

스미스 선생님은 미국독립혁명과 관련된 인물을 (1) 미래의 대통령, (2) 사업가, (3) 지식인이라는 세 범주로 제시함으로써 학생들을 질문 연속체의 범주 단계로 이끈다. 그녀는 학생들에게 세 범주 중 가장 흥미로운 범주를 하나 선택하게 하고, 같은 범주를 선택한 친구들과 함께 해당 범주에 속한 인물의 예들과 특징을 찾게 한다. 일곱 명의 학생이 18세기의 미국 지식인을 조사하기로 결정한다. 학생들은 세부 사항 단계에서 강조된 벤저민 프랭클린, 토머스 제퍼슨, 존 애덤스, 제임스 매디슨, 그리고 다른 지식인들을 찾아낸다.

학생들이 이러한 인물 중 일부는 다른 범주에도 속한다고 지적하자, 스미스 선생님은 괜찮다고 하며 다음과 같이 말한다. "여러분의 목적은 18세기의 지식인을 찾는 것이고, 여러분이 찾아낸 예들은 모두 해당 범주에 속하는 것이에요. 그 예들이 다른 범주에 속해도 괜찮아요. 실제로 대부분의 예들은 다양한 범주에 속할 거예요. 그게 바로 지식인이라는 하나의 범주에 초점을 맞추는 이유이기도 해요."

일단 학생들이 해당 범주에 속한 예들을 찾아내면, 그들은 해당 범주의 일반적인 특징을 자유롭게 생각한다.

"모두 남자예요." 새디가 말한다.

이러한 관찰은 학생들로 하여금 머시 오티스 워런[20]과 애비게일 애덤스[21] 같은 몇몇 여성의 예를 추가하도록 유도한다.

"이 사람들 모두 독서를 많이 했고, 일부는 책과 논문을 썼어요." 메이샤가 말한다.

....

20 미국독립혁명기의 시인, 역사가, 극작가, 풍자가이면서 애국주의자. 미국독립혁명이 시작되기 전부터 매사추세츠에서 영국의 왕을 비판하는 시와 희곡을 출판했으며, 식민지 주민들에게 식민지의 권리와 자유를 위해 영국의 횡포에 저항하자고 선동했다. 1805년에는 미국독립혁명을 다룬 최초의 역사서를 집필하기도 했다.
21 제2대 미국 대통령 존 애덤스의 아내.

스미스 선생님은 학생들이 더욱 자유로운 생각을 하도록 유도하기 위해서, '18세기에 지식인들은 어떤 활동을 했나요?'와 '18세기 지식인의 공통된 심리적 특성은 무엇인가요?' 등과 같은 구체적인 질문을 한다. 학생들이 18세기 지식인의 특징 목록을 작성하자, 스미스 선생님은 18세기 지식인과 다른 시기의 지식인을 비교하도록 유도하는 질문을 한다. 예를 들어, '벤저민 프랭클린과 니콜로 마키아벨리의 사상에서 유사점과 차이점은 무엇인가요?', '벤저민 프랭클린과 존 로크의 사상에서 유사점과 차이점은 무엇인가요?', '벤저민 프랭클린과 카를 마르크스의 사상에서 유사점과 차이점은 무엇인가요?' 등이다. 스미스 선생님은 학생들에게 정부, 권력, 지도자와 시민의 책임에 대한 지식인들의 견해를 분명히 비교할 것을 요구한다. 학생들은 비교 질문에 답하면서, 정부가 권력을 획득하는 방식에 대한 생각과 한 나라의 국민이 지닌 책임에 대한 생각이 존 로크와 토머스 페인[22]과 같은 사상가의 영향으로 18세기에 얼마나 급격하게 변화했는지 깨닫게 된다.

4. 세 번째 단계: 정교화 질문

질문 연속체의 세 번째 단계는 학생에게 범주 단계에서 찾아낸 특성을 정교화할 것을 요구한다. 특히, (네 번째 단계의 증거 질문과 함께) 정교화 질문은 학생이 자신의 주장을 형성하고 이를 옹호하는 능력, 흔히 논증이라고 불리는 능력을 계발하는 데 매우 중요하다. 주장을 형성하고 증거를 통해 뒷받침하는 것은 미국 공통 핵심 성취기준(the Common Core State Standards: CCSS)[23]에서 강

<hr />

22 미국의 작가이자 혁명적 이론가로 영국에서 출생하여 미국독립혁명 및 프랑스혁명에 참가하여 활약하였다. 1774년에 벤저민 프랭클린의 초청을 받아 미국으로 이주했으며, 1776년에는 『상식(Common Sense)』을 써서 미국의 독립이 가져다줄 장점을 알렸다.
23 2012년에 발표된 미국의 새로운 교육 개혁안.

조된 중요한 기능이다. CCSS의 집필자들은 "학생은 비판적으로 깊이 생각하고, 자기 생각의 타당성을 평가하며, 자신의 주장에 대한 반대 의견을 예측할 수 있어야 한다"(NGA & CCSSO, 2010b, p. 24)라고 하였다. 질문 연속체의 세 번째 단계에서 학생은 앞의 두 단계에서 찾아낸 정보를 정교화함으로써 비판적 사고를 기를 수 있다. 정교화를 유도하는 질문은 다음 세 가지 유형으로 나뉜다. (1) 학생에게 특성의 이유를 설명하라고 요구한다. (2) 학생에게 특정한 특성의 영향을 기술하라고 요구한다. (3) 학생에게 일정 조건하에서 무슨 일이 발생할지 예측하라고 요구한다.

1) 특성의 이유 설명하기

여기서 학생은 질문 연속체의 두 번째 단계에서 도출한 특성을 설명한다. 이러한 질문은 보통 '왜?'라는 질문의 형식을 취한다. 예를 들어, 미국 대통령에 대해 묻는 범주 단계에서 산출된 학생의 대답을 토대로, 교사는 다음과 같은 질문을 할 수 있다.

- 대통령은 왜 영향력이 있나요?
- 대통령은 왜 보통 남자인가요?
- 대통령은 왜 미국 시민인가요?
- 대통령은 왜 법안에 서명해 법률을 만드나요?
- 대통령은 왜 법안을 거부하나요?
- 대통령은 왜 선출되어야만 하나요?
- 대통령은 왜 35세 이상이어야 하나요?
- 대통령은 왜 토박이 미국 시민이어야 하나요?

이들 질문에 답하기 위해 학생은 아마도 생각하고, 추가적인 정보를 찾으며, 친구와 의논하기 위한 시간이 필요할 것이다. 3장에서는 학생들이 질문에 답하기 위해 필요한 정보를 찾고 해석하는 것을 교사가 어떻게 도울 수 있는지에 대해, 그리고 4장에서는 정교화 단계에서 모둠 활동과 학생 상호작용을 촉진하기 위해 교사가 사용할 수 있는 구체적인 전략에 대해 살펴볼 것이다.

2) 특정한 특성의 영향 기술하기

이 유형의 정교화 질문은 질문 연속체의 범주 단계에서 찾아낸 특성의 영향을 기술할 것을 학생에게 요구한다. 예를 들어, 학생이 질문 연속체의 범주 단계에서 미국 대통령에 대해 다음과 같은 특성을 도출했다고 가정해보자.

- 그들은 의사소통에 능한 경향이 있다.
- 그들은 미국 시민이어야 한다.
- 그들은 법안에 서명하거나 법안을 거부할 수 있는 권한을 가진다.

정교화 단계에서 교사는 이 특성의 영향에 대해 질문할 것이다.

- 의사소통에 능한 것은 대통령에게 어떤 영향을 주나요?
- 미국 시민인 것은 대통령에게 어떤 영향을 주나요?
- 법안에 서명하거나 거부할 수 있는 대통령의 권한은 미국에 어떤 영향을 주나요?

또 다시 정교화 질문은 더욱 깊은 사고를 요구하면서 대화, 연구, 혹은 더 많은 조사를 수반할 수 있기 때문에, 학생은 질문에 답하기 위해 모둠으로 활동할 수도 있다. 4장에서는 모둠의 사고와 협동을 촉진할 수 있는 체계와 기능에 대해 살펴볼 것이다.

3) 일정 조건하에서 무슨 일이 발생할지 예측하기

이 유형의 정교화 질문은 '만약 ~라면?'의 형식을 취하며, 학생에게 일정 조건하에서 무슨 일이 발생할지(혹은 발생했을지) 예측하도록 요구한다. 예를 들어, 교사는 학생에게 만약 조지 워싱턴이 1751년 천연두에 걸렸을 때 죽었더라면, 혹은 토머스 제퍼슨이 노예제를 폐지했더라면 무슨 일이 발생했을지 예측해보라고 요구한다.

앞에서 살펴본 두 유형의 정교화 질문과 마찬가지로, '만약 ~라면?' 혹은 예측 질문은 대체로 학생에게 외부 출처로부터 정보를 수집하고(3장 참조), 친구들과 협동할(4장 참조) 것을 요구한다. 이러한 유형의 질문은 항상 학생들 사이에서 다른 의견을 끌어낸다. 따라서 학생은 자신의 답을 도출할 때 다른 의견을 찾아내서 참고해야 한다. 다음의 이야기는 질문 연속체의 정교화 단계에서 교사가 어떻게 학생을 지도할 수 있는지를 보여준다.

스미스 선생님은 학생들에게 질문 연속체의 다음 단계에서는 이유, 영향, 가상적 결과에 대해 더 깊이 생각할 기회를 가지게 될 것이라고 설명한다. 학생들이 조사한 각각의 인물 범주에 대해 스미스 선생님은 일련의 정교화 질문을 설계한다. 18세기 지식인을 조사한 모둠에 그녀는 다음과 같이 질문한다.

- 여러분이 조사한 지식인들은 왜 (독자 및 저자로서) 문학에 심취했을까요?
- 여러분이 조사한 지식인들은 왜 대부분 백인일까요?
- 여러분이 조사한 지식인들은 왜 대부분 남자이거나 지식인 남편을 둔 여자일까요?
- 문학가가 되는 것은 지식인이 되는 것에 어떤 영향을 줄까요?
- 18세기에 백인이라는 존재는 지식인이 되는 것에 어떤 영향을 주었을까요?
- 지식인 남자와 결혼하는 것은 18세기 여자에게 어떤 영향을 주었을까요?
- 벤저민 프랭클린의 형이 인쇄업자가 아니었다면 어떻게 되었을까요?

학생들은 둘이나 셋씩 모둠을 형성하고, 각 모둠은 조사해서 답변할 한 개 혹은 그 이상의 질문을 선택한다. 마지막 과제에서 애비게일 애덤스와 머시 오티스 워런의 역할 연기를 고려하고 있던 마타와 제시카는 18세기에 지식인과 결혼하거나 관련을 가지는 것의 영향을 조사하기로 결정한다. 여러 정보 중에서 그들은 머시 오티스 워런은 지식인의 아내이자 딸이었고(그녀의 남편 제임스는 매사추세츠주 의회의 의원이자 존 애덤스의 친구였고, 아버지는 매사추세츠주의 변호사이자 판사였다), 애비게일 애덤스는 존 행콕의 아내와 친척이면서 지식인 목사의 딸이었고, 2대 미국 대통령인 존 애덤스와 결혼했으며, 미국독립혁명이라는 지적인 문화에서 활발히 활동했다는 사실을 발견한다.

반면, 그들은 벤저민 프랭클린이 비누와 양초 제조자의 아들이었다는 사실을 발견한다. 벤저민의 형 제임스가 인쇄소 운영을 시작했지만, 벤저민은 그곳에서 견습생일 뿐이었고 ('사일런스 두구드'[24]란 필명으로 몇 편의 글을 발표하긴 했지만), 신문에 글을 쓰는 것이 허락되지는 않았다. 이러한 어려움에도 불구하고 프랭클린은 유럽으로 건너가 영국에서 한동안 일했고, 마침내 18세기의 정치인 겸 지적 지도자가 된다. 그의 딸 세라 프랭클린 배시 역시 독립혁명기에 미국 식민지 주민의 지지 속에서 지적 지도자가 된다. 이러한 발견을 토대로 두 소녀는 18세기의 남성은 불리한 조건 속에서도 지식인이 될 수 있었지만, 여성은 많은 경우 지식 추구에 성공하기 위해서는 주변에 있는 지식인 남성의 지원이 필요했다는 결론을 내린다.

5. 네 번째 단계: 증거 질문

질문 연속체의 증거 단계에서 교사는 학생에게 이전 단계의 정교화를 뒷

---

24 벤저민 프랭클린은 사일런스 두구드 부인(Mrs. Silence Dogood)이란 필명으로 신문에 글을 기고하곤 했는데, 사일런스 두구드 부인이 미망인이란 소문을 들은 남자들이 청혼하려고 달려들어 프랭클린이 도피한 적이 있다.

받침할 수 있는 증거를 제시할 것을 요구한다. 이는 종종 학생으로 하여금 질문 연속체의 앞 세 단계에서 수집하거나 도출한 정보를 다시 참조하게 하고, 외부 자료를 이용해 추가적인 연구와 조사를 수행하게 한다(3장 참조). 학생이 정교화에 대한 증거를 제시하도록 유도할 수 있는 방법에는 다음과 같은 다섯 가지가 있다. (1) 학생에게 자신의 정교화를 뒷받침하는 자료를 제시하라고 요구한다. (2) 학생에게 자신의 정교화를 구성하기 위해 사용한 추론을 설명하라고 요구한다. (3) 학생에게 자신의 결론 중 일부에 단서를 달거나 제한을 둘 것을 요구한다. (4) 학생에게 자신의 정교화를 구성하기 위해 사용한 추론에서 오류를 찾으라고 요구한다. (5) 학생에게 자신의 정교화를 다른 관점에서 검토하라고 요구한다.

1) 정교화를 뒷받침하는 자료 제시하기

증거를 끌어내는 가장 간단한 방법 중 하나는 학생에게 사용한 정보의 출처를 밝히라고 요구하는 것이다. 예를 들어, 한 학생이 정교화 단계에서 미국 시민이라는 것이 미국 대통령에게 미치는 영향은 바로 대통령이 미국 시민에게 중요시되는 가치와 믿음을 이해할 수 있는 것이라고 말했다고 가정해보자. 증거 단계에서 교사는 학생에게 자신의 정교화를 뒷받침할 수 있는 자료를 열거하라고 요구할 것이다. 자료 중 하나로 학생은 다양한 나라에서 시민의 가치와 믿음에 대한 사회학적 연구를 수행한 학술지의 논문을 언급할 수 있다. 특히 자료를 인터넷에서 가져온 경우 학생은 자신의 자료가 믿을 수 있고 신뢰할 수 있는지를 반드시 확인해야 한다.

2) 정교화를 구성하기 위해 사용한 추론 설명하기

교사는 또한 학생에게 결론의 토대가 되는 추론과 정교화를 도출하기 위해 사용한 추론 과정을 설명하라고 요구할 수 있다. 예를 들어, 미국 시민인 대통령은 미국인에게 중요시되는 가치와 믿음을 이해할 수 있다고 말한 학생은 다음과 같이 자신의 추론을 설명할 수도 있다.

> 토박이 미국 시민이란 미국에서 태어나거나 부모가 모두 미국 시민인 경우를 말합니다. 만약 여러분이 미국에서 태어나게 된다면, 성장하면서 다른 미국 시민을 접할 것이고 그들이 무엇을 중요시하는지 알게 될 것입니다. 여러분은 또한 미국에서 학교를 다닐 것이고, 여러분을 가르치는 교사들은 미국 시민일 것이며, 그들이 가르치는 것 또한 미국인의 가치와 믿음을 반영할 것입니다. 만약 여러분의 부모가 미국인인데 여러분이 다른 나라에서 태어나게 된다면, 여러분은 부모로부터 미국인의 중요한 가치와 믿음에 대해 배울 것입니다.

여기서 학생은 미국 시민인 미국 대통령이 미국인의 가치와 믿음을 잘 알 것이라는 자신의 결론을 끌어낸 전제에 대해 설명하고 있다. 실제로 학생이 제시하고 있는 증거는 신뢰성을 가지며, 이는 그의 추론이 온당하다는 것을 보여준다.

3) 결론 중 일부에 단서를 달거나 제한을 두기

학생이 정교화를 만들어내고 이에 대한 증거를 제시할 때 생각하지 못한 문제나 쟁점이 있을 수 있다. 이런 측면에 초점을 맞춘 증거 질문은 학생으로 하여금 이전에 고려하지 못한 정보를 통합하기 위해 자신의 정교화를 보다 명확하게 하거나 단서를 달도록(자신의 정교화가 적용되지 않는 경우를 설명하도록) 유도한다. 정교화의 한계를 확인하는 것은 항상 주장을 강화한다. 예를 들어, 미국 시민인 대통령이 미국인의 가치와 믿음을 이해할 것이라고 말한 학생은 어떤 아이들은 미국 시민으로 태어났지만 외국에서 자랐으며 그들의 부모는 미국 시민이 아니라는 사실을 깨달을 것이다. 이러한 점을 고려하여 학생은 이 특정 그룹의 사람들을 다음과 같이 설명하면서 자신의 추론을 명료하게 할 수 있다.

미국 시민으로 태어났지만 미국에서 성장하지 않고 부모가 미국인이 아닌 사람들의 경우, 그럼에도 불구하고 그들은 대선에 출마할 수는 있지만, 기본적인 가치와 믿음을 유권자와 공유하지 못할 수 있기 때문에 대통령으로 선출되기는 힘들 것이다.

자신의 정교화에 대한 단서나 제한을 확인함으로써 학생들은 자신의(그리고 다른 사람의) 추론에 대해 보다 분석적인 시각을 견지하게 된다. 친구와의 공동 토론을 통해 학생들은 다른 사람의 관점에 집중할 수 있는데, 이는 그 학생들이 어떻게 자신의 대답을 명료하게 할지 혹은 어떻게 단서를 달아야 할지 이해하는 것을 돕는다. 4장에서는 교사가 이러한 토론을 어떻게 촉발하고 구조화할 수 있는지에 대해 살펴볼 것이다.

4) 정교화를 구성하기 위해 사용한 추론에서 오류 찾기

여기서 교사는 학생에게 오해의 소지가 있는 정보나 부정확한 정보가 있는지 자신의 추론과 정교화를 점검할 것을 요구한다. 5장에서 설명하겠지만, 학생이 자신의 추론 과정에서 발견할 수 있는 특정 유형의 오류에는 불완전한 논리 오류, 공격 오류, 빈약한 참조 오류, 잘못된 정보 오류가 있다. 5장에서는 이러한 각각의 오류에 대해 밝히고 학생이 그것을 찾을 수 있도록 교사가 어떻게 유도할 것인가에 대해 설명할 것이다. 만약 한 학생이 대부분의 사람들은 키가 큰 사람이 좋은 지도자라고 생각하기 때문에 대통령은 키가 크다고 진술했다면, 교사는 그 학생에게 그 정교화가 어떻게 오해될 수 있는지 질문할 수 있다.

학생은 자신의 주장이 잘못된 정보라는 오류를 가지고 있다고 응답한다. "음, 제가 든 예들 중 하나가 저의 정교화와 부합하지 않는군요. 제임스 매디슨[25]

---

25 제4대 미국 대통령이자 정치학자로, 1787년 미국 헌법제정회의에서 헌법 초안의 기초를 맡아 '미국 헌법의 아버지'라고 불린다. (출처: 두산백과)

은 키가 163센티미터밖에 되지 않았으니까요."

교사는 다음 질문으로 "혼란을 제거하기 위해 너의 정교화를 어떻게 수정하거나 개선할 수 있을까?"라고 묻는다.

학생은 "1800년대 미국인의 평균 신장은 현재의 평균 신장보다 더 작았어요. 따라서 저는 대부분의 대통령은 국민의 평균 신장보다 크다고 대신 말할 수 있어요"라고 대답한다.

5) 다른 관점에서 정교화 검토하기

마지막으로, 교사는 학생에게 다른 관점에서 자신의 정교화를 검토할 것을 요구한다. 예를 들어, 대통령은 사람들이 자신을 따르게끔 의사소통에 능해야 한다고 말한 학생에게 교사는 "누군가는 왜 너의 정교화가 옳다고 혹은 그르다고 생각할까?"라는 질문을 던진다.

학생은 "대통령이 의사소통에 능하다는 말에 모든 사람이 동의하는 것은 아니에요. 예를 들어, 어떤 사람은 조지 W. 부시, 닉슨, 아이젠하워가 재능 있는 연설가가 아니었다고 말하니까요"라고 응답한다.

학생은 상충되는 견해에 대응하기 위해 자신의 정교화를 수정해야 한다. 교사는 "그 사람의 견해에 어떻게 대응할 거니?"라고 물음으로써 학생의 수정을 유도할 수 있다. 이 경우 학생은 의사소통과 연설을 더욱 명확히 구별하기 위해 자신의 주장을 수정할 것이다. 다음의 이야기는 질문 연속체의 증거 단계에서 교사가 어떻게 학생을 지도할 수 있는지를 보여준다.

스미스 선생님은 학생이 질문 연속체의 증거 단계에 이르자, 학생에게 자신의 정교화를 재검토하고 그 증거를 명쾌하게 진술하도록 권한다. 선생님은 각 모둠이 자신이 고려해야 할 증거 유형을 결정하는 것을 돕기 위해 각 모둠과 이야기를 나눈다. 선생님은 마타와 제시카와 함께 모임을 가졌을 때, 그들이 주장을 구성하기 위해 사용한 정보의 출처와 추론을 이미 확인했다는 사실을 알게 된다. 그래서 다른 관점에서 자신들의 결론을 검토함으로써 결론에 단서를 달거나 제한을 둘 것을 그들에게 요구한다.

스미스 선생님은 "한나 보스트윅 맥두걸,[26] 에스더 드버트 리드,[27] 데보라 샘슨,[28] 주디스 사전트 머레이[29]와 같은 여성은 어떠니? 그들의 상황은 어떠니? 그들이 겪은 이야기는 너희들의 주장을 지지하니 아니면 반박하니?"라고 묻는다.

두 소녀는 더 많은 조사를 한 후 한나 보스트윅 맥두걸은 애국파 신문을 발간한 알렉산더 맥두걸과 결혼했다는 사실을 발견한다. 에스더 드버트 리드는 미국독립혁명 때 조지 워싱턴의 비서로 일한 변호사 겸 정치 지도자와 결혼하였다. 이 두 가지 예는 지식인 여성은 주변에 지식인 남성이 있어서 그들의 지원을 받는다는 자신들의 결론을 강화해주었다. 그러나 그들은 데보라 샘슨과 주디스 사전트 머레이를 조사했을 때 놀라운 정보를 발견하게 된다. 남자로 변장해 미국독립전쟁에서 싸운 것으로 알려진 데보라 샘슨은 가난하게 자랐고, 그녀를 기간 계약 노동자[30]가 되게 강요한 아버지로부터 어릴 때 버려진 적이 있었던 것이다.

"맞아, 그녀는 주변에 지식인이 없었어. 그런데 나는 그녀를 지식인이라고 부를 수 있을지 모르겠어. 그보다는 나라를 위해 많은 어려움을 기꺼이 이겨낸 진실로 용감한 여성이라는 말이 더 맞을 것 같아"라고 마타가 말한다.

"그래서 그녀는 우리가 정한 범주에 속하는 예로는 적합하지가 않아"라고 제시카가 응답한다.

----

26 애국파 신문을 발간하던 알렉산더 맥두걸의 아내로, 남편이 체포되자 여성들을 모아 남편이 감금되어 있던 감옥까지 거리 행진을 주도했다.
27 미국독립전쟁 당시 군사들의 구휼를 위해 활동한 여성 지도자로, 전투 중인 조지 워싱턴의 군대에 구호물자를 보내기 위해 필라델피아 여성 조직을 결성하기도 했다.
28 독립전쟁 당시 남자로 변장해 전쟁에 참여한 미국 최초의 여군. 부상을 당해 치료받는 과정에서 여성이라는 사실이 발각될 위기에 처하기도 했다. 나중에 군인으로 국가를 위해 복무한 게 인정되어 국가로부터 연금을 받았다.
29 여성의 권리를 주창한 시인이자 수필가. 다수의 작품을 집필했으며, 자신의 작품이 진지한 관심을 받을 수 있도록 남자 이름으로 다수의 책을 발간했다. (출처: 캐서린 반 스팬커렌 지음, 박강순 옮김, 『미국의 문학』, 2007, 주한미국대사관 공보과)
30 식민지 시대에 미국으로 와서 일정 기간 노동 계약을 맺고 일했던 사람으로 주로 무임 도항 이주자, 죄수, 빈민 등이었다.

두 소녀는 주디스 사전트 머레이가 부모에 의해 양육될 때 남자아이가 아니라는 이유로 고전과 다른 교과목을 공부할 수 있도록 허락받지 못한 사실을 발견한다. 그녀는 자라서 여성의 권리를 강력하게 옹호했으며, 다수의 책과 에세이 및 논문을 저술했다.

"그녀는 예외야." 제시카가 말한다.

"맞아. 그녀는 주변에 지식인도 없었고 그들의 지원도 받지 못했지만, 그녀 스스로 지식인이 되었어"라고 마타가 말한다.

두 소녀는 자신들의 주장을 수정하기로 결심하고, 18세기의 대다수 지식인 여성에게는 자신을 지원하고 독려하는 지식인 남성이 주변에 있었지만 주디스 사전트 머레이와 같은 일부 여성은 남성의 지원 없이도 교육과 학습을 성공적으로 이루어냈다는 단서를 단다.

6. 질문 연속체의 유연성

이 장에서 우리는 질문 연속체의 네 단계와 더불어 각 단계에서 취할 수 있는 다양한 형태를 제시하였다. 각 단계에는 많은 선택지가 있다. 이것들은 다양한 형태로 발현될 수 있는 하나의 체계를 이루고 있다. 이는 [그림 2-2]에 그려져 있다.

[그림 2-2]에 나타난 바와 같이, 교사는 다양한 방식으로 질문 연속체의 네 단계 안에서 이동할 수 있다. 교사는 한 단계에서 다음 단계로 선형적 방식(세부사항, 범주, 정교화, 증거)으로 움직이지만, 각 단계에는 교사와 학생이 취할 수 있는 많은 선택지가 존재한다. [그림 2-2]에 요약된 선택지 중 교사가 무엇을 선택하느냐에 따라 질문 연속체는 여러 차시의 수업에 걸쳐 지속될 수도 있고 혹은 한 차시의 수업으로 완결될 수도 있다. 5장에서는 질문 연속체를 짧게 또는 길게 구성할 때 수업 계획이 어떻게 달라질 수 있는지에 대해 살펴볼 것이다.

세부 사항

선택지
- 중요한 세부 사항에 대해 질문한다. 초점 영역은 다음을 포함한다.
  - 인물
  - 기관 혹은 단체
  - 지적 혹은 예술적 산물
  - 자연 발생적 사물 혹은 동물
  - 자연 발생적 장소
  - 사람이 만든 사물
  - 사람이 만든 장소
  - 사건
  - 자연현상
  - 물리적 행동
  - 정신적 행동
  - 느낌, 조건, 혹은 상태
  - 인간이 만든 개념
  (세계를 체계화하는 방식)
- 단원 목표를 기반으로 해서 세부 사항 및 범주를 선택하고 조직한다.

범주

선택지
- 학생에게 해당 범주의 예들을 찾으라고 요구한다.
- 학생에게 해당 범주의 일반적인 특성을 묘사하라고 요구한다.
- 학생에게 해당 범주 내 비교와 범주 간 비교를 하라고 요구한다.

정교화

선택지
- 학생에게 특정 특성의 이유를 설명하라고 요구한다. (왜? 질문)
- 학생에게 특정 특성의 영향을 기술하라고 요구한다.
- 학생에게 일정 조건하에서 무슨 일이 발생할지 예측하라고 요구한다. (만약 ~라면? 질문)

증거

선택지
- 학생에게 자신의 정교화를 뒷받침하는 자료를 제시하라고 요구한다.
- 학생에게 자신의 정교화를 구성하기 위해 사용한 추론을 설명하라고 요구한다.
- 학생에게 자신의 결론 중 일부에 단서를 달거나 제한을 두라고 요구한다.
- 학생에게 자신의 정교화를 구성하기 위해 사용한 추론에서 오류를 찾아내라고 요구한다.
- 학생에게 자신의 정교화를 다른 관점에서 검토하라고 요구한다.

[그림 2-2] 질문 연속체 각 단계의 선택지

요약

이번 장에서 살펴본 질문 연속체는 수업에서 효과적인 질문 연속체를 계획하고 실행하기 위해 교사가 사용할 수 있는 체계이다. 질문에 대해 교사들이 이전에 받았던 지침과는 달리, 우리가 제시하고 있는 질문 연속체는 모든 '수준'의 질문을 아우르는데, 각각의 질문은 정해진 역할이 있고 적시에 올바른 방법으로 사용되었을 때 매우 강력한 효과를 보인다. 앞에서 언급한 바와 같이, 학생이 질문 연속체의 네 단계 동안의 질문에 답하는 데 필요한 모든 정보를 사전 지식 혹은 경험만을 토대로 미리 알고 있을 가능성은 거의 없다. 많은 경우 학생은 외부 자료와 텍스트에서 정보를 찾아야 할 것이다. 3장에서는 다양한 텍스트 유형을 설명하고 학생이 자신이 필요한 정보를 찾기 위해 텍스트와 상호작용하는 법을 교사가 어떻게 지도할 수 있는지에 대해 살펴볼 것이다.

2장의 이해도 점검 질문

1. 세부 사항 질문이 질문 연속체에서 중요한 이유는 무엇인가요? 세부 사항 질문을 설계할 때 가장 중요하게 고려할 사항은 무엇인가요?

2. 범주 단계에서 교사는 질문 연속체에 적합한 범주를 어떻게 선택해야 하나요?

3. 논증 과정은 질문 연속체의 정교화 단계 및 증거 단계에 어떻게 통합되나요?

4. 증거 단계에서 학생은 자신의 정교화 혹은 결론에 대해 무엇을 설명할 수 있어야 하나요?

3장

외부 출처의 정보

학생이 질문에 답하기 위해 자신의 지식 기반을 뛰어넘어야 할 때, 참고하고자 하는 외부 자료의 특징에 대한 학생의 이해를 높여 이 과정을 용이하게 하는 것은 교사가 해야 할 중요한 일이다.

학생은 질문에 답하기 위해 두 가지 출처의 정보에 의존하는데, 바로 자신이 가지고 있는 사전 지식과 외부 자료이다. 질문에 답하는 데 필요한 사전 지식이 있을 때 학생의 반응 시간은 짧고, 심지어는 즉각적이다. 그러나 필요한 사전 지식이 없을 때 학생은 다른 곳, 즉 외부 출처로부터 정보를 획득해야 한다. 이는 세부 사항 단계에서 일어나기도 하지만, 대체로 질문 연속체의 범주 단계, 정교화 단계, 증거 단계에서 더 많이 일어난다. 예를 들어, 다음과 같은 범주 질문을 생각해보자. "G형 주계열성(主系列星)[1]의 예는 무엇인가?"

학생이 G형 주계열성에 대해 알지 못한다면 외부에서 예들을 찾아야 할 것이다. 이제 다음과 같은 정교화 질문을 생각해보자. "핵융합이 G형 주계열성에 미치는 영향은 무엇인가?"

....

1 인간의 청소년기, 노년기처럼 별들 또한 나이에 따라 단계가 나뉘는데, 대부분의 항성은 주계열성이라는 단계에서 일생의 80~90%를 보내게 된다. 주계열성이란 한창 타오르는 전성기를 보내고 있는 별의 단계, 정확히 말해 수소 핵융합 반응을 하면서 에너지를 내고 있는 단계를 말한다. 주계열성의 종류는 항성의 온도와 광도에 의해 결정된다. G형 주계열성은 황색왜성(黃色矮星)으로 온도가 5300~6000K(K는 절대온도 단위)이고, 수명이 약 100억년 정도인데, 태양이 이 계열에 속한다.

학생이 다시 이 유형의 질문에 답하기 위해서는 보통 외부 출처에서 새로운 정보를 찾아야 할 것이다. 이와 비슷하게 다음과 같은 증거 질문을 생각해 보자. "자신이 가진 모든 수소를 소진했을 때 G형 주계열성이 적색거성(赤色巨星)[2]이 되지 않는 경우도 있는가?"

학생이 질문에 답하기 위해 자신의 지식 기반을 뛰어넘어야 할 때, 참고하고자 하는 외부 자료의 특징에 대한 학생의 이해를 높여 이 과정을 용이하게 하는 것은 교사가 해야 할 중요한 일이다. 이번 장에서는 학생이 세 가지 일반적인 유형의 외부 정보, 즉 (1) 언어적 텍스트, (2) 비언어적 텍스트, (3) 전자 텍스트를 이해하고 그것들로부터 유용한 정보를 수집하는 것을 교사가 어떻게 도울 수 있는지에 대해 살펴볼 것이다.

1. 언어적 텍스트

언어적 텍스트는 전통적 텍스트로, 인쇄된 철자가 단어, 문장, 문단으로 조직된 것이다. 연구자들은 전통적인 언어적 텍스트가 세 가지 의미 수준, 즉 (1) 최상위 구조, (2) 하위 구조, (3) 세부 정보를 가지고 있다고 가정한다. 세부 정보는 하위 구조 혹은 최상위 구조와 관련될 수 있다. [그림 3-1]은 이 관계를 보여준다.

최상위 구조는 전체 텍스트를 조직하기 위해 사용된다. 예를 들어, 다음의 텍스트는 최상위 기술 구조(description structure)를 사용하고 있다(추가적인 텍스트 구조의 유형은 75쪽의 [표 3-1] 참조).

----

2 지름이 태양의 수십 배에서 수천 배가 되는 온도가 낮은 별. 별이 주계열의 단계를 통과하면 중심부에 헬륨 핵이 생겨 크기가 크고, 표면온도가 낮고, 대류층이 깊은 적색거성이 된다. (출처: 두산백과)

오르카(orca)라고도 하는 범고래는 돌고랫과 중 가장 개체 수가 많다. 그들은 긴밀한 유대 관계를 가진 작은 무리 속에서 살아간다. 서로 의사소통하기 위해 범고래는 혀 차는 소리, 쌕쌕하는 소리, 울음소리 등을 조합해서 사용한다. 범고래는 길이가 9미터, 무게가 4.5톤 정도 될 때까지 자란다. 그들은 특유의 무늬를 가지고 있는데, 몸의 대부분은 검은색이지만 흰색 반점과 흰색 배를 가지고 있다. 범고래는 최상위 포식자로 물고기, 오징어, 상어, 해양 포유동물, 바다거북, 새 등 다양한 동물을 먹는다. 범고래는 전 세계의 모든 대양 및 대부분의 바다에서 발견된다.

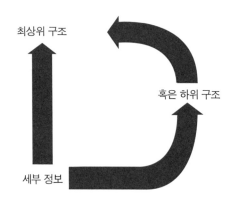

[**그림 3-1**] 언어적 텍스트의 의미 수준

기술 구조는 어떤 것—이 경우에는 범고래—의 특징 혹은 속성의 목록을 포함한다. 텍스트는 또 하위 구조를 포함할 수도 있다. 예를 들어, 앞 텍스트의 세 번째 문장은 하위 문제/해결 구조를 가진다. 즉, 범고래는 서로 의사소통할 필요가 있고(문제), 그래서 혀 차는 소리, 쌕쌕하는 소리, 울음소리를 조합해 사용한다(해결). 마지막으로, 텍스트에는 항상 세부 정보가 포함되어 있다. 범고래에 대한 구절의 각 문장은 '범고래는 돌고랫과 중 가장 개체 수가 많다', '범고래는 긴밀한 유대관계를 가진 작은 무리 속에서 살아간다', '범고래는 길이가 9미터가 될 때까지 자란다'와 같은 하나 혹은 그 이상의 세부 정보를 포함한다.

최상위 구조와 하위 구조는 특정한 방식으로 서로 연결됨으로써 텍스트 안에서 세부 정보를 조직한다. 다음의 절에서 우리는 텍스트에서 발견되는 구조의 다섯 가지 상이한 유형을 설명하고, 학생이 텍스트에서 특정 정보를 찾고, 텍스트를 이해하고 해석하며, 텍스트에서 발견한 정보를 기억하기 위해 어떻게 이 구조를 이용할 수 있는지에 대해 살펴볼 것이다. 그리고 학생이 최상위 구조와 하위 구조를 어떻게 찾아낼 수 있는지 알아볼 것이다. 이들 기능은 질문 연속체를 진행하는 동안 학생이 외부 출처에서 정보를 찾고 해석하는 데 매우 중요하다.

1) 텍스트 구조

구조는 언어적 텍스트에 표현되어 있는 것을 이해하는 데 매우 중요하다. 구조는 사람들이 기억 속의 텍스트에서 특정 정보를 예상하면서 찾고 체계화하도록 한다. 킨치(Kintsch, 1988)는 "사람들은 다음에 무슨 내용이 올지 어느 정도 알기 때문에 올바로 이해하는 것이다"(p. 164)라고 했다. 피터 모젠탈(Peter Mosenthal)과 어윈 커시(Irwin Kirsch)(1991a)는 더 나아가 다음과 같이 설명한다.

각각의 문서 유형에 어떤 종류의 정보가 올지 예상함으로써 우리는 새로운 문서와 마주할 때 야기되는 놀라움을 최소화하고, 심지어 가장 복잡한 문서조차도 그 데이터와 세부 정보를 이해하는 데 필요한 준비된 범주 세트를 가지게 된다. (p. 655)

본질적으로 텍스트 구조는 독자가 텍스트를 읽을 때 마음속으로 채우는 빈 구조물(blank organizer)과 같다. 구조를 통해 독자는 찾아야 할 주요 세부 정보가 무엇인지 그리고 텍스트 내의 생각들이 어떻게 서로 연결되어 있는지 알게 되면서 내용을 더 쉽게 파악한다. 텍스트의 구조를 이해하고 그 구조를 텍스트 내 생각들의 밀접한 관련성을 파악하는 데 사용함으로써 학생은 자신이 읽은 내용을 더 잘 이해할 수 있을 뿐만 아니라, 자신의 기억력을 증진해 읽은 내용을 더 잘 기억할 수 있게 된다.

보니 메이어(Bonnie Meyer), 캐롤 영(Carole Young), 브렌던 바틀릿(Brendan Bartlett)(1989)은 모든 언어적 텍스트의 분류에 적용할 수 있는 다섯 가지 구조, 즉 (1) 기술 구조, (2) 순서 구조, (3) 인과 구조, (4) 문제/해결 구조, (5) 비교 구조를 찾아냈다. 각 구조에 대한 설명은 각 구조를 나타내는 신호 단어 및 구(句)와 함께 [표 3-1]에 제시되어 있다.

연구를 통해 메이어와 그녀의 동료들은 텍스트를 읽고 기억할 때 [표 3-1]에 제시된 구조를 찾아서 이용한 학생이 그렇게 하지 않은 학생보다 읽은 내용을 더 많이 기억한다는 사실을 발견하였다. 유사하게도, 퇸 반 다이크(Teun van Dijk)와 월터 킨치(Walter Kintsch)(1983)의 연구에서도 텍스트의 유기적 구조를 파악한 학생이 텍스트에서 사실 목록을 단순히 기억하려고만 한 학생보다 텍스트를 더 잘 기억했음을 지적하였다.

텍스트 구조를 알기 위하여 학생은 신호 단어와 구를 찾아볼 수 있다. 예를 들어, 학생이 텍스트의 한 문단에서 '예컨대, 구체적으로 말하면, ~와 같은, ~의 속성, 다시 말해' 등과 같은 단어를 발견한다면 그 부분의 텍스트는 기술 구조일 가능성이 높으며, 학생은 해당 부분의 중요한 세부 정보로서 텍스트에 나열된 속성 혹은 특징을 찾아서 기억할 것이다. 만약 '나중에, 뒤에, 마침내, 우선, 마지막으로, 이어지는, ~전에, ~후에' 등과 같은 단어가 사용되었다면 그 텍스트는 순서 구조일 가능성이 높으며, 학생은 중요한 세부 정보로서 텍스트 내 사건 순서에 주의를 집중할 것이다. 이와 마찬가지로, ([표 3-1]에 제시된 바와 같이) 인과 구조, 문제/해결 구조, 비교 구조에도 각 구조와 주요 세부 정보를 표시하는 핵심 단어가 존재한다. 또한 다섯 가지 구조 모두 최상위 구조 내에 삽입된 열거 구조(list structures)를 포함할 수 있다. 예를 들어, 순서 구조는 순차적으로 정리된 생각 목록을 포함할 수 있다. 인과 구조는 원인과 결과 목록을, 비교 구조는 서로 상반된 생각 목록 등을 포함할 수 있다. 학생은 이러한 열

[표 3-1] 텍스트 구조와 신호 단어 및 구

텍스트 구조	신호 단어 및 구
기술 구조는 한 주제에 대한 속성, 세부 내용, 혹은 배경 정보를 열거한다. 예를 들어, 원숭이에 대해 기술한 문단은 원숭이의 육체적 특성, 특정 유형의 원숭이, 원숭이의 환경 등을 기술할 수 있다. 신문 기사는 종종 누가, 어디서, 어떻게, 언제에 대해 말하는 기술 도식을 사용한다.	~의 속성, 특징은 ~이다, 예를 들어, 예컨대, ~를 기술할 때, ~의 특징, 다시 말해, ~의 성질, 특성은 ~이다, 특히, ~와 같은, 즉, 이런 특정한, ~의 하나인
순서 구조는 차례 혹은 시간을 토대로 생각을 묶는다. 많은 항목들은 특정 주제와 관련된 연속적인 추이에 따라 순서가 매겨진다. 조리법은 보통 어떤 재료가 가장 먼저 첨가되고, 다음 재료, 그다음 재료, 그리고 마지막으로 첨가되는 재료를 설명하는 순서 구조를 따른다. 역사적인 설명과 이야기도 일반적으로 순서 구조를 사용한다.	~후에, 나중에, 시간이 지남에 따라, ~전에, 계속해서, 초기에, 마침내, 이어지는, 우선, 마지막으로, 뒤에, 최근에, 곧, 처음에는, 끝으로, 몇 년 전에
인과 구조는 원인-결과 관계로 생각을 제시한다. 감독은 전형적으로 '만약 당신이 어떤 결과(효과)를 원한다면 이 단계들(원인)을 밟으면 된다'라는 인과적 순서를 따른다. 특정 사건에 대한 설명도 그 사건 배후에 있는 이유 혹은 원인을 설명하는 인과 구조를 따를 수 있다.	결과적으로, 왜냐하면, ~를 야기했다, 결과, 그 결과로, ~의 목적으로, 만약/그러면, ~의 설명으로, ~하기 위해, ~를 초래했다, ~때문에, 그래서, 그 이유, 그러므로, 이것이 그 이유이다, 따라서
문제/해결 구조는 생각을 문제와 해결이라는 두 가지 주요 부분으로 조직한다. 질문과 답을 중심으로 하는 텍스트는 주로 문제/해결 구조를 따른다. 예를 들어, 과학 관련 기사는 문제나 질문을 제기하고, 그 질문에 대한 해결책이나 답을 제시한다.	답, 응답, 의문, 쟁점, 방지할 필요가 있다, 난처, 문제, 퍼즐, 물음, 질문, 대답, 회답, 반응, 답변, 난제, 해결책, 곤란, 그 문제를 충족하기 위해, 쟁점을 해결하기 위해, 이 문제들을 풀기 위해
비교 구조는 유사점과 차이점을 기준으로 생각을 서로 연결한다. 비교 구조는 단순할 수도(다양한 상표의 세제 비교하기) 혹은 더 복잡할 수도(신 혹은 법리 논쟁에 대한 신념 비교하기) 있다. 때때로 저자는 어느 한쪽을 권하지 않으면서 쟁점의 양 측면을 제시할 수 있다. 아니면 정치 연설에서처럼 쟁점의 한쪽을 옳은 것으로, 다른 쪽을 옳지 않은 것으로 묘사할 수도 있다.	~와 같이 행동하다, 비슷한, 거의, 비록, 그러나, ~에 비해, 차이, 다른, 구별하다, 공통점을 가지다, 그렇지만, 비교하여, 대조적으로, 반대로, 대신에, 모두가 그런 것은 아니다, 다른 한편으로, 유사한, 공유하다, ~와 같은, ~와 다른, 반면, ~와 달리

출처: Meyer et al., 1989의 내용을 각색함.

거 구조가 빈번하게 나타나며, 각각의 다섯 가지 최상위 구조 내에서 모두 사용된다는 사실을 인식해야 한다.

2) 최상위 구조 및 하위 구조

짧은 텍스트는 한 유형의 구조만을 사용하는 경우가 많다. 광고는 좋은 예이다. 스포츠카를 선전하는 광고는 차의 특징에 대해 말하는 기술 구조를 취할 것이다. 영화 예고편은 영화의 줄거리를 말하는 순서 구조를 취할 것이다. 미용 제품 광고는 이 제품이 왜 당신의 용모를 개선시킬 수 있는지 그 이유를 모두 설명하기 위해 인과 구조를, 고양이 먹이 광고는 이 제품이 어떻게 애완동물의 게으름, 지루함, 체중 증가 문제를 해결할 수 있는지를 설명하는 문제/해결 구조를 사용할 것이다. 정치 광고는 한 후보자의 견해와 상대 후보자의 견해를 대비하는 비교 구조를 사용하는 경우가 많다. 신문 기사는 많은 경우 무슨 일이 발생했는지, 누구에게 발생했는지, 어디에서 발생했는지, 어떻게 발생했는지, 언제 발생했는지를 열거하는 기술 구조를 취한다. 과학 논문은 문제/해결 구조를 사용하여 연구 질문이 무엇인지(문제) 그리고 이에 대한 답이 무엇인지(해결)를 설명한다. 역사적 설명은 보통 순서 구조를 따른다. 따라서 하나의 텍스트는 실제로 [표 3-1]에 열거된 구조 중 단 하나만 사용할 수도 있으며, 이는 텍스트의 길이가 짧을 때 특히 그러하다.

그러나 긴 텍스트의 경우에는 보통 다섯 가지 구조 중 두 가지 혹은 그 이상의 구조가 사용된다. 이미 설명했듯이, 열거 구조는 모든 주요 구조 내에서 사용될 수 있다. 또는 주요 구조 자체가 다른 주요 구조 내에서 사용될 수도 있다. 메이어와 그녀의 동료들(1989)은 다음과 같이 설명하였다.

많은 텍스트는 이 기본적인 다섯 가지 구조 중 한 가지 이상을 사용할 것이다. 예를 들어, 민담에서는 주인공이 문제에 직면하고 이를 해결하는 전반적인 문제/해결 구조 안에 기술 구조, 인과 구조, 그리고 시간순으로 발생한 사건 등이 포함되어 있다. 민담에서는 선과 악 사이의 대비를 보여주는 것과 같이 전체적으로 비교 구조를 취하기도 한다. 예를 들어, 산신령과 두 명의 나무꾼에 대한 이솝 우화는 두 가지 하위 이야기, 즉 정직한 나무꾼에 대한 이야기와 정직하지 못한 나무꾼에 대한 이야기로 구성된다. 이 이야기의 전체적인 구조는 비교 구조로서, 작가는 정직한 나무꾼을 강조하며 "정직이 최고의 방침이다"라는 교훈을 명쾌하게 전달한다.

만약 학생이 하나의 텍스트에는 보통 대단히 중요한 최상위 구조가 있으며, 이 최상위 구조 안에는 다른 하위 구조가 포함되어 있다는 것을 이해하지 못한다면, 동일한 텍스트에서 여러 가지 구조를 사용하는 것은 자칫 학생을 혼란스럽게 만들 수 있다. 최상위 구조는 흔히 한 텍스트의 중심 생각으로 언급된다. 메이어(1982)는 "텍스트는 내용을 위계적으로 제시하기 때문에 단지 일련의 문장이나 문단이 아니며, 텍스트의 일부 사실(진술 등)은 다른 사실보다 중요하거나 부차적인 것으로 간주된다"(p. 38)라는 말을 하였다. 최상위 구조는 보통 텍스트의 주제나 중심 생각과 가장 밀접하게 관련되어 있다. 따라서 비교 구조를 사용해 흡연에 대한 두 가지 견해('흡연은 몸에 해롭다' 대 '흡연은 긴장을 완화한다')를 비교하는 기사에는 흡연이 당신의 몸에 어떻게 나쁜지(폐암, 고혈압, 식욕 감퇴)를 설명하는 부차적인 인과 구조가 포함될 수도 있다. [그림 3-2]

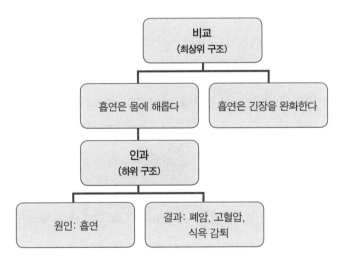

[**그림 3-2**] 흡연에 대한 비교 기사의 위계 구조

출처: Meyer et al., 1989의 내용을 각색함.

는 이러한 위계 구조가 어떻게 배열될 수 있는지를 보여준다.

전통적 텍스트에 대한 이해와 기억을 향상시키기 위해 메이어와 그녀의 동료들(1989)이 개발한 전략의 핵심은 학생들에게 텍스트의 최상위 구조와 하위 구조를 찾을 수 있도록 가르치는 것이다. 그들은 성공적인 독자를 다음과 같이 정의하였다.

> 그들은 텍스트가 관습적으로 어떻게 조직되는지에 대한 지식을 가지고서, 또 입력과 인출을 용이하게 하기 위한 체계화된 틀인 특정 텍스트 내 최상위 구조를 찾아 사용하려는 전략을 가지고서 텍스트에 접근한다. … 다시 말해, 모든 정보 혹은 많은 양의 정보를 포괄할 수 있는 관계를 찾고, 그것을 이해하기 쉬운 요약된 전체 안에 끼워 넣는다. (p. 8)

우선 메이어는 학생들에게 앞에서 설명한 것과 같은 짧은 텍스트를 검토하게 함으로써 그들이 다섯 가지 구조 각각을 찾을 수 있도록 가르칠 것을 제안한다. 광고, 블로그 게시물, 백과사전 항목, 기타 단편적인 글 등은 이러한 작업을 수행하는 데 적합한 텍스트이다. 학생이 모든 유형의 구조에 익숙해지면 문단을 읽고서 구조를 찾아낼 것이며, 그런 다음 그 구조를 사용한 문단을 상기할 것이다. 따라서 만약 어떤 학생이 기술 구조의 글을 읽는다면, 그 학생은 기술된 대상의 특징이나 속성을 찾아내고 각각의 특징이나 속성을 기억함으로써 글을 상기할 것이다. 만약 어떤 학생이 순서 구조의 글을 읽는다면, 그 학생은 시간 순으로 일어난 사건을 찾아내 사건의 순서를 기억함으로써 글을 상기할 수 있을 것이다. 학생은 인과 구조의 글에서는 글 내의 특정한 원인과 결과를 찾아 상기할 것이다. 문제/해결 구조의 글에서는 문제와 그에 대한 해결책을, 비교 구조의 글에서는 비교되는 항목에 대한 정보를 찾아 이를 기억할 것이다. 본질적으로 구조는 학생이 마음속으로 정보를 채워 넣는 빈칸인 동시에, 나중에 해당 정보를 기억할 수 있게 하는 길잡이이다. 다음 [표 3-2]에 제시된 질문은 학생이 각각의 텍스트 구조를 사용할 수 있도록 도울 수 있다.

[표 3-2] 텍스트 구조 질문

텍스트 구조	질문
기술	무엇을 기술하고 있는가? 기술되고 있는 대상의 중요한 특성은 무엇인가?
순서	어떤 큰 사건이나 일이 이야기되고 있는가? 큰 사건이나 일을 구성하고 있는 작은 사건은 무엇인가? 작은 사건은 어떤 순서로 발생하고 있는가?
인과	기술되고 있는 결과는 무엇인가? 무엇이 이 결과를 야기했는가? 원인들은 어떻게 관련되어 있는가?
문제/해결	기술되고 있는 문제는 무엇인가? 제시되고 있는 해결 방안은 무엇인가?
비교	비교되고 있는 두 가지 항목은 무엇인가? 그들은 어떻게 유사한가? 그들은 어떻게 다른가?

우리는 학생이 언어적 텍스트를 잘 익힐 수 있도록 교사에게 다음 내용을 권한다.

1. 학생에게 다섯 가지 텍스트 구조와 각 구조에 상응하는 신호 단어를 가르친다.
2. 학생에게 하나의 구조만을 사용한 짧은 텍스트나 광고를 제시한다. 학생에게 각 텍스트의 최상위 구조를 찾아내게 한다.
3. 학생으로 하여금 최상위 구조 안에서 하위 구조를 포함하고 있는 긴 텍스트를 평가하게 한다. ([그림 3-2]와 같은) 최상위 구조와 하위 구조 도식을 그려보게 한다.
4. 학생으로 하여금 글을 읽을 때 구조에 대한 지식을 이용해 중심 생각에

집중하게 한다. 기술 구조의 글이라면 기술된 항목의 특징이나 속성에 집중해야 한다. 순서 구조의 글이라면 순서대로 열거된 사건에 집중해야 한다. 인과 구조의 글이라면 원인과 그 결과에 집중해야 한다. 문제/해결 구조의 글이라면 문제와 그 해결 방안에, 비교 구조의 글이라면 비교되는 두 항목과 둘 사이의 유사점 및 차이점에 집중해야 한다.

5. 학생으로 하여금 글의 구조와 관련하여 자신이 기억하는 특정 정보를 이용해 글을 상기하도록 요구한다.

다음 이야기는 질문에 답하기 위한 학생의 언어적 텍스트 활용을 교사가 어떻게 용이하게 할 수 있는지를 보여준다.

맥굴드 선생님이 가르치는 학생들은 언어적 텍스트의 다섯 가지 구조에 대한 학습을 방금 마쳤다.

"각 텍스트의 신호 단어를 찾아보고, 이 텔레비전 광고가 어떤 구조를 사용하고 있는지 판단해봐요"라고 선생님이 학생들에게 지시한다.

선생님은 휴대 전화기가 이유식에 뒤덮이고, 커피에 젖고, 밀가루에 오염되고, 모래가 달라붙어 있고, 바다, 수영장, 스프링클러, 금붕어 어항, 지나가는 차에서 튄 물과 샴페인에 흠뻑 젖는 모습을 보여주는 텔레비전 광고를 튼다. 매번 휴대 전화기는 간단하게 씻기고, 먼지가 털리며, 물기가 말린다. 핵심 구절은 "무엇에나 견딜 수 있는"(AT&T, 2013)이다. 광고가 끝나면 학생들은 짝과 상의한다.

레슬리는 "저는 문제/해결 구조라고 생각해요"라고 말한다.

"맞아요. 문제는 대부분의 휴대 전화기가 물에 젖거나 더러워졌을 때 고장이 난다는 거고, 해결은 이런 모든 문제를 처리할 수 있는 이 휴대 전화기를 구입하는 거죠"라고 그녀의 짝인 메리가 말한다.

다른 대부분의 학생들이 이에 동의하자 맥굴드 선생님은 잡지에 인쇄된 광고로 넘어간다. 더 긴 텍스트로 연습하기 위하여 선생님은 학생들로 하여금 아래의

봄[3]의 원인에 대한 글을 읽게 한다. 제목을 통해 이 글의 최상위 구조가 인과 구조인 것은 자명해 보이지만, 선생님은 학생들이 인과 구조 내의 하위 구조에 집중하도록 한다. 학생들이 읽기를 마치자, 선생님은 칠판에 학생들이 찾아낸 하위 구조를 기록한 뒤 학생들에게 이러한 하위 구조들이 서로 어떻게 연결되는지 그리고 전체적인 인과 구조에 의해 어떻게 통합되는지를 보여주는 도식을 그리도록 한다.

2. 비언어적 텍스트

언어적 텍스트가 정보를 전달하기 위해 주로 문장 및 문단 안에 배치된 단어를 사용한다면, 비언어적 텍스트는 정보를 전달하기 위해 주로 차트, 표, 그림, 혹은 여타의 그래픽을 사용한다. 언어적 텍스트와 마찬가지로 비언어적 텍스트도 특정한 구조를 가지고 있다. 학생이 질문 연속체가 진행되는 동안 외부의 비언어적 텍스트를 참고할 때, 다양한 텍스트 구조에 익숙해 각 구조가 일반적으로 전달하는 정보 유형이 무엇인지 안다면 텍스트에 포함된 정보를 더 잘 이해하고 기억할 것이다. 모젠탈과 커시(1989a, 1989b, 1990a, 1990b, 1990c, 1990d, 1991a, 1991b, 1991c, 1992; Kirsch & Mosenthal, 1989, 1990a, 1990b, 1990c, 1991, 1992)는 비언어적 텍스트의 특정 구조를 다수 찾아서 설명하였다. 우리는 이 구조를 (1) 매트릭스 텍스트(목록 및 표), (2) 그래픽 텍스트(차트 및 그래프), (3) 모방 텍스트(그림 및 도식)라는 세 가지 범주로 제시할 것이다.

---

3 2010년 12월 18일 튀니지에서 일어난 대규모 시위를 시작으로 이집트, 리비아, 시리아 등 아랍 세계로 번진 민주화 운동을 뜻한다. 튀니지, 이집트, 리비아에서 오랜 기간 철권정치를 펼쳐온 독재자들을 하야시키는 계기가 됐다. (출처: 다음백과)

1) 매트릭스 텍스트

모젠탈과 커시(1989a, 1989b; Kirsch & Mosenthal, 1989, 1990c)에 따르면, 매트릭스 텍스트(matrix text)는 대부분의 정보 수집에서 근간이 된다. 매트릭스 텍스트는 단순 목록, 결합 목록, 교차 목록, 내포 목록을 포함하고 있다. 학생은 외부 출처에서 정보를 찾아 해석할 때 이런 유형의 매트릭스 텍스트를 접하게 될 것이다. 예를 들어, 1740년에 존재했던 미국 식민지에 관한 세부 사항 질문에 답하기 위해 학생은 [표 3-3]에 있는 단순 목록이 포함된 외부 자료를 찾을 수도 있을 것이다.

[표 3-3]에 나타난 바와 같이, 단순 목록은 공통점을 가진 다수의 항목으로 구성된다. 목록의 최상단에 위치한 제목을 통해 독자는 항목들이 어떻게 관련되어 있는지 알 수 있다. 단순 목록을 볼 때 학생은 목록 내 항목들을 통합하는 공통된 특징을 찾아내려고 노력해야 한다. [표 3-3]에서 공통된 특징은 1740년 미국 식민지라는 목록 제목에 분명하게 드러나 있다. 단순 목록은 단어, 숫자, 혹은 그림을 포함할 수도 있다. 그러나 단순 목록 내 정보의 양은 다소 제한적이다. 더 많은 정보를 표현하기 위해서는 결합 목록이 자주 사용된다.

결합 목록은 상응하는 정보가 바로 옆에 나란히 오도록 배열된 두 개 혹은 그 이상의 단순 목록으로 구성된다. 1740년 미국 식민지의 인구에 대한 세부 사항 질문에 답하고자 하는 학생은 [표 3-4]의 결합 목록을 접하게 될 것이다.

[표 3-3] 단순 목록—1740년 미국 식민지

1740년 미국 식민지		
코네티컷	뉴햄프셔	펜실베이니아
델라웨어	뉴저지	로드아일랜드
조지아	뉴욕	사우스캐롤라이나
메릴랜드	노스캐롤라이나	버지니아
매사추세츠		

출처: 미국 인구조사국(U.S. Bureau of the Census), 1975.

[표 3-4] 결합 목록—1740년 미국 식민지의 인구

식민지	1740년 인구	식민지	1740년 인구
조지아	2,021	뉴욕	63,665
델라웨어	19,870	펜실베이니아	85,637
뉴햄프셔	23,256	코네티컷	89,580
로드아일랜드	25,255	메릴랜드	116,093
사우스캐롤라이나	45,000	매사추세츠	151,613
뉴저지	51,373	버지니아	180,440
노스캐롤라이나	51,760		

출처: 미국 인구조사국, 1975.

단순 목록보다 더 많은 정보를 제시하기 위해 단어와 숫자를 함께 사용하고 있는 것에 주목하자.

　　여기에서 결합 목록은 각 식민지의 인구를 명시하고 있다. 단순 목록 및 결합 목록은 특정한 방식으로 조직되는 경우가 많다. [표 3-3]의 단순 목록은 알파벳순으로 정리되어 있다. [표 3-4]의 결합 목록은 제일 앞에 가장 인구가 적은 식민지(조지아)부터 마지막에 가장 인구가 많은 식민지(버지니아)까지 식민지의 인구순으로 정리되어 있다. 목록은 또한 연대순으로 조직되기도 한다. 만약 학생이 식민지의 수입과 수출에 관한 정보를 찾는다면, [표 3-5]에 제시된

[표 3-5] 결합 목록—지역별 및 연도별 식민지 수출액

연도	지역	수출액	연도	지역	수출액	연도	지역	수출액
1710	뉴잉글랜드	£31,112	1740	뉴잉글랜드	£72,389	1770	뉴잉글랜드	£148,011
1710	중부 식민지	£9,480	1740	중부 식민지	£36,546	1770	중부 식민지	£97,991
1710	남부 식민지	£209,227	1740	남부 식민지	£599,481	1770	남부 식민지	£769,533

출처: 미국 인구조사국, 1975.

것과 같은 결합 목록을 발견할 수도 있을 것이다.

이런 유형의 결합 목록을 해석하기 위하여 학생은 각 세로줄은 (각 세로줄의 상단에 표시된) 범주의 정보를 포함하고, 각 가로줄은 특정 연도 및 지역의 수출액을 보여준다는 것을 이해할 필요가 있다.

결합 목록은 세로줄과 가로줄을 추가하는 방식으로 많은 양의 정보를 보여줄 수 있다. 그러나 커시와 모젠탈(1989)이 지적한 바 있듯이, 결합 목록은 더 많은 정보를 포함하면 할수록 급속히 불필요한 중복이 발생하게 된다. 예를 들어, [표 3-5]에서 '연도'와 '지역'이라는 세로줄 항목이 여러 번 반복되고, 그래서 연도 혹은 지역으로 데이터를 비교하는 것이 비효율적인 일이 될 수 있다. 이런 이유 때문에 하나 혹은 그 이상의 목록에서 반복되는 요소를 가진 데이터를 보여주기 위해 교차 목록이 자주 사용된다. 식민지 수출에 대한 교사의 질문에 대답하고자 하는 학생은 [표 3-5] 대신 [표 3-6]과 같은 목록을 찾을 수도 있을 것이다.

[표 3-6]에 나타난 바와 같이, 교차 목록은 정보를 제공하기 위해 보다 간결한 형식을 사용한다. 외부 자료를 읽을 때 학생은 교차 목록을 알아볼 수 있어야 하는데, 교차 목록은 다른 유형의 목록과는 약간 다르게 읽어야 한다는 사실을 이해하고, 교차 목록에 포함된 정보를 해석할 수 있어야 한다.

교차 목록의 한 가지 단점은 오직 한 가지 유형의 정보만을 담을 수 있다는

[표 3-6] 교차 목록—지역별 및 연도별 식민지 수출액

연도	뉴잉글랜드	중부 식민지	남부 식민지
1710	£31,112	£9,480	£209,227
1740	£72,389	£36,546	£599,481
1770	£148,011	£97,991	£769,533

출처: 미국 인구조사국, 1975.

[표 3-7] 내포 목록—지역별 및 연도별 식민지 수출액과 수입액

연도	수출액			수입액		
	뉴잉글랜드	중부 식민지	남부 식민지	뉴잉글랜드	중부 식민지	남부 식민지
1710	£31,112	£9,480	£209,227	£106,338	£40,069	£147,252
1740	£72,389	£36,546	£599,481	£171,081	£175,528	£466,773
1770	£148,011	£97,991	£769,533	£394,451	£610,872	£920,248

출처: 미국 인구조사국, 1975.

것이다. [표 3-6]에서 그 정보는 '식민지 수출액'이다. 한 가지 유형 이상의 정보를 표현하기 위해서는 내포 목록이 필요하다. 내포 목록은 복수의 주제에 대한 정보를 제시하기 위해 일련의 교차 목록을 사용한다. [표 3-7]은 내포 목록의 예이다.

여기서 중요한 점은 학생이 자신이 참고하고자 하는 내용이 목록의 어느 부분인지를 계속 인식하는 것이다. 이 내포 목록에는 수출액과 수입액이라는 두 가지 유형의 정보만 제시되어 있다. 그러나 내포 목록은 필요한 만큼의 정보를 보여주기 위해 확장될 수 있다.

교사가 매트릭스 텍스트에 대한 주요 정보를 학생에게 숙지시키고자 할 때 우리는 다음 내용을 권한다.

1. 앞에서 제시된 예(혹은 그와 같은 여타의 예)를 이용하여 학생들에게 매트릭스 텍스트의 유형을 가르친다. 다음과 같은 매트릭스 텍스트의 주요 특징을 강조한다.
   • 매트릭스 텍스트의 정보는 세로 및 가로로 배열된다. 라벨은 세로줄 및 가로줄이 어떤 정보를 나타내는지 보여준다.
   • 매트릭스 텍스트의 정보는 연대순, 알파벳순, 지리적 순서, 혹은 다른 순서 체계에 의해 배열될 수 있다. 이러한 순서 체계를 찾아내면 정

보를 더 잘 이해할 수 있을 것이다.

- 매트릭스 텍스트의 정보 대부분은 문장 형식으로 해석될 수 있다. 예를 들어, 이용 가능한 크루즈 여행에 관한 결합 목록은 아마도 항해 날짜, 여행 기간, 목적지 및 가격 정보를 보여줄 것이다. 이 매트릭스 텍스트의 한 줄은 "바하마로 가는 3일간의 크루즈 여행은 11월 24일 출발하며, 가격은 700달러이다"라고 읽을 수도 있을 것이다. 매트릭스 텍스트를 이렇게 문장 형식으로 읽음으로써 정보를 더 분명하게 이해하고 더 쉽게 비교할 수 있다.

2. 학생들에게 인쇄물 혹은 온라인 자료에서 다양한 유형의 매트릭스 텍스트의 예를 찾게 하고 그 복사본을 수업에 가져오게 한다.

3. 학생들에게 자신이 발견한 매트릭스 텍스트를 (단순 목록, 결합 목록, 교차 목록, 내포 목록처럼) 텍스트 유형에 따라 분류하게 한다.

4. 학생들에게 다양한 매트릭스 텍스트에서 특정 정보를 찾도록 유도하는 질문을 한다. 예를 들어, 한 학생이 날짜별로 다양한 텔레비전 프로그램의 시청자 수를 보여주는 내포 목록을 가져왔다면, 교사는 "10월 1일부터 11월 1일 사이에 얼마나 많은 시청자가 〈먼데이 나이트 풋볼〉[4]을 보았나요?"라는 질문을 한다.

5. 학생들에게 다양한 유형의 목록들에서 드러나는 주요한 특징(가로줄 및 세로줄 제목, 내포 목록의 특정 주제 등)을 찾게 하고, 다양한 목록들의 효과를 평가하게 한다.

다음 이야기는 질문에 답하기 위한 학생의 매트릭스 텍스트 탐구와 활용을 교사가 어떻게 용이하게 할 수 있는지를 보여준다.

....

4 영국의 스포츠 전문 채널인 '스카이 스포츠'에서 주말에 펼쳐진 영국 축구 리그를 분석하는 프로그램.

제이너스 선생님은 학생들에게 신문, 온라인, 잡지, 책, 광고에서 목록의 예를 찾아오게 한다. 자이리는 아빠의 금융 잡지에서 오려낸 목록을 가져온다. 목록은 지난 10년간의 주택 가격을 보여준다. 리시아는 엄마의 요리책에서 요리에 사용되는 재료 목록을 가져온다. 린은 이번 주 라디오에서 가장 많이 흘러나온 노래 10곡의 목록을 온라인에서 찾아낸다.

제이너스 선생님이 가르치는 학생들은 자신들이 발견한 예를 단순 목록, 결합 목록, 교차 목록, 내포 목록으로 분류한다. 제이너스 선생님은 교실의 네 모퉁이를 목록의 각각의 유형을 위해 할당하고, 취합된 각 목록의 예들을 지정된 모퉁이에 놓은 뒤 학생들에게 모퉁이를 하나씩 선택하라고 한다. 학생은 자신이 선택한 모퉁이에 이르면 거기 있는 다른 학생들과 함께 각 목록이 세로 및 가로로 어떤 정보를 보여주는지, 그리고 그 정보가 어떻게 배열되어 있는지를 확인한다. 제이너스 선생님은 각 모퉁이의 학생들에게 자신들의 목록 중 하나를 이용해 그 목록의 정보를 표현하는 문장을 세 개 만들 것을 요구한다. 각 모퉁이의 학생들은 문장을 공유한 후 새로운 모퉁이로 자리를 옮겨 동일한 과정을 반복한다. 세 번 자리를 옮기면 학생들은 모든 유형의 매트릭스 텍스트를 탐구하게 된다.

활동을 마무리하기 위해 제이너스 선생님은 학생들이 발견한 매트릭스 텍스트에 대한 범주 질문 및 정교화 질문을 한다. 예를 들어, 린에게 "상위 10곡의 공통점은 무엇이니?"라고 묻고, 리시아에게 "모든 요리법과 관련된 기본적인 과정은 무엇이니?"라고 질문한다. 이 범주 질문에 대한 학생의 답을 토대로 제이너스 선생님은 학생이 찾아낸 특징이 왜 특정 범주의 매트릭스 텍스트가 지닌 특성인지를 설명할 것을 요구하는 정교화 질문을 도출한다.

2) 그래픽 텍스트

질문 연속체를 수행하는 동안 외부 출처에서 정보를 찾을 때 학생은 분명 매트릭스 텍스트와 더불어 그래픽 텍스트(graphic text)를 접하게 될 것이다. 그래픽 텍스트는 차트, 그래프, 지도를 포함한다. 모젠탈과 커시(1990a, 1990b,

1990c, 1990d)는 네 가지 다른 종류의 그래픽 텍스트, 즉 원 차트(pie chart), 막대그래프, 선 그래프, 지도를 검토하였다. 정보 목록은 흔히 그래픽 텍스트의 형태로 제시되거나 변환된다. 예를 들어, 독립전쟁 기간 동안 미국 식민지의 인구에 대한 정보를 찾고 있는 학생은 [표 3-3]과 [표 3-4]에 제시된 것과 같은 단순 목록 혹은 결합 목록 대신 [그림 3-3]과 같은 원 차트를 발견할 수도 있다.

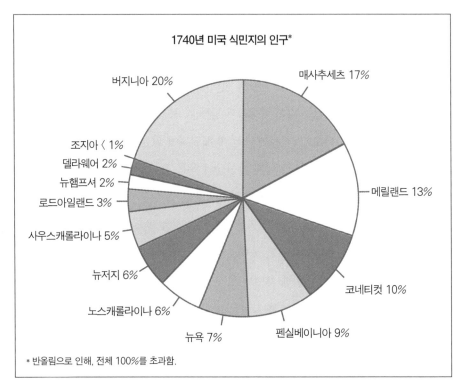

[**그림 3-3**] 1740년 미국 식민지의 인구를 보여주는 원 차트
출처: 미국 인구조사국, 1975.

　　원 차트는 비교를 하거나 주요 특징을 즉각적으로 확인하고자 할 때 유용하다. 예를 들어, 식민지 인구에 대한 정보를 목록으로 제시했을 때보다도 원 차트로 보여주었을 때에는 식민지 주민의 약 절반이 버지니아, 매사추세츠, 메릴랜드에 살았다는 사실을 더 효과적으로 강조할 수 있다. 학생은 이를 깨닫고,

저자가 특정한 방식으로 독자에게 영향을 주기 위해 목록이 아닌 원 차트를 선택할 수도 있다는 사실을 알아야 한다.

원 차트는 유용한 유형의 그래픽 텍스트이지만, 몇 가지 단점을 가지고 있다. 각각의 원 차트는 오직 정보의 한 측면만을 전달할 수 있고, 데이터는 전체에 대한 퍼센트로 제시될 수 밖에 없다. 예를 들어, [표 3-6]의 교차 목록에 제시된 식민지 수출액에 대한 정보를 나타내기 위해서는 [그림 3-4]에 나타난 바와 같이 세 개의 분리된 원 차트가 필요하다.

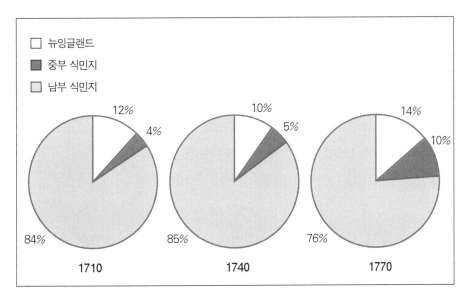

[**그림 3-4**] 지역별 및 연도별 식민지 수출액을 보여주는 원 차트

출처: 미국 인구조사국, 1975.

여기서 원 차트는 각 지역의 수출액을 특정 연도 전체 수출액에서 차지하는 백분율로 표시하고 있다. 이 정보는 유용하지만, 전체(총 수출액)가 시간에 따라 어떻게 변화했는지는 보여주지 못한다. 이러한 목적을 위해서는 [그림 3-5]에 제시된 것과 같은 막대그래프가 데이터 상호 비교의 더 명확한 그림을 제시한다.

그래픽 텍스트는 데이터의 일부 특징을 강조하기 위해 조정될 수 있다.

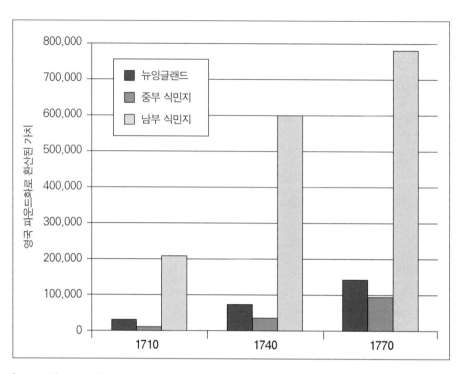

[그림 3-5] 지역별 및 연도별 식민지 수출액을 보여주는 막대그래프

출처: 미국 인구조사국, 1975.

[그림 3-5]의 막대그래프는 남부 식민지와 다른 식민지 간의 수출액 격차를 두드러지게 보여준다. 그러나 [그림 3-6]에 나타난 바와 같이, [그림 3-5]의 데이터는 지역별 차이보다 시간에 따른 수출액 증가에 초점을 맞춰 재조정될 수 있다.

원 차트와 마찬가지로 막대그래프에도 몇 가지 단점이 있다. 막대그래프는 표시할 수 있는 변수의 개수가 제한적이다. [그림 3-6]에서 데이터는 수출액과 수입액의 측면에서 표시되어 있지만, 지역 변수는 포함되어 있지 않다. [그림 3-5]는 지역 및 수출액을 보여주고 있지만, 수입액은 포함되어 있지 않다. 미국 독립전쟁 기간 동안 수출액이 가장 많았던 식민지 지역에 대한 정보를 찾는 학생은 [그림 3-4], [그림 3-5], [그림 3-6]과 같은 그래픽 텍스트를 접하게 될 것이다. 이때 학생은 다양한 유형의 그래픽 텍스트에서 저자가 어떤 정보를 포함

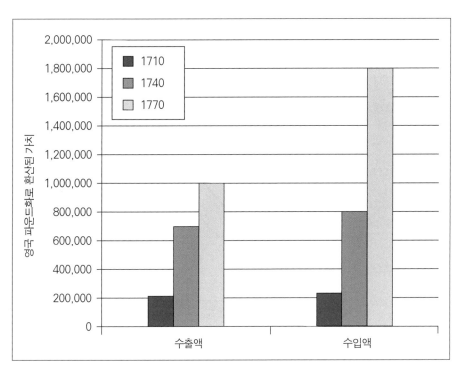

[그림 3-6] 연도별 식민지 수출액 및 수입액을 보여주는 막대그래프

출처: 미국 인구조사국, 1975.

하고 배제했는지 주의를 기울여야 한다. 많은 경우 이런 저자의 판단은 편견을 드러내 학생으로 하여금 하나의 주제나 일련의 데이터를 더 깊이 조사하도록 하는 계기가 될 수 있다.

다른 종류의 그래픽 텍스트로 선 그래프가 있다. 막대그래프처럼 선 그래프는 백분율이 아닌 수량으로 정보의 다양한 특징을 표시한다. 게다가 [그림 3-7]에서 볼 수 있는 바와 같이 선 그래프는 일반적으로 시간에 따른 추이를 보여줄 수 있다.

[그림 3-7]에 나타난 바와 같이 선 그래프는 많은 양의 정보를 동시에 보여줄 수 있다. 이 그림에서 우리는 1710년에서 1770년 사이에 남부 식민지 수입액이 제일 크게 증가했다는 사실을 쉽게 파악할 수 있다. 세 가지 유형의 그래

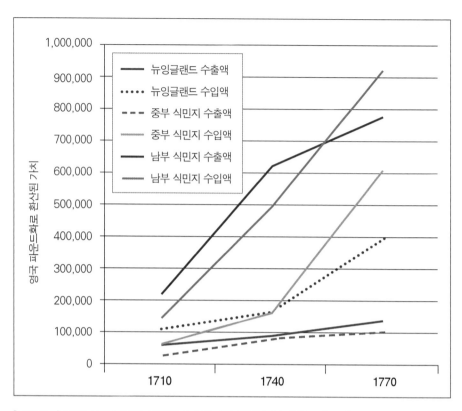

[그림 3-7] 지역별 및 연도별 식민지 수출액과 수입액을 보여주는 선 그래프

출처: 미국 인구조사국, 1975.

프는 전달하고자 하는 메시지에 따라 각각 장점과 단점을 가지고 있다. 중요한 점은 학생이 각 유형의 그래프를 읽고 해석하는 방법을 숙지하는 것뿐만 아니라, 각 유형의 차트 혹은 그래프가 정보를 제시하는 저자의 특정 관점을 드러내고 있다는 사실을 아는 것이다. 저자의 관점을 알고 평가함으로써 학생은 이러한 시각적 유형의 텍스트에서 접하는 정보의 질과 진실성에 대해 정보에 입각한 선택을 할 수 있다.

모젠탈과 커시(1990a, 1990d)가 다룬 그래픽 텍스트의 마지막 유형은 지도이다. 미국독립혁명 및 식민지 미국과 관련된 장소에 대한 질문에 대답하려고 할 때 학생은 온라인상에서 찰스타운, 렉싱턴, 케임브리지 지역을 지나간 폴 리비어의 유명한 질주 경로를 그린 지도를 접할 수도 있을 것이다. "롱펠로의 시 「폴 리비어의 질주」에서 묘사된 사건이 발생한 장소는 어디인가요?"라는 질문에 답해야 하는 학생에게 특히 이 지도는 유용할 수 있다. 이러한 지도는 특정 장소와 관련된 특정 정보를 전달하기 위해 설계되는 주제도(thematic map)의 한 예가 될 것이다. 주제도의 다른 예로는 기상도(기후 조건에 대한 정보), 지형도(지형에 대한 정보), 혹은 어떤 현상을 보여주는 지도(예컨대, 어떤 질병의 확산 및 발병에 대한 정보) 등이 있다.

주제도와는 대조적으로 일반도(reference map)에는 쉽게 눈에 띄는 특정 지역의 지형들이 표시된다. 마을의 일반도에는 거리, 공원, 강, 고속도로가 주로 포함될 것이다. 북미 대륙의 일반도에는 산맥, 강, 호수, 그리고 주 혹은 지방의 경계가 표시될 것이다. (구글 지도와 같은) 인터넷 지도 및 전자 지도는 보통 일반도이지만, 일부는 사용자의 목적에 맞게 주제도로 변환될 수 있다(예컨대, 한 지역의 모든 자전거 길을 보여주는 지도). 주제도와 일반도는 둘 다 특정 사건의 위치를 확인하거나 분명히 설명하기 위해 사용될 수 있지만, 주제도는 또 특정 현상의 유행 혹은 부재를 주장하기 위해서도 사용될 수 있다. 예를 들어, 지구의 기후가 꾸준히 뜨거워지고 있다는 것을 증명하기 위하여 저자는 여러 해에 걸쳐 미국 특정 도시의 평균 기온을 보여주는 주제도를 사용할 수 있다.

학생이 그래픽 텍스트에 대해 잘 알 수 있도록 하기 위해 우리는 다음의 내용을 권한다.

1. 앞에 제시된 예(혹은 그와 같은 여타의 예)를 사용하여 학생에게 그래픽 텍스트의 네 가지 유형을 가르친다. 다음과 같은 그래픽 텍스트의 주요 특징을 강조한다.

   • 많은 경우 그래픽 텍스트는 목록 형식으로 나타낼 수 있는 정보를 표현하는 데 사용된다. 그래픽 텍스트는 정보의 개념화 및 비교를 용이

하게 한다.

- 원 차트, 막대그래프, 선 그래프는 모두 측정 단위에 대한 정보를 제공한다. 원 차트의 경우 측정 단위가 백분율로 제한된다. 막대그래프 및 선 그래프는 상이한 많은 측정 단위를 사용할 수 있다(예를 들어, 달러, 연도, 인치 등).

- 많은 경우 그래픽 텍스트는 정보 목록(즉, 매트릭스 텍스트)을 기반으로 해서 생성된다. 학생은 기반이 된 정보 목록을 확인하고 그래프의 데이터를 요약하는 문장을 만들어봄으로써 그래픽 텍스트를 이해할 수 있다. 예를 들어, 다양한 제품을 생산하는 데 사용된 원유 1배럴의 백분율을 보여주는 원 차트의 한 구간을 "원유의 46.2퍼센트는 자동차에 사용되는 휘발유를 생산하는 데 들어간다"와 같이 읽을 수 있다. 매트릭스 텍스트처럼 문장 형식을 사용하여 그래픽 텍스트를 읽음으로써 학생은 정보를 더욱 분명하게 이해할 수 있다.

- 매트릭스 텍스트에 대한 이해는 지도에서 위치를 찾을 수 있도록 돕는다. 많은 지도들은 색인을 가지고 있는데, 각 위치를 표시하는 문자-숫자 좌표의 위치 목록이 그것이다. 문자-숫자 좌표는 지도의 가로줄 및 세로줄에 해당한다. 가로줄과 세로줄로 형성된 알맞은 칸을 찾음으로써 위치를 쉽게 발견할 수 있다.

2. 학생에게 인쇄물이나 온라인 자료에서 다양한 유형의 그래픽 텍스트의 예들을 찾아 그 복사본을 가져오게 한다.

3. 학생에게 자신이 발견한 그래픽 텍스트를 (원 차트, 막대그래프, 선 그래프, 일반도, 주제도와 같이) 유형별로 분류하게 한다.

4. 다양한 그래픽 텍스트 안의 정보를 찾아 활용하도록 유도하는 질문을 학생에게 던진다. 예를 들어, 지난 5년 동안 로키산맥의 일일 평균기온의 상승을 보여주는 선 그래프를 한 학생이 가져왔다면, 교사는 "2009년

과 2013년 사이 레드빌의 일일 평균기온의 차이는 얼마였나요?"라는 질문을 할 수도 있다.

5. 학생으로 하여금 다양한 유형의 그래픽 텍스트의 주요 특징(차트 라벨, 측정 척도, 척도 명칭, 범례 등)을 찾게 하고, 다양한 차트, 그래프, 지도의 효과를 평가하게 한다.

다음 이야기는 질문에 답하기 위한 학생의 그래픽 텍스트 탐구와 활용을 교사가 어떻게 용이하게 할 수 있는지를 보여준다.

로프너 선생님이 가르치는 학생들은 다양한 유형의 차트, 그래프, 지도를 찾아냈고 분석을 위해 그것들을 수업에 가져왔다. 로프너 선생님이 어라이언이 게시판에서 찾은 원 차트를 보여준다. 원 차트에는 70퍼센트, 60퍼센트, 63퍼센트 라벨이 붙은 세 영역이 있다. 각 영역은 다가오는 선거에서 특정 후보에게 투표할 것으로 기대되는 인구의 백분율을 나타낸다.

"총계가 100퍼센트가 아니야"라고 누군가가 즉각적으로 말한다.

"맞아요, 그게 제가 이 차트를 가져온 이유예요. 이 차트는 정말 형편없어요. 전 이 차트를 뉴스에서 봤어요. 이 설문에 응한 사람들은 한 명 이상의 후보를 선택할 수 있도록 허용된 게 분명해요. 이 데이터를 제시하는 방법으로 원 차트를 선택했다니 믿을 수가 없어요"라고 어라이언이 말한다.

로프너 선생님은 원 차트가 좋은 선택이 아니라는 사실에 동의하고, 수업에서 어떤 그래픽 텍스트가 더 좋은 선택일지 토론한다. 그다음에 로프너 선생님은 케빈이 발견한 지도를 보여준다. 이 지도는 어떤 위치에 송유관을 건설하는 게 좋을지 보여주기 위해서 한 석유 회사가 사용한 동영상 지도이다. 동영상을 틀자 케빈이 이야기를 시작한다.

"이 부분을 자세히 보세요. 유조선이 넓게 트인 해협을 올라가 송유관이 끝나는 지점인 이 작은 마을까지 항해하는 모습이 보이네요. 쉬워 보이죠, 그렇죠?"라고 그가 말한다.

그러고 나서 케빈은 구글 지도에서 같은 지역의 지도를 연다.

"이 지도를 비디오의 지도와 비교해보세요. 해협에 있는 이 섬들이 보이나요? 석유 회사는 유조선의 통행이 더욱 쉽게 보이도록 하기 위해 자신들의 지도에서 이 섬들을 지워버렸어요. 실제로 유조선이 송유관이 끝나는 지점에 이르는 것은 훨씬 더 복잡하고 위험한 일이에요."라고 케빈이 말한다.

마지막으로 로프너 선생님의 수업을 받는 학생들은 제나가 찾은 막대그래프를 본다.

"저는 이 막대그래프가 매우 좋은 그래픽 텍스트라고 생각해요. 이 그래프는 카놀라유, 홍화씨유, 옥수수유, 올리브유, 콩기름, 땅콩기름, 야자유 등 다양한 종류의 기름 속에 포화 지방, 고도불포화 지방, 단일불포화 지방이 얼마나 들어 있는지 백분율로 보여줘요. 제가 이 그래프를 좋아하는 이유는 각각의 막대가 세 부분으로 나누어져 지방의 각 유형을 표시하고 있기 때문이에요. 어떤 기름이 가장 몸에 좋은 기름인지 빠른 판단을 내릴 수 있게 해주고, 왜 내가 그런 판단을 내렸는지 설명하는 것을 도와주죠"라고 제나가 말한다.

로프너 선생님은 이 말에 동의하면서 건강에 좋은 기름의 특징이 무엇인가라는 범주 질문을 한다. 제나의 답변 후, 선생님은 왜 건강에 좋은 기름은 고도불포화 지방 및 단일불포화 지방을 많이 함유하고 있는지 묻는 정교화 질문을 한다. 제나가 이에 대해 더 조사해야 할 것 같다고 말하자, 로프너 선생님은 제나에게 대답의 증거로 사용하기 위해 찾아낸 자료의 출처를 확인하라고 다시 한 번 말한다.

3) 모방 텍스트

모방 텍스트(mimetic text)는 실생활을 모방한 텍스트이다. 즉, 이 텍스트는 사물이 어떤 모습인지 혹은 대상이 과정 및 절차에 따라 어떻게 변화하는지 또는 어떻게 영향을 받는지를 보여준다. 모젠탈과 커시(1991b, 1991c; Kirsch & Mosenthal, 1990a, 1990b, 1991)는 그림과 도식이라는 두 가지 유형의 모방 텍스트를 검토하였다. 그림 혹은 단순한 선 그림은 모방 텍스트의 가장 기본적인 유형이다. 모방 텍스트에 라벨이 붙어 있지 않다면 독자는 어떤 특성이 중요한지 추측할 수밖에 없다. 미국독립전쟁 기간의 긴급 소집병이나 미국 군인과 일반적으로 관련된 장비에 대한 질문에 답변할 때, 학생은 이매뉴얼 로이체의 〈델라웨어강을 건너는 워싱턴〉, 윌리엄 반즈 울른의 〈렉싱턴 전투〉, A. M. 윌러드의 〈1776년의 정신〉, 존 트럼불의 〈벙커힐 전투〉, 혹은 [그림 3-8]에서 보는 조지 윌러비 메이너드의 〈독립혁명의 군인〉 같은 미술품을 참고할 수도 있다.

학생은 [그림 3-8]의 그림으로부터 미국 군인은 삼각모자, 단추와 깃이 있는 어두운 색깔의 상의, 흰색 반바지 또는 승마 바지를 입었다는 것을 짐작할 수 있다. 학생은 또 이 군인이 소총과 깃발을 가지고 다녔다는 것에도 주목할 수 있다. 그러나 이 그림만 가지고 학생들은 이 중 어떤 특징이 일반적인 것인지 그리고 어떤 것이 이 그림의 군인에게만 해당하는 것인지 확실히 알 수가 없다. 범주에 대한 일반화를 도출하기 위해서는 [그림 3-9]에서 보이는 것과 같은 그림 목록이 더 유용하다. 왜냐하면 독자는 한 항목의 여러 가지 예들이 지닌 특징을 비교하고 이들 사이의 공통점을 관찰할 수 있기 때문이다. 이는 학생이 범주 질문에 답하기 위해 이용하는 과정, 즉 한 범주에 속하는 예들의 목록을 만들고 그 예들 사

[그림 3-8] 조지 윌러비 메이너드의 〈독립혁명의 군인〉

이의 유사점과 차이점을 기반으로 결론을 도출하는 과정과 유사하다. 따라서 "독립전쟁에서 사용된 소총의 특징은 무엇인가?"라는 질문을 받은 학생은 특징들의 목록을 도출하기 위해 [그림 3-9]를 사용할 수 있다.

[그림 3-9]는 미국독립혁명 기간에 미국 애국파가 사용한 소총의 그림 목

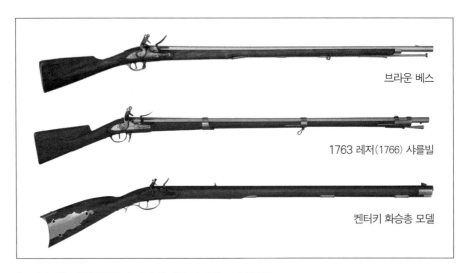

브라운 베스

1763 레저(1766) 샤를빌

켄터키 화승총 모델

[**그림 3-9**] 미국독립혁명 기간에 사용된 소총 그림 목록

출처: Davide Pedersoli & C., 2010a, 2010b, 2010c. 허락받은 후 사용함.

록을 보여주고 있다. 세 가지 그림을 검토함으로써 학생은 소총이 일반적으로 길었고, 밑바닥에 작은 금속 대가 있었으며, 주로 나무로 만들어졌으나 격발 장치 부분에는 금속이 사용되었다는 사실을 알 수 있다. 이는 유용한 정보이지만, 소총의 다양한 부분에 대한 구체적인 이름이 명시되어 있지 않기 때문에 명확한 정의라고 할 수는 없다. [그림 3-10]은 미국독립혁명 기간에 사용된 소총에 대해 말할 때 필요한 언어를 학생이 익히는 데 사용할 수 있는 라벨이 붙은 그림의 예이다.

[그림 3-9]의 그림 목록과 [그림 3-10]의 라벨이 붙은 그림을 이용해 학생은 자신이 관찰한 내용을 명확하고 분명하게 표현할 수 있을 것이다. 학생은 [그림 3-9]에 제시된 세 자루의 소총 모두 긴 총열을 가지고 있고 총열의 아랫부분을 따라 꽂을대가 위치하며 개머리판은 보통 나무로 만들어졌지만 금속으로 장식되기도 한다는 것을 관찰할 수 있다. 또한 총의 약실, 안전 장치, 방아쇠, 총열과 같은 격발 장치의 동적인 부분은 금속으로 만들어졌고, 총검은 분리할 수 있는 부분으로 필요 시 총열에 부착할 수 있음을 알 수 있다. 여기서 볼 수

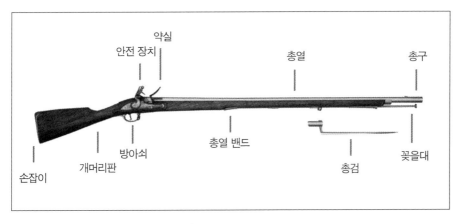

[그림 3-10] 라벨이 붙은 머스킷총 그림

출처: Engineer comp geek, 2009.

있는 바와 같이, 그림은 대상의 주요 부분 및 특징을 보여주는 데 유용하다. 다시 말해, 그림은 대상이 어떤 모양인지를 보여주는 데 탁월하다. 하지만 그것이 어떻게 작동하는지를 보여주지는 못한다. 이러한 목적을 위해서는 도식이 훨씬 효과적이다.

도식은 세 가지 유형의 주요 정보, 즉 인과, 절차, 과정에 대한 정보를 전달할 수 있다. 먼저 인과 도식(causation schematic)은 어떤 사건이나 현상의 다양한 원인을 보여준다. "중상주의가 미국독립전쟁에 미친 영향은 무엇인가?"라는 질문에 답하기 위해 학생은 [그림 3-11]과 같은 인과 도식을 참고할 수 있다.

[그림 3-11]의 도식은 미국독립혁명의 다양한 원인을 보여준다. 종종 저자들은 하나의 결과에 복수의 원인이 존재함을 알려주려고 할 때 인과 도식을 사용한다. 학생들은 인과 도식이 대상의 모든 원인을 보여주는 것이 아니며, 그보다는 저자가 강조하고자 하는 원인을 보여준다는 사실을 알아야 한다. 게다가 인과 도식은 일반적으로 포함하고 있는 각각의 원인에 동일한 비중을 둔다. 예를 들어, [그림 3-11]에서 중상주의, 신앙부흥운동, 계몽사상은 미국독립혁명의 원인으로 동등하게 보이지만, 반드시 그렇지는 않다. 학생은 이러한 유형의 도

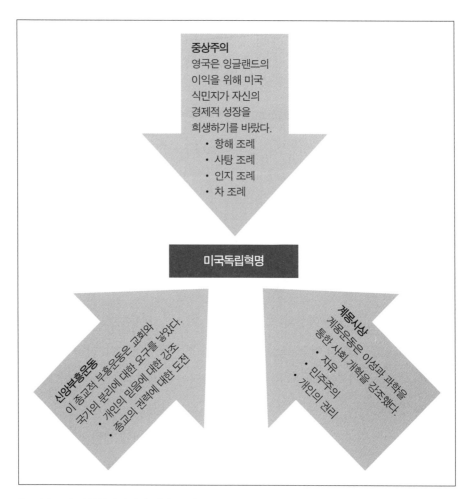

중상주의
영국은 잉글랜드의 이익을 위해 미국 식민지가 자신의 경제적 성장을 희생하기를 바랐다.
• 항해 조례
• 사탕 조례
• 인지 조례
• 차 조례

미국독립혁명

신앙부흥운동
이 종교적 부흥운동은 교회와 국가의 분리에 대한 요구를 낳았다.
• 개인의 믿음에 대한 강조
• 종교의 권력에 대한 도전

계몽사상
계몽운동은 이상과 과학을 통한 사회 개혁을 강조했다.
• 자유
• 민주주의
• 개인의 권리

[**그림 3-11**] 미국독립혁명의 인과 도식

식에 나타날 수도 있는 편견을 인식하고 도식을 주의 깊게 평가해 오해를 하게 만드는 정보를 찾아내야 한다.

두 번째 유형의 도식인 절차 도식(procedural schematic)은 사물이 어떻게 움직이거나 작동하는지 혹은 대상을 어떻게 사용하는지를 보여준다. "인쇄기가 독립전쟁에 미친 영향은 무엇인가?"라는 질문에 답하고자 할 때, 학생은 [그림 3-12]와 같은 절차 도식을 접할 수도 있다. [그림 3-12]의 도식을 통해 학생은 인쇄기가 정보를 더욱 효율적으로 재생산해 생각을 보다 광범위하게 유

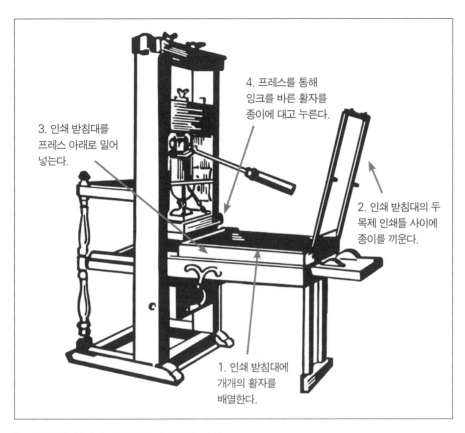

3. 인쇄 받침대를 프레스 아래로 밀어 넣는다.

4. 프레스를 통해 잉크를 바른 활자를 종이에 대고 누른다.

2. 인쇄 받침대의 두 목제 인쇄틀 사이에 종이를 끼운다.

1. 인쇄 받침대에 개개의 활자를 배열한다.

[**그림 3-12**] 식민지 시대 인쇄기의 절차 도식

포했고, 이는 결과적으로 혁명적 사고를 낳았음을 추론할 수 있다.

[그림 3-12]는 두 가지 목적을 충족시킨다. 라벨이 붙은 그림처럼 학생들에게 인쇄기의 다양한 부분이 어떻게 불리는지에 대한 정보를 제공한다. 그러나 그와 동시에 화살표와 기술된 문장을 이용하여 신문이나 여타의 문서를 인쇄하기 위해 인쇄기를 어떻게 작동하는지를 설명한다. 이러한 절차 도식에서 보이는 특성인 다양한 텍스트의 겹침은 모든 텍스트에서 나타나는 중요한 특징이다. 많은 경우 두 가지 텍스트가 동일한 정보를 제공할 수도 있지만, 하나가 다른 것보다 더 낫거나 더 완벽한 형태의 정보를 제공할 수 있다. 학생은 어떤 텍스트가 얼마나 많은 정보를 전달하는지 알아서 가장 유용한 텍스트를 선

택해 공부해야 한다.

마지막 유형의 모방 텍스트는 과정 도식(process schematic)이다. 과정 도식은 대상이 시간이 경과함에 따라 어떻게 변화하는지를 보여준다. 과학 교과서에 수록된 곤충의 변태 과정 그림이나 씨에서 나무가 되는 식물의 성장 과정을 보여주는 그림들이 과정 도식의 좋은 예이다. 보스턴이 독립전쟁 이후 급성장한 주요 도시라는 자신의 결론에 대한 증거를 찾는 학생은 자신의 주장을 뒷받침하기 위해 [그림 3-13]의 과정 도식을 활용할 수도 있다.

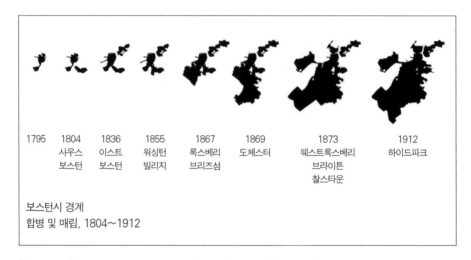

[**그림 3-13**] 1795~1912년 보스턴의 성장을 보여주는 과정 도식

출처: Rankin(Yale University), 2005, www.radicalcartography.net. 허락받은 후 사용함.

[그림 3-13]의 과정 도식은 시간에 따라 보스턴이 어떻게 성장하고 변화했는지를 보여줄 뿐만 아니라 학생이 각각의 단계를 비교하는 것을 가능하게 한다. 예를 들어, 학생은 [그림 3-13]을 검토하고 1795년에서 1912년 사이에 보스턴이 거의 열 배로 성장했다는 결론을 내릴 수 있다. 학생은 이 과정 도식을 다른 도시의 성장을 보여주는 과정 도식과 비교할 수도 있다.

학생이 모방 텍스트에 대해 더 잘 알게 하기 위하여 우리는 다음 내용을 권한다.

1. 앞에서 제시된 예(혹은 이와 같은 여타의 예)를 이용해 학생에게 세 가지 유형의 모방 텍스트를 가르친다. 다음과 같은 모방 텍스트의 주요 특징을 강조한다.

   - 그림 텍스트에는 개별 그림, 그림 목록, 라벨이 붙은 그림이 있다. 그림을 보는 것은 범주 질문에 답하는 것과 유사하다. 즉, 학생은 (군복이나 소총과 같은) 어떤 범주의 공통된 특징이 무엇인지 파악하려고 노력한다.
   - 절차 도식 및 과정 도식은 시간에 따른 변화를 보여준다.
   - 다른 비언어적 텍스트와 마찬가지로 모방 텍스트는 많은 경우 다른 유형의 텍스트와 종종 겹치곤 한다. 예를 들어, 절차 도식은 절차를 보여줄 뿐만 아니라 그림과 라벨을 포함할 수도 있다.

2. 학생에게 인쇄물 혹은 온라인 자료에 있는 다양한 유형의 모방 텍스트의 예들을 찾게 하고 그 복사본을 가져오게 한다.

3. 학생에게 자신이 발견한 모방 텍스트를 (그림, 그림 목록, 라벨이 붙은 그림, 절차 도식, 과정 도식과 같이) 유형별로 분류하게 한다.

4. 학생에게 범주에 대한 일반화를 도출할 수 있는 질문을 한다. 예를 들어, 학생이 다양한 종류의 금관악기의 그림 목록을 가져왔다면 교사는 "모든 금관악기의 공통점은 무엇인가?"라는 질문을 할 수 있다.

다음 이야기는 질문에 답하기 위한 학생의 모방 텍스트 탐구와 활용을 교사가 어떻게 용이하게 할 수 있는지를 보여준다.

핀 선생님의 과학 수업에서 학생들은 원자로를 공부하였다. 학생들은 원자로가 에너지를 발생시키기 위해 핵분열을 이용한다는 것은 이해했지만, 여전히 많은 학생들이 에너지가 어디에서 오고 이 에너지가 어떻게 전기로 바뀌는지를 묻는 정교화 질문에 대답하지 못하였다. 이에 대한 이해를 돕기 위해 그리고 모방 텍스트에 대한 설명을 하기 위해 핀 선생님은 절차 도식을 사용한다.

"이런 경우엔 라벨과 화살표가 있는 절차 도식이 가장 좋아요. 라벨은 과정의 각 단계에서 무슨 일이 발생하는지를 보여줘요"라고 핀 선생님은 설명한다. 선생님은 열을 생성하는 우라늄 원자를 분열시키기 위해 제어봉을 어떻게 원자로 노심[5]을 향해 내리는지 설명하면서 학생들에게 각각의 과정을 알려준다. "이 화살표가 가리키는 내용은 가열된 물이 증기 발생기를 거쳐 터빈을 돌린다는 것이에요"라고 선생님은 계속해 설명한다.

핀 선생님은 학생들과 나머지 과정을 검토한다. 그 후 학생들에게 정교화 질문을 한다. "절차 도식을 이용해 핵분열이 왜 에너지를 발생시키는 효과적인 방법인지 설명해보세요." 그리고 학생들에게 동일한 도식을 이용해 원자로의 다양한 부품이 고장 났을 때 일어날 수 있는 결과를 열거하게 하는데, 예컨대, 물 순환 펌프가 고장 났을 때 무슨 일이 발생할지에 대해 설명하도록 요구한다. 반 전체는 더 나아가 발전소의 내부 작동 방식을 시각화하기 위해 절차 도식이 어떻게 도움이 되는지 그리고 다른 모방 텍스트를 어떻게 활용할 수 있는지 토론한다.

3. 전자 텍스트

인터넷과 과학 기술이 학교에서 더 많이 사용되면서 학생이 화면 위의 전자 텍스트를 접하게 되는 빈도는 증가하게 될 것이다. 전자 텍스트에 대한 이해를 높이기 위하여 학생은 언어적 텍스트 구조 및 비언어적 텍스트 구조에 대해 자신이 알고 있는 바를 적용할 수 있다. 만약 텍스트가 주로 문단 안에 배열된

5　연료봉, 조절기, 제어봉을 포함하는 원자로의 핵심부로서 연료의 원자핵이 분열되고 에너지를 방출하는 곳. (출처: 국방과학기술용어사전)

단어로 이루어져 있다면, 학생은 다섯 가지 언어적 텍스트 구조를 찾을 것이다. 그리고 만약 텍스트가 주로 이미지나 그래픽으로 구성되어 있다면, 학생은 세 가지의 비언어적 텍스트 구조를 찾을 것이다. 그러나 화면 위의 텍스트를 읽는 것은 책, 잡지, 기타 인쇄된 자료 속의 텍스트를 읽은 것과는 근본적으로 다르다. 여기서 우리는 학생이 컴퓨터 화면, 태블릿, 전자책 단말기, 스마트폰 및 여타의 모바일 기기로 텍스트를 접할 때 텍스트와 효과적으로 상호작용할 수 있도록 교사가 어떻게 도울 수 있을지 살펴볼 것이다.

전자 텍스트를 읽는 것은 두 가지 이유로 인해 인쇄 텍스트를 읽는 것과는 다르다. 첫째, 전자 텍스트는 보통 정지해 있지 않다. 많은 경우 사용자는 텍스트를 스크롤하거나 텍스트에 적절히 맞추기 위해 컴퓨터 창을 조절한다. 책의 페이지와 달리 스마트폰, 태블릿, 노트북, 혹은 전자책 단말기로 읽는 텍스트는 해당 기기가 어떻게 설정되어 있는지 혹은 독자가 어디서부터 텍스트를 읽기 시작했는지에 따라 화면의 위, 아래, 옆, 혹은 중간에 나타날 수도 있다. 둘째, 전자 텍스트는 하이퍼링크와 검색 기능이 포함되어 있다는 점에서 전통적인 텍스트와 구별된다. 이러한 특징으로 인해 학생은 하나의 텍스트에서 다른 텍스트로 빠르게 이동하고, 어떤 주제와 관련해 무수히 많은 텍스트를 검색할 수 있다.

크리스토퍼 산체스(Christopher Sanchez)와 제니퍼 와일리(Jennifer Wiley)(2009)는 스크롤링 텍스트가 인쇄 텍스트보다 이해하거나 기억하기 어렵다고 보고하였다. 그들은 "스크롤을 하지 않는 인터페이스는 스크롤을 하는 인터페이스보다 전반적으로 훨씬 높은 이해도를 보였다. … 스크롤링이 전반적으로 안 좋은 결과를 초래했지만, 특히 작업 기억 용량[6]이 낮은 개인에게는 더 현저

---

6 작업 기억 속에 활성화된 상태로 유지될 수 있는 정보의 양. 작업 기억이란 정보들을 일시적으로 보유하고, 각종 인지 과정을 계획하고 순서를 지으며 실제로 수행하는 작업장이다. 처리 용량이 제한되어 있기 때문에 한 번에 활성화될 수 있는 정보의 양이나 한 번에 처리될 수 있는 인지 과정의 수가 제한되어 있다. (출처: 곽호완·박창호·이태연·김문수·진영선, 『실험심리학용어사전』, 2008, 시그마프레스)

하게 영향을 주었다"(p. 734)라고 설명하였다. 또한 스크롤링 텍스트는 텍스트의 원인과 결과를 깊이 이해하지 못하도록 학생을 방해하였다. 2011년 산체스와 러셀 브래너건(Russell Branaghan)은 스마트폰이나 태블릿과 같은 작은 장치로 텍스트를 읽는 것이 우리의 기억과 추론 능력에 어떤 영향을 주는지 연구하였다. 그들은 다음과 같은 결론을 내렸다.

> 작은 디스플레이는 전반적으로 낮은 추론 수행이라는 결과를 낳았으며, 일반 크기의 디스플레이에 비해 문제를 해결하는 데 걸리는 시간을 증가시켰다. 이는 사실적 정보 수집이 작은 장치에서 이루어졌을 때에는 영향을 받지 않는 반면, 추론 수행이 작은 장치에서 이루어질 때에는 부정적인 영향을 받는다는 것을 의미한다. (p. 796)

이러한 결과는 스크롤링 텍스트 혹은 작은 화면의 텍스트를 읽는 것이 학생의 이해와 추론 능력에 부정적인 영향을 줄 수도 있음을 시사한다. 이러한 영향에 대응하기 위해 교사는 학생에게 탁상용 컴퓨터나 노트북 컴퓨터에서 인터넷 텍스트를 읽으라고 권할 수 있다. 또한 학생에게 읽을 가치가 있는 텍스트를 발견하면 해당 자료를 종이로 출력해서 읽으라고 제안할 수도 있다.

둘째, 온라인 텍스트를 읽는 것은 인쇄물 텍스트를 읽는 것보다 더 많은 독해 기능을 요구한다. 제인 데이비드(Jane David, 2009)는 "온라인상에서 읽는 것은 인쇄된 텍스트를 읽는 것과는 다른 기능을 요구한다"(p. 84)라고 하였다. 그녀는 "이해를 위한 온라인상의 읽기는 사전 지식 이용, 예측하기 등 오프라인에서의 읽기와 동일한 기능을 요구하고, 여기에 더하여 개방적이고 끊임없이 변화하는 온라인 환경에 대처하기 위한 일련의 추가적인 비판적 사고 기능을 요구한다"(p. 84~85)라고 연구를 요약하였다. 줄리 코이로(Julie Coiro, 2005)는 인터넷 텍스트에 대해 "독자는 작업을 계속하기 위해 고등 수준의 추론적 추리 및 독해 감시 전략을 필요로 한다"(p. 30)라고 하였다. 인터넷 읽기의 문제점은 주로 비숙련 독자에게 심각하게 나타나는데, 이는 이들이 "어디에 집중할지 확신을 갖지 못하고 자신이 찾고 있는 내용을 발견하지 못했을 때 대체 가능한 전략을 소환하지 못하기"(Coiro, 2005, p. 30) 때문이다. 따라서 모든 학생이 인터넷 텍스트를 읽을 준비를 하게 하는 일은 교사의 중요한 임무이다.

니콜라스 버불스(Nicholas Burbules)와 토머스 칼리스터(Thomas Callister)(2000)는 인터넷에서 자료를 읽을 때 학생이 특정한 목적을 가지는 것이 중요하다고 강조하였다. 엘스 카위퍼르(Els Kuiper), 모니크 폴만(Monique Volman), 얀 테르벌(Jan Terwel)(2005)은 "자신이 알고자 하는 것이 무엇인지, 그것을 알고자 하는 목적이 무엇인지, 어떤 종류의 정보가 이 목적에 부합하는지를 계속해서 자신에게 묻는"(p. 305) 법을 학생들은 배워야 한다고 말하였다. 이러한 목적을 달성하기 위해 우리는 교사가 학생들에게 적은 양의 인터넷 텍스트를 읽고, 즉 텍스트의 각 문단이나 각 부분이 끝난 다음에 읽기를 멈추고 자신에게 다음 세 가지 질문을 하도록 가르칠 것을 권한다.

1. 내가 알고자 하는 것은 무엇인가?
2. 내가 방금 읽은 내용은 내가 알고자 하는 것을 말해주는가?
3. 텍스트의 다음 부분은 내가 알고자 하는 바를 말해줄 것이라 생각하는가?

만약 학생이 두 번째 혹은 세 번째 질문에 '아니오'라고 답한다면, 학생은 도움이 될 것이라 생각하는 부분을 발견하기 위해 나머지 텍스트를 훑어보거나 다른 텍스트를 찾아야 할 것이다. 다음 이야기는 질문에 답하기 위한 학생의 전자 텍스트 활용을 교사가 어떻게 용이하게 할 수 있는지를 보여준다.

학생들은 스스로를 과학 기술에서 전문가라고 생각하지만, 힐 선생님은 전자 기기를 잘 사용하는 것이 전자 텍스트에서 정보를 효과적으로 얻는 기능을 반드시 보장하지는 않는다는 사실을 안다. 그래서 선생님은 학생들에게 인터넷에서 정보를 찾아서 읽을 때 사용할 수 있는 과정에 대해 설명한다.

"먼저 무엇을 알고자 하는지를 명확히 해야 해요. 만약 '파산한 정부의 예는 무엇인가?'라는 질문에 답하기 위한 정보를 찾는다면, '정부' 및 '파산'과 같은 키워드를 사용할 수 있어요"라고 선생님은 말한다.

그 후 선생님은 학생들이 키워드와 불 연산자(Boolean operator)[7]를 사용해 검색을 좁힐 수 있는 다른 방법에 대해 논한 다음, 읽기에서 과제를 계속할 수 있는 전략에 대해 논한다. "읽을 때에는 내가 방금 읽은 문단이 내가 알고자 하는 주제에 대한 새로운 정보를 제공하는지를 항상 자신에게 물어봐야 해요. 만약 그렇지 않다면 다른 자료를 찾아봐야죠"라고 선생님은 말한다.

힐 선생님은 학생들이 무언가를 깊이 읽기 전에 문제와 직접적으로 관련되어 있는 믿을 만한 텍스트를 두세 가지 찾기 위해 노력해야 한다고 설명한다.

마지막으로 그녀는 스크롤링 텍스트 및 전자 텍스트에 대한 연구를 학생들과 검토하면서 학생들에게 다음과 같은 주의를 준다. "전자 기기로 텍스트를 읽는 경우는 인쇄된 텍스트를 읽을 때만큼 이해가 잘되지 않아요. 그래서 좋은 텍스트를 두세 가지 발견할 경우 가능하다면 자료를 출력해서 인쇄된 텍스트로 읽도록 해요. 만약 그럴 수 없다면, 화면에서 텍스트를 읽을 때에는 더 많은 시간을 할애하세요. 텍스트가 말하는 것에 집중할 수 있도록 방해 요소를 제거하려고 노력하세요."

힐 선생님은 학생들이 이러한 과정에 익숙해질 수 있도록 전자 텍스트에 대한 이해와 인쇄물 텍스트에 대한 이해 비교하기, 온라인 검색에서 나타난 검색 결과 평가하기 등과 같은 다양한 활동을 하게 한다.

....

7 컴퓨터 프로그램에 사용되는 or 또는 and 같은 단어나 기호.

4. 다중 텍스트의 정보

학생은 다양한 유형의 텍스트에서 발견된 구조와 정보를 토대로 다음에 무슨 내용이 올지 이해하는 것에 더하여, 다수의 자료와 다양한 유형의 텍스트에서 찾은 정보를 수집하고 통합하는 방법도 이해해야 한다. 와일리와 그녀의 동료들(2009)은 다음과 같은 말을 한 바 있다.

> 많은 학문 분야에서 믿을 만한 연구의 특징은 다양한 자료를 넘나들면서 정보를 수집한다는 것이다. … 역사가는 자신의 설명을 입증하기 위해 다수의 자료를 사용한다. 문학 연구에서 분석가는 텍스트 안에서 그리고 텍스트를 넘나들면서 다수의 정보 조각을 세심히 읽는다. (p. 1095)

여기서 우리는 학생이 다양한 자료에서 정보를 찾아 이를 통합할 수 있도록 훈련시키는 방안을 교사에게 제시할 것이다.

앞에서 설명한 바와 같이, 필요한 배경지식을 학생이 미리 가지고 있지 않을 때에는 인쇄물 및 온라인의 다중 텍스트에서 정보를 수집하고, 이 정보를 의미 있는 일반화와 결론에 통합함으로써 교사의 질문에 답할 수 있을 것이다. 우선 학생은 자신이 찾고 있는 정보가 무엇인지에 대한 분명한 생각을 가지고 있어야 한다. 만약 학생이 질문 연속체의 세부 사항 단계에 있다면, '조지 워싱턴과 관련된 장소는 어디인가?'와 같은 질문에 답하기 위한 정보를 찾을 것이다. 만약 질문 연속체의 범주 단계에 있다면, 다양한 미국 대통령의 특징에 대한 정보를 찾을 것이다. 질문 연속체의 정교화 단계에 있다면, 미국 대통령은 왜 35세 이상이어야 하는지를 설명하는 정보를 찾을 것이다. 그리고 질문 연속체의 증거 단계에 있다면, 자신의 주장에 대한 다른 관점을 찾을 것이다. 학생이 질문 연속체의 어느 단계에 있든지 간에 학생은 항상 자신이 찾고 있는 정보를 상세하게 말할 수 있어야 한다.

일단 자신이 찾고 있는 것이 무엇인지 말했을 경우 학생은 자신이 이미 알고 있는 것과 알지 못하는 것을 확인해야 한다. 예를 들어, '조지 워싱턴 말고 다른 미국 대통령의 예는 무엇인가?'와 같은 범주 질문에 답하고자 하는 학생은 몇몇 미국 대통령을 열거할 수도 있겠지만, 그보다 더 많은 이름을 찾아낼 필요가 있다는 사실을 알게 된다. 커시와 모젠탈(1992)은 특정 정보를 찾아내기 위해 다음과 같은 '알고 있는/알아야 하는' 전략을 사용할 것을 제안하였다.

1. 질문에 답하는 데 도움이 될 자신이 이미 알고 있는 것을 파악한다.
2. 질문에 답하기 위해 자신이 찾아야 하는 정보가 무엇인지 파악한다.
3. 자신이 이미 알고 있는 것과 일치하는 정보가 포함된 텍스트를 찾는다 (이는 자신이 이미 알고 있는 것이 사실이라는 점을 확인시켜준다).
4. 자신이 이미 알고 있는 정보 가까이에서 자신이 찾아야 하는 정보를 탐색한다.

때때로 학생은 주기적으로 정보를 찾아야 할 것이다. 예를 들어, 세부 사항 질문에 답하기 위해 내포 목록을 검토하던 학생이 남부 식민지는 1770년에 92만 248파운드 가치의 상품을 수입했다는 사실을 발견한다. 이는 학생으로 하여금 어떤 식민지가 남부 식민지에 속하는지, 왜 남부 식민지의 수입액이 다른 식민지의 수입액에 비해 월등히 많은지와 같은 추가적인 정보를 찾도록 유도할 것이다. 따라서 학생은 새로운 질문과 관련이 있는 정보를 찾기 위해 '알고 있는/알아야 하는' 순서의 1단계로 돌아간다. 학생은 자신이 찾고 있는 정보가 무엇인지, 자신이 이미 알고 있는 것이 무엇인지, 자신이 알아야 하는 것이 무엇인지, 자신이 향후 더 찾아야 하는 정보가 무엇인지를 파악하기 위해 [그림 3-14]와 같은 조직자를 사용할 수 있다. '알고 있는/알아야 하는' 전략은 학생이 정보를 찾을 필요가 있는 질문 연속체의 모든 단계에서 사용될 수 있다.

```
내가 답하고자 하는 질문: _____

내가 이미 알고 있는 것: _____

내가 알아야 하는 것: _____

내가 이미 찾은 정보: _____

내가 아직도 찾아야 하는 정보: _____
```

[**그림 3-14**] '알고 있는/알아야 하는' 조직자

정교화 단계에서 '독립전쟁 당시 이용 가능했던 무기류는 독립전쟁의 결과에 어떤 영향을 주었는가?'와 같은 질문에 답하기 위해 학생은 추가적인 정보가 필요할 수도 있다. 증거 단계에서 학생은 자신의 정교화에 대한 타당한 증거를 제시하기 위해 추가 정보를 찾아야 할 수도 있다.

　학생이 일단 필요한 모든 정보를 찾아내면 애초의 질문에 답하기 위해 그 정보를 결합(또는 통합)해야 한다. 학생이 찾아낸 정보를 통합하기 위해서 특정 텍스트 구조를 선택하고 그 안을 채우는 것은 다양한 텍스트에 대해 배운 내용을 사용할 수 있는 좋은 기회이다. 예를 들어, 학생은 왜 미국 대통령이 35세 이상이어야 하는지를 설명하기 위해 인과 구조를 사용할 수 있다. 미국 대통령의 이름을 찾아낸 학생은 단순 목록을 활용해 그 이름들을 편집하거나, 결합 목록을 활용해 이름과 더불어 (재임 기간, 정당, 주요 업적과 같은) 대통령 임기에 대한 정보를 정리할 수 있다. 그리고 조지 워싱턴과 관련된 장소에 대한 정보를 발견한 학생은 그가 이긴 주요 전투의 위치를 보여주는 지도를 만들 수도 있다. 혹은 영국이 미국 애국파에게 항복한 원인에 대한 정보를 찾아낸 학생은 자신이 찾아낸 내용을 통합하기 위해 인과 도식을 사용할 수도 있다.

요약

　학생은 질문에 답하기 위해 두 군데에서 정보를 얻을 것이다. 바로 자신의 사전 지식과 외부 자료이다. 이번 장에서 우리는 질문 연속체를 수행하는 동안 학생이 정보를 찾기 위해 알아야 하는 세 가지의 주요 텍스트 유형에 대해 살펴보았다. 언어적 텍스트는 일반적으로 (1) 기술, (2) 순서, (3) 인과, (4) 문제/해결, (5) 비교라는 다섯 가지 구조를 따른다. 세 가지 유형의 비언어적 텍스트, 즉 (1) 매트릭스 텍스트, (2) 그래픽 텍스트, (3) 모방 텍스트도 예측 가능한 구조를 따른다. 이러한 구조는 학생이 인쇄물 및 전자 자료에서 정보를 수집할 때 무엇을 예상하고 찾을지를 아는 데 도움이 된다. 전자 자료를 읽을 때 학생은 특정 전략을 사용해 전자 텍스트에 대한 이해를 높일 수 있고, '알고 있는/알아야 하는' 전략을 사용해 다수의 자료에서 정보를 찾아 통합하는 데 도움을 받을 수 있다.

3장의 이해도 점검 질문

1. 학생들이 다양한 언어적 텍스트와 비언어적 텍스트의 유형과 구조를 아는 것은 왜 중요한가요?

2. 이번 장에서 살펴본 다섯 가지 언어적 텍스트 구조를 기술하고, 학생들이 어떻게 이 구조를 식별할 수 있는지 설명하세요.

3. 교사는 학생들의 비언어적 텍스트 식별 및 해석 연습을 어떻게 도울 수 있나요?

4. 전자 텍스트는 언어적 텍스트 및 비언어적 텍스트와 어떤 점에서 유사하고, 어떤 점에서 다른가요?

5. 교사는 학생이 다중 텍스트에서 정보를 찾아 통합하는 것을 어떻게 도울 수 있나요?

4장

반응 전략

교사가 던지는 모든 질문은 학생으로부터 반응을 끌어내기 위해 설계된다.
학생의 반응을 끌어내는 과정은 우연이나 편의에 의존해서는 안 된다.
교사는 학생이 보인 반응의 효용성을 극대화할 구조화된 활동을 제공해야 한다.

교 사가 던지는 모든 질문은 학생으로부터 반응을 끌어내기 위해 설계된다. 학생의 반응을 끌어내는 과정은 우연이나 편의에 의존해서는 안 된다. 그것보다 교사는 학생이 보인 반응의 효용성을 극대화할 구조화된 활동을 제공해야 한다. 교사는 반응 전략을 두 가지 범주, 즉 (1) 학생이 개별적으로 반응할 때 사용할 수 있는 전략, (2) 학생이 모둠으로 반응할 때 사용할 수 있는 전략으로 나누어 생각해볼 수 있다. 또한 교사는 학생들 간의 생산적인 협동 작업을 촉진하기 위해 특정 전략을 사용할 수 있다.

1. 개별 학생 반응

개별 학생은 전체 모둠 토론이나 모둠 활동에서 제기된 질문에 종종 반응한다. 특정 반응 전략을 통해 교사는 각각의 질문에 대해 다수의 학생을 지목하거나, 지목하기 전에 학생에게 자신의 반응을 연습할 기회를 주거나, 학생에게 자신의 반응을 방어하도록 요구하거나, 학생을 무작위로 지목하거나, 학생에게 자신의 반응을 기록하게 하거나, 다른 학생의 반응에 이의를 제기하도록 할 수 있다. 개별 학생 반응을 위한 전략에는 반응 연쇄 및 투표하기, 짝 반응, 동료 교수법, 무작위 호명, 단답형 반응, 정확성 확인 등이 있다.

1) 반응 연쇄 및 투표하기

반응 연쇄 및 투표하기를 통해 교사는 제시된 각각의 질문에 답할 다수의 학생을 지목할 수 있다. 이 전략은 개별 학생 반응을 통해 교사와 학생 사이에 질문과 답을 주고받는 단순한 활동 대신 학급 토론을 유도한다. 반응 연쇄의 목적은 학생들이 서로의 대답에 반응하게 함으로써 올바른 정보를 찾게 하는 것이다. 반응 연쇄는 다음 네 가지 단계를 포함한다.

1. 교사가 질문을 한다.
2. 학생 A가 이 질문에 반응한다.
3. 교사는 학생 A의 대답이 맞는지, 틀리는지, 혹은 부분적으로 맞는지를 학생 B에게 묻고 그 이유를 설명하게 한다.
4. 만약 학생 B가 학생 A의 대답이 틀리다고 말한다면, 교사는 학생 C를 지목해 학생 B의 반응에 반응하게 한다.

예컨대, 텍스트에서 발견된 인과관계에 대한 세부 사항 질문과 관련한 반응에서, 특정한 한 학생이 특정 사건의 원인 하나를 말한다. 교사가 다른 학생을 지목해 이에 반응하게 하자, 그 학생은 그 사건에는 여러 가지 원인이 있다고 설명하면서 첫 번째 학생의 대답이 부분적으로 옳다고 말한다. 교사는 세 번째 학생을 지목해 여러 가지 원인이 있다는 의견에 동의하는지 묻고, 아직 언급되지 않은 원인을 열거해보라고 요구한다.

다른 방법으로 교사는 학생 A의 반응이 정확한지에 대한 학급 투표를 실시한다. 학급 투표 후 옳다는 반응을 확인하고, 학생 B를 지목해 그 답이 왜 옳은지 설명하게 한다. 게다가 학생 A의 대답이 옳고 학생 B가 이를 옳다고 확인한다면, 교사는 학생 B에게 학생 A의 대답에 대한 추가 정보를 제시하라고 요구할 수 있다. 이 전략에 신체 활동을 추가하기 위해서 교사는 작은 고무공을 사용해 어느 학생이 반응하도록 할지 정할 수 있다. 교사가 공을 학생 A에게 던지면 A는 그 공을 학생 B에게 던지고, 그 학생은 다시 학생 C에게 던지는 방식이다. 다음 이야기는 수학 수업에서 반응 연쇄를 사용하는 교사의 모습을 보여준다.

재미슨이 순열에서는 항목의 순서가 중요하다고 설명함으로써 순열과 조합의 차이에 대한 범주 질문에 방금 답하였다.

"순열은 순서가 있는 조합이에요"라고 재미슨이 말한다.

교사는 아네타에게 재미슨의 대답을 어떻게 생각하는지 질문한다.

"그가 옳다고 생각해요"라고 아네타가 말한다.

교사가 아네타에게 재미슨의 대답에 대한 부연 설명을 하도록 유도하자, 아네타는 "만약 제가 사과, 포도, 멜론을 넣어 과일 샐러드를 만든다면 순서는 중요하지 않아요. 제가 어떤 순서로 과일을 넣느냐에 상관없이 네 가지 다른 조합이 가능해요. 즉, 사과와 포도, 사과와 멜론, 포도와 멜론, 세 가지 과일 모두 등이 있어요. 이게 조합이에요. 하지만 만약 제가 번호 자물쇠를 설계하고 있어서 1, 2, 3을 이용해 만들 수 있는 조합의 수를 알아내고자 한다면 순서가 중요해지죠. 이 숫자에는 여섯 가지의 순열이 존재해요. 이 자물쇠는 사실 순열 자물쇠라고 불러야 해요!"라고 예를 제시하면서 말한다.

교사는 아네타의 대답에 고마움을 표하고 칼로스에게 아네타의 반응에 대한 의견을 구한다. 칼로스가 반응한 후에 교사는 잘못된 개념을 바로잡고 다음 질문으로 넘어간다.

2) 짝 반응

짝 반응에는 몇 가지 분명한 이점이 있다. 첫째, 짝 반응은 모든 학생으로 하여금 모든 질문에 답하게 한다. 둘째, 짝 반응은 자신감이 없는 학생으로 하여금 각각의 질문에 답하도록 유도한다. 마지막으로, 짝 반응은 학생들이 짝의 지식으로부터 혜택을 얻을 수 있게 한다. 짝 반응을 사용하기 위해 교사는 질문 전에 학생들을 둘씩 짝짓는다. 질문이 던져지면 둘씩 짝을 지은 학생들은 서로 상의해 질문에 대한 답을 결정한다. 그다음에는 교사가 한 모둠을 지목한다. 지목받은 짝 중의 한 명은 자신들의 답을 말로 표현한다. 아니면 둘이 같이 답할 수도 있다. 예를 들어, 과학 수업에서 교사가 학생들에게 원운동과 관련된 수식을 어떻게 풀지 세부 사항 질문을 한다. 둘 중 한 명은 수학을 잘해서 필요한 계산을 더 잘할 수 있고 다른 한 명은 문제를 개념화해 계산의 최종 결과가 의미하는 바를 설명하는 데 더 유능할 수 있다. 교사가 그 짝을 지목할 때 첫 번째 학생은 자신들의 계산을 설명하고, 두 번째 학생은 그 답이 의미하는 바가 무엇인지 그리고 그것이 원래의 질문을 어떻게 다루고 있는지 설명한다. 다음 이야기는 사회 수업에서 이 전략을 사용하는 교사의 모습을 보여준다.

> 필라 선생님은 학생들에게 "반구(半球)라는 용어는 무엇을 의미하나요?"라는 세부 사항 질문을 한다.
>
> 베티와 마리사는 그날 짝이다. 그래서 베티는 마리사를 보며 말한다. "반구는 지구의 반이야. 북반구와 남반구처럼 말이야. 적도가 이를 나누는 선이지."
>
> 마리사는 생각한 후 다음과 같이 말한다. "맞아. 하지만 동반구와 서반구도 있어. 잉글랜드를 통과하는 선이 그 둘을 나누지. 이 선은 본초 자오선[1]이라고 불려."
>
> 선생님이 자신들을 지목하자 베티는 적도가 북반구와 남반구를 나눈다고 설명하고, 마리사는 본초 자오선이 동반구와 서반구를 나눈다고 설명한다.

....

1 지구의 경도를 결정하는 데 기준이 되는 자오선. 영국의 그리니치 천문대를 지나는 자오선을 기준으로 삼는다.

필라 선생님은 다음과 같은 질문을 던지며 좀 더 깊이 캐묻는다. "본초 자오선은 지구를 빙 둘러 있나요, 아니면 지구 반대편에 또 다른 가상의 선이 존재하나요?"

학생들은 다시 자신의 짝과 상의한다. 필라 선생님은 학생들의 답을 공유하기 위해 다른 짝을 지목한다.

3) 동료 교수법

어떤 경우에는 학생이 잠재적인 답의 목록에서 최선의 답을 선택할 수 있도록 교사는 선다형으로 세부 사항 질문을 구성할 수도 있다. 예를 들어, 선다형으로 정교화 질문을 하기 위해 교사는 어떤 사건과 관련된 여러 원인이나 결과를 열거하고 학생에게 그중 가장 중요하다고 생각하는 것을 선택하도록 할 수 있다. 또는 학생에게 특정 시기의 일반적인 신념 목록 중에서 특정 조직이나 단체와 관련된 가장 중요한 신념을 찾도록 요구할 수도 있다. 동료 교수법은 이러한 유형의 질문에 잘 부합하는 기법이다.

1997년에 에릭 마쥐르(Eric Mazur)는 동료 교수법의 과정을 다음과 같이 기술하였다.

1. 질문을 제시한다.
2. 그 질문에 대해 생각할 시간을 학생들에게 준다.
3. 반 전체에서 최초의 학생 반응을 수집하고, 학생들에게 어떤 대답이 가장 많은지를 알려준다. 그러나 옳은 답을 밝히지는 않는다.
4. 각각의 학생으로 하여금 자신의 답이 옳다는 것을 주변 학생들에게 확신시킴으로써 자신의 답을 방어하게 한다.
5. 반 전체로부터 수정된 학생 반응을 수집하고, 반응 분포가 달라진 것에 대해 논의한다.
6. 옳은 답을 설명한다.

마쥐르는 이러한 질문 형식에서 많은 이점을 발견하였다. 학생은 자신의 답을 주변 학생들에게 설명해야 하기 때문에, "자신에게 제시된 자료에 그저 동화되지 않는다. 학생은 스스로 생각하고 자신의 생각을 말로 풀어낼 수밖에 없다"(p. 14)는 것이다. 마쥐르는 또한 동료 교수법이 (단편적인 사실이나 과정이 아닌) 근본적인 개념을 학생이 더 잘 이해하도록 돕고, 학습 경험에 대한 학생의 참여 및 만족감을 증대시킨다는 것을 발견하였다.

동료 교수법의 중요한 부분은 반 전체에서 학생 반응을 수집해 어느 반응이 가장 많은지를 학생들에게 알려주는 것이다. 교사는 이를 위해 거수, 손짓 신호(손가락 하나=1번 선택, 손가락 둘=2번 선택 등), 혹은 반응 카드(학생은 작은 종이나 화이트보드에 자신의 답을 적고 동시에 이를 보여준다) 같은 여러 방법을 사용할 수 있다. 그러나 학생 반응 장비, 즉 '클리커(clicker)'는 동료 교수법에서 가장 이상적인 장비로서 많은 이점을 제공한다. 원격조종장치 같은 이 기기는 개별 학생이 질문에 대한 답을 전자적으로 제출하는 것을 가능하게 한다. 그러면 교사는 컴퓨터에서 개별 학생 반응을 검토하거나 학생 반응 그래프를 반 전체가 볼 수 있도록 스크린에 비출 수 있다. 클리커와 관련해 제프리 스토웰(Jeffrey Stowell)과 제이슨 넬슨(Jason Nelson)(2007)은 다음과 같은 사실을 발견하였다.

클리커 사용의 가장 분명한 이점은 학생 피드백의 정직성을 높인다는 사실이다. … 강의 중에 클리커를 사용한 모둠의 대답은 그들이 실제로 배우고 있는 학습 정도를 가장 잘 반영하였고, 반면 손을 들게 한 모둠의 대답은 사회적 동조성에 영향을 받는 것처럼 보였다. … 손들기보다는 익명성이 더 보장되긴 하지만 클리커에는 미치지 못하는 반응 카드 사용 또한 사회적 영향에 민감하게 반응하는 것처럼 보인다. (pp. 256~257)

게다가, 대부분의 학생 반응 체계와 관련된 소프트웨어는 학생의 답을 계산해 이를 시각적으로 보여주기 때문에 교사는 반 전체의 최초 반응 및 수정된 반응 양상을 빠르게 보여줄 수 있다. 이언 비티(Ian Beatty)와 윌리엄 저레이스(William Gerace)(2009)는 다음과 같은 설명을 한 바 있다.

> 학생의 대답 분포를 보여주는 차트도 과정에 가치를 더한다. 이것은 얼마나 많은 학생이 어느 답을 선택했는지를 아는 방법에만 그치지 않는다. 로셸(Roschelle) 등(2004a)이 언급한 바와 같이, 이것은 또한 "분명하게 대비되는 결과를 보여줌으로써 생산적인 담화를 유도한다"(p. 28). 이것은 학생의 입장 차이를 극명하게 보여준다. 한 번만 홀끗 보아도 반 전체의 대답이 일치하는지(한 개의 봉우리), 대체로 미정인지(균일하거나 임의적으로 퍼짐), 혹은 극명하게 양극화(두 개의 분명한 봉우리)되어 있는지를 명확하게 알 수 있다. (p. 158)

다음 이야기는 질문 연속체의 세부 사항 단계에서 질문을 던지려고 하는 언어 과목 교사가 어떻게 동료 교수법과 학생 반응 장비를 사용할 수 있는지를 보여준다.

> 컬링퍼드 선생님의 수업에서 학생들이 『캔터베리 이야기(The Canterbury Tales)』를 공부하고 있다. 컬링퍼드 선생님은 다음 텍스트와 질문을 보여주고, 학생들에게 클리커를 사용해 반응하라고 한다.

초서(Chaucer)의 『캔터베리 이야기』에서 수녀원 부원장에 대한 묘사

그녀의 양심에 대해 말하자면
그녀는 자비와 동정심으로 가득한 사람이어서
덫에 걸린 쥐를 보거나 그 쥐가 죽거나
피를 흘리면 그녀는 울곤 했다.
그녀는 작은 개 몇 마리를 기르고 있었는데
이들에게 구운 고기나 우유나 흰 빵을 먹였다.
그러나 한 마리가 죽거나 사람들이 막대기를 들어

내리칠 경우 그녀는 울곤 했다.

그녀는 양심과 여린 마음의 소유자였다.

수녀원 부원장의 '양심'과 자비에 대한 초서의 묘사는 독자에게서 무엇을 끌어낼 의도로 쓰였다고 생각하나요?

A. 동물에 대한 그녀의 사랑에 동조하도록?

B. 그녀의 부적절한 우선순위를 비판하도록?

C. 여성이 남성보다 더 인정이 많다는 것을 인식하도록?

질문 출처: Elizabeth Cullingford, *English, University of Texas at Austin* (as cited in Bruff, 2009, p. 87).

학생들이 반응하자 컬링퍼드 선생님은 다음과 같은 반응 양상을 보여준다.

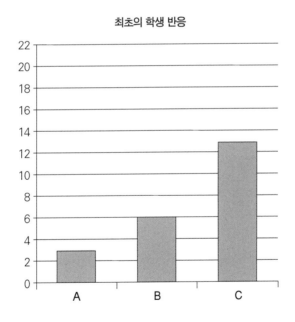

최초의 학생 반응

그런 후 컬링퍼드 선생님은 학생들에게 자신들의 답에 대해 토론하게 하고, 왜 자신의 답이 옳다고 생각하는지 설명할 것을 요구한다. 몇 분 동안 교실은 학생들의 떠들썩한 대화로 가득 찬다. 그 후 컬링퍼드 선생님은 학생들로 하여금 다시 투표하게 하고, 학생들의 수정된 대답 분포를 보여준다.

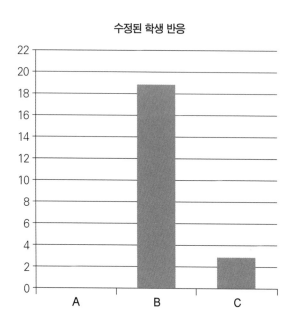

컬링퍼드 선생님은 대부분의 학생이 B를 선택했음을 지적하고, 답을 B로 바꾼 학생 몇 명에게 왜 답을 바꿨는지를 말하게 한다.

4) 무작위 호명

무작위 호명 전략은 질문 연속체의 세부 사항 단계에서 모든 학생을 질문에 답하는 활동에 참여시키고자 할 때 사용될 수 있다. 이 전략을 위해 교사는 각 학생의 이름을 별도의 종이쪽지나 아이스케이크 막대에 적은 후 모두 항아리나 그릇, 혹은 모자에 넣는다. 교사는 질문을 하고, 무작위로 답할 학생의 이름을 뽑는다. 교사는 해당 질문에 대한 답을 충분히 얻었다고 느낄 때까지 계속해서 이름을 뽑는다. 그런 다음 (학생들의 이름이 아직 모두 호명되지 않았더라도) 뽑은 학생의 이름을 다시 항아리 안에 넣고 새 질문을 던진다. 학생은 자신의 이름이 선택될 가능성이 항상 있기 때문에 모든 질문에 집중하게 된다.

교사는 그다음으로 학생이 최초의 대답에 반응하도록 하기 위해 무작위 호명과 반응 연쇄 전략을 연계해 사용할 수 있다. 예를 들어, 교사가 학생들에게 워싱턴이 경험한 밸리포지에서의 겨울이나 1780년의 그레이트 허리케인처럼 미국독립혁명의 결과에 영향을 준 자연현상에 대해 세부 사항 질문을 던진다. 먼저 교사는 학생들에게 워싱턴이 경험한 밸리포지에서의 겨울과 관련된 장소, 시기, 사건에 대해 묻는다. 항아리에서 이름을 뽑은 교사는 각 학생들에게 이 자연현상에 대한 세부 사항을 한 가지씩 설명하도록 요구한다. 충분한 수의 대답이 나오면 교사는 뽑은 이름을 다시 항아리에 넣고, 1780년의 그레이트 허리케인에 대한 다음 질문으로 넘어간다. 다음 이야기는 이 전략을 보여준다.

로저스 선생님은 학생들에게 워싱턴이 경험한 밸리포지에서의 겨울에 관한 세부 사항 질문을 하려고 한다. 그녀는 무작위 호명을 위한 항아리에서 이름을 하나 뽑는다.

"샐." 선생님이 웃으면서 이름을 읽는다. "워싱턴이 경험한 밸리포지에서의 겨울과 관련된 위험은 무엇인가요?"

샐은 잠시 생각한 후 다음과 같이 말한다. "많은 군사들이 죽었고, 많은 장비들이 습기와 추위로 인해 망가졌습니다."

로저스 선생님은 샐에게 고맙다고 하고 제프리라는 다른 이름을 뽑는다.

"밸리포지에서의 겨울과 관련된 워싱턴의 이점은 무엇인가요?" 로저스 선생님이 묻는다.

제프리는 다음과 같이 말한다. "밸리포지는 추웠지만, 워싱턴이 겨울을 보내기에는 좋은 위치였습니다. 그는 요크(York)에 있는 의원들을 보호하고, 필라델피아를 점령한 영국군을 감시할 수 있었으니까요."

제프리에게 감사하다고 한 후 로저스 선생님은 질문에 답할 세 학생의 이름을 더 뽑는다. 그리고 1780년의 그레이트 허리케인에 대한 세부 사항 질문을 하기 전에 다섯 명의 이름을 다시 항아리 안에 넣는다.

5) 단답형 반응

개별 학생 반응을 얻기 위한 단순한 방법은 학생들로 하여금 자신의 대답을 기록하게 하는 것이다. 이는 다양한 형식을 취할 수 있다. 학습 공책은 매우 융통성 있게 활용될 것이다. 학생은 특정 교과목 전용 공책에 질문에 대한 개별 반응을 기록한다. 수업 시간 내내 학생들은 정기적으로 특정 질문에 대한 자신들의 반응을 비교한다. 학생이 자신의 반응을 기록할 때 날짜를 함께 기재하면 기록 내용의 변화를 통해 학습 추이를 점검할 수 있기 때문에 매우 유용하다. 예를 들어, 학생은 정해진 주의 금요일마다 자신이 이전에 기록한 내용을 검토하고 필요할 경우 내용을 추가하거나 수정할 수 있다.

학습 공책에 내용을 적는 것 대신에, 종이쪽지에 단답형 반응을 기록하고 수업이 끝나면 이를 제출해 교사가 검토하는 다른 방법이 있다. 그러나 이 방법의 단점은 학생이 자신의 이전 반응을 돌아보며 검토할 수 없다는 것이다. 다음 이야기는 단답형 반응을 사용하는 교사의 모습을 보여준다.

레인 선생님의 학생들은 지권, 생물권, 수권, 대기권이 상호작용하는 방식에 대해 공부하고 있다. 레인 선생님은 일련의 범주 질문을 막 하려는 참이며, 학생들에게 학습 공책에 표 하나를 그리도록 지시한다. 표의 상단에는 네 가지 범주가 위치한다. 그것은 바로 (1) 지권, (2) 생물권, (3) 수권, (4) 대기권이다. 각각의 가로줄은 다른 범주 질문을 나타낸다.

레인 선생님은 예들에 대한 질문으로 시작한다. 학생들은 각 지구계에서 일반적으로 발견되는 물질의 예를 적는다. 학생들이 예를 적으면 레인 선생님은 학생들에게 공책을 가지고 일어나서 파트너를 찾아 답을 비교하게 한다.

"여러분은 자신과 이야기하는 모든 사람에게 그 사람이 가지고 있지 않은 예를 하나 알려주고, 여러분이 가지고 있지 않은 예를 하나 얻으려고 노력해보세요" 라고 선생님은 지시한다.

학생들은 여러 명의 파트너를 만난 뒤 자신의 책상으로 돌아온다. 그러면 레인 선생님은 질문 연속체의 다음 단계로 넘어가 학생들로 하여금 자신이 적은 예들을 살펴보게 하고, 그 예들 간의 공통된 특징을 열거하게 한다. 학생들이 자신의 개별적인 답을 적고 파트너와 상의하고 나서 책상으로 돌아오면, 레인 선생님은 특정한 유도 질문을 통해 학생들이 추가적인 특징을 도출할 수 있게끔 돕는다.

6) 정확성 확인

언제든지 교사나 학생은 다른 학생이나 교사가 제시한 정보의 정확성 확인을 요구할 수 있다. 물론 이 전략을 위해서는 일반적으로 인터넷을 통해 외부 정보에 즉각 접근할 수 있어야 한다. 예를 들어, 세부 사항 질문에 대한 반응에서 한 명 혹은 그 이상의 학생이 사실로서 정보를 제시한다. 교사나 다른 학생은 제시된 정보가 정확한지 확인할 것을 요청하고, 모든 학생은 인터넷을 이용해 제시된 정보의 정확성을 검토한다. 다음 이야기는 이 전략을 보여준다.

미즈노 선생님이 있는 학교는 여러 세트의 디지털 태블릿을 보유하고 있는데, 교사들은 이것을 대출해 수업에서 사용할 수 있다. 미즈노 선생님은 세부 사항 질문을 하려고 할 때, 특히 이 질문의 답이 외부 자료의 사용을 필요로 한다고 생각할 때 태블릿 세트를 자주 대출한다. 선생님은 또한 학생들에게 반 친구가 질문에 반응할 때 '확인해봐요!'란 말을 사용하도록 가르쳤다. 만약 어떤 학생이 반 친구의 답변이나 교사가 제시한 정보가 부정확하다고 생각할 때, 혹은 어떤 학생이 제공된 정보에 대한 명료화를 원할 때, 그 학생은 "확인해봐요!"를 외칠 수 있다. 미즈노 선생님이 확인을 필요로 하는 정보를 빠르게 말해주면, 학생들은 경쟁적으로 (자신의 태블릿을 이용해) 주어진 답이 옳은지 그른지를 밝히는 정보를 인터넷에서 찾는다. 이 방법은 특히 학생이 부분적으로만 옳거나 추론상에 오류가 있는 대답을 제시했을 때 효과적이다.

하나의 질문 연속체를 진행하는 동안 미즈노 선생님은 크리스토퍼 콜럼버스의 첫 번째 항해 준비에 대해 질문하자, 베카는 다음과 같이 말한다. "대부분의 유럽인들은 지구가 평평하다고 생각했기 때문에 그는 후원금을 마련하는 데 애를 먹었어요."

휘트니가 잠깐 혼란스러운 표정을 짓더니, 손을 들고 "확인해봐요!"를 외친다. 미즈노 선생님은 학생들에게 13세기 사람들이 지구의 형태를 어떻게 인식하고 있었는지에 대한 정보를 찾게 한다.

찰리는 몇 분 동안 검색한 후 손은 들고 말한다. "제가 방금 읽은 자료에 따르면, 에라토스테네스는 기원전 240년에 지구 둘레를 측정했다고 합니다. 그러니 그는 지구가 둥글다고 생각한 거죠."

다른 학생들도 자신이 발견한 내용을 말하자, 13세기에 일부 사람들은 지구가 평평하다고 믿었지만 대부분의 지식층은 지구가 구형이라는 그리스인의 생각에 동의했다는 사실을 알게 된다. 미즈노 선생님은 콜럼버스가 후원금을 마련하는 데 애를 먹었다고 한 베카의 말이 사실이라고 말하고, 많은 사람들이 이미 지구가 둥글다고 믿었는데 왜 애를 먹었는지 학생들에게 질문한다.

2. 모둠 반응

모둠 반응은 질문이 다른 견해나 상반된 의견을 포함할 수도 있는 범주 단계, 정교화 단계, 증거 단계에서 특히 중요하다. 그러나 학생은 어느 단계에서든 질문에 답하기 위해 모둠 내에서 상호작용할 수 있다. 모둠으로 협력해 집단적으로 반응하기 위해 학생이 사용할 수 있는 전략에는 여러 가지가 있으며, 여기에는 스티커 메모 브레인스토밍, 모둠 목록, 짝 비교, 번호가 같은 사람 일어나게 하기, 퀴즈 퀴즈 교환하기 등이 포함된다.

1) 스티커 메모 브레인스토밍
모둠 반응을 위해 교사가 사용할 수 있는 전략 중 하나는 스티커 메모 브레인스토밍이다. 이 전략이 실행되는 동안 각 학생은 마커펜(marker pen)과 작은 스티커 메모지 한 묶음을 제공받는다. 그런 다음에는 교사가 질문을 던진다. 예를 들어, 학생들이 리 하비 오스월드[2]에 대한 세부 사항 질문에 답하면 교사는 "암살자 범주에 속하는 다른 예들에는 무엇이 있나요?"라는 범주 질문을 한다. 그러면 학생들은 자신이 생각할 수 있는 모든 암살자의 예를 각 스티커 메모지에 한 명씩 적는다. 암살자라고 일컬어질 가능성이 있는 사람의 이름은 누구든지 스티커 메모지에 적을 수 있는 타당한 답이 된다. 한 학생이 별도의 스티커 메모지에 다음과 같은 예들을 적는다.

- 존 윌크스 부스[3]
- 프란츠 페르디난트 대공[4]을 죽인 사람
- 나투람 고드세[5]
- 브루투스[6]
- 토막 살인자 잭[7]
- 제임스 본드[8]
- 제이슨 본[9]

....

2 존 F. 케네디 대통령의 암살범.
3 미국 16대 대통령 에이브러햄 링컨의 암살범.
4 오스트리아 헝가리 제국의 황위 계승자로 프란츠 요제프 1세의 조카. 1914년 6월 28일 보스니아의 사라예보에서 세르비아 청년에게 아내와 함께 암살되었는데, 이 사건은 1차 세계대전의 도화선이 되었다.
5 반이슬람의 광신적 힌두교도로 마하트마 간디를 암살한 사람.
6 고대 로마의 정치가. 기원전 49년 내전이 일어났을 때 원로원파인 폼페이우스 편에 가담해 율리우스 카이사르와 대립한다. 그러나 파르살루스 전투에서 폼페이우스 군대가 대패하고 포로가 된 그를 카이사르가 풀어주자 폼페이우스 지지를 철회한다. 이후 카이사르의 호의로 기원전 46년 갈리아 키살피나 총독에 임명되고 기원전 44년에는 법무관이 되나 종신 독재관이 된 카이사르가 왕정을 복구하려 한다고 여겨 원로원파인 카시우스 등과 함께 카이사르를 살해한다.
7 1888년 8월 7일부터 11월 10일까지 3개월에 걸쳐 영국 런던의 이스트런던 지역인 화이트채플에서 최소 다섯 명이 넘는 매춘부를 극도로 잔인한 방식으로 잇따라 살해한 연쇄 살인범.
8 영국 작가 이언 플레밍의 작품에 나오는 가상의 영국 첩보원.
9 로버트 러들럼의 소설 속 등장인물이며, 영화로 만들어진 네 편의 본 시리즈(〈본 아이덴티티〉, 〈본 슈프리머시〉, 〈본 얼티메이텀〉, 〈제이슨 본〉)의 주인공.

여기서 볼 수 있는 바와 같이, 학생이 (두 번째 항목에서처럼) 암살자의 이름을 모르거나, 암살자가 확실한지 아닌지(예컨대, 제임스 본드), 혹은 가공의 인물인지 아닌지(예컨대, 제이슨 본)에 상관없이 각 학생은 자신이 생각해낼 수 있는 모든 예를 떠올린다. 학생들이 이름을 다 적으면, 교사는 전체 학생이 다 볼 수 있도록 스티커 메모지를 칠판에 붙이게 한다. 그런 후 학생들은 누락된 정보를 채우고 해당 범주의 예로 적합하지 않은 예들에 대해 토론한다. 다음 이야기는 이러한 토론을 주도하는 교사의 모습을 보여준다.

볼크 선생님의 학생들은 암살자의 예에 대한 브레인스토밍을 마치고 자신들의 스티커 메모지를 칠판에 붙인다. 이제 모든 사람이 이 예들을 볼 수 있다. 볼크 선생님은 추가되어야 하는 정보나 암살자 범주에 실제로는 포함되지 않아야 하는 정보를 발견한 학생이 있는지 묻는다.

"저는 그 대공을 죽인 사람의 이름을 알아요. 그는 가브릴로 프린치프예요"라고 프레사가 말한다.

볼크 선생님은 이 정보를 적당한 스티커 메모지에 추가하고 다른 학생 마르코를 지목한다.

"저는 고드세가 누구인지 모르겠어요"라고 그가 말하자, 볼크 선생님은 그 예를 적은 에르네스토에게 설명하라고 한다.

에르네스토는 고드세가 마하트마 간디를 암살한 사람이라고 말한다.

마지막으로 트리샤는 다음과 같이 말한다. "저는 토막 살인자 잭이 암살자라고 생각하지 않아요. 제 생각에 암살자는 정치적 혹은 종교적 이유로 누군가를 살해한 사람이에요. 토막 살인자 잭은 그냥 살인자예요."

그녀의 말을 토대로 학생들은 암살자라기보다는 살인자로 더 잘 묘사될 수 있는 토막 살인자 잭과 다른 몇 가지 예를 삭제하기로 결정한다. 학급 토론 후 볼크 선생님은 예들의 목록을 작성하고, 학생들이 참고할 수 있도록 교실에 게시한다.

2) 모둠 목록

모둠 목록은 모둠 반응을 위해 교사가 사용할 수 있는 또 다른 전략이다. 예를 들어, 교사는 질문 연속체의 범주 단계에서 다음과 같은 질문을 할 수 있다.

- 국민의 권리와 정부 형태를 규정하는 문서는 일반적으로 어떻게 작성되나요?
- 국민의 권리와 정부 형태를 규정하는 문서는 왜 중요한가요?
- 국민의 권리와 정부 형태를 규정하는 문서는 일반적으로 누가 작성하나요?

질문이 세 가지여서 교사는 학생들을 세 모둠으로 나눈다. 각 모둠은 세 가지 질문 중 하나가 상단에 적혀 있는 종이를 한 장씩 받는다. 그런 후 각 모둠은 구성원들이 생각할 수 있는 질문에 대한 답을 가능한 한 많이 적는다. 정해진 시간이 지나면 모둠은 목록을 옆 모둠에 전달한다. 각 모둠은 상단에 새로운 질문이 적혀 있고 그 아래에 이전 모둠의 생각이 열거되어 있는 종이를 건네받는다. 각 모둠은 여기에 생각을 추가하고, 목록을 다시 옆 모둠에 전달한다. 각 모둠이 애초의 목록을 받으면 교사는 열거된 항목들 중 가장 중요한 특징은 맨 위로, 덜 중요한 특징은 아래쪽으로 정리하게 한다. 다음 이야기는 이 전략을 사용하는 모둠의 모습을 보여준다.

헉슬리 선생님의 학생들은 마그나카르타,[10] 미국독립선언서, 메이플라워 서약[11]과 같이 국민의 권리와 정부 형태를 규정하는 문서에 대해 공부하고 있다. 학생들에게 범주 질문을 하기 전에 선생님은 학생들을 세 모둠으로 나눈다. 마르티네스의

---

10 1215년 영국 귀족들이 존 왕을 강요해 서명하게 한 영국 국민의 법적, 정치적 권리 확인서.
11 1620년 11월 11일 메이플라워호 위에 타고 있던 청교도들이 하나의 정부를 수립하기로 한 서약. 메이플라워호에 타고 있던 102명의 승객 중 41명이 서명했다.

모둠은 "국민의 권리와 정부 형태를 규정하는 문서는 일반적으로 어떻게 작성되나요?"라는 질문을 받는다.

재키가 다음과 같이 말한다. "음, 그런 문서는 일반적으로 한 사람이 아니라 한 무리의 사람들에 의해 작성돼." 그러자 마르티네스가 그것을 받아적는다.

카일이 다음과 같이 말한다. "그런 문서는 보통 꽤 철학적이어서 그 작성 과정에는 약간의 연구가 들어가야 해." 그러자 마르티네스가 그 대답도 기록한다.

몇 분 동안 학생들은 대답을 적는다. 그 후 헉슬리 선생님은 각 모둠으로 하여금 질문지를 옆 모둠에 전달하게 한다. 마르티네스의 모둠은 "국민의 권리와 정부 형태를 규정하는 문서는 왜 중요한가요?"라는 새로운 질문에 대해 생각한다. 두 번 더 질문 순환이 있고 난 뒤, 마르티네스의 모둠은 다른 모둠의 대답이 적혀 있는 자신들의 최초의 질문지를 받는다. 그들은 그런 유형의 문서는 한 무리의 사람들에 의해 작성된다는 것이 중요한 특징이라고 판단하고, 그 특징을 최종 목록의 위쪽에 위치시킨다. 그런 문서를 작성하는 과정의 특성으로서 연구는 중간 정도에 위치시키는데, 이는 중요도가 중간 정도임을 의미한다. 모둠이 모든 특징에 대해 순서를 매기면 학생들은 자신들의 최종 목록을 반 전체와 공유하고, 왜 항목들을 이러한 순서로 배열했는지를 설명한다.

3) 짝 비교

이 전략은 『케이건 협동 학습(Kagan Cooperative Learning)』(Kagan & Kagan, 2009)에서 제시된 두 가지 전략인 '섞고-짝짓고-공유하기' 및 '짝 비교하기'와 유사하다. 짝 비교는 학생들로 하여금 모둠으로 질문에 답하게 하고 협동적으로 반응하게 할 뿐만 아니라 질문 연속체에 신체 활동을 결합시킨다. 이 전략을 사용할 때 교사는 먼저 학생들을 일어나게 하고 교실의 다른 위치로 이동시킨다. 이는 자리에 앉아 있는 동안 주로 함께한 친구로부터 학생을 멀리 이동시키기 위함이다. 그런 후 교사가 "둘씩 짝지어요" 하고 외치면 학생들은 가장 가까이 있는 친구와 짝을 이룬다. 다음으로 교사가 질문을 하면, 둘씩 짝을 이룬 학생들은 의견이 일치하지 않는 부분에 대해 토론하며 서로서로 답을 공유한다. 교사가 "짝 비교를 해요" 하고 외치면, 둘씩 짝을 지은 학생들은 다른 짝과 합쳐 네 명으로 구성된 모둠을 형성한다. 각 모둠은 자신의 답을 공유하면서 일치하지 않은 부분에 대해 논의한다. 마지막으로 교사가 네 명으로 구성된 모둠을 여럿 지목하고, 모둠 간 일치하지 않는 부분이나 오개념(misconception)을 언급하며 모둠들로 하여금 자신들의 답을 공유하게 한다. 다음 이야기는 이 전략을 보여주고 있다.

리알리 선생님의 학생들은 북극광과 남극광 등 태양과 관련된 자연현상을 공부하고 있다. 학생들은 북극광과 남극광 모두의 특성으로 "다양한 색으로 나타난다"를 목록에 넣었는데, 정교화 단계에서 리알리 선생님은 학생들이 그 이유를 설명해주기를 원한다. 리알리 선생님은 학생들을 일어나게 하고 교실의 다른 곳으로 이동시킨 후 "둘씩 짝지어요!" 하고 외친다.

렉시와 레본이 짝을 이루고 나서, 렉시가 말한다. "나는 이 현상들이 대기의 화학작용과 관련되어 있다고 확신해. 질소를 보라와 파랑 같은 어두운 색으로, 산소를 초록과 빨강 같은 밝은 색으로 표시한 교과서의 차트를 기억하니?"

"응. 하지만 고도와도 관계가 있지 않을까? 그러니까 높은 고도에서는 초록과 파랑으로, 그리고 낮은 고도에서는 빨강과 보라 같은 색깔로 나타나지 않을까?" 하고 레본이 말한다.

렉시와 레본이 자신들의 답을 결정하자, 리알리 선생님이 "짝 비교를 해요!" 하고 외친다. 렉시와 레본은 제이슨과 토니와 함께 모둠을 이룬다. 답을 비교할 때 제이슨과 토니는 질소와 산소에 대해서는 동의하지만, 고도에 대해서는 렉시와 레본이 거꾸로 알고 있다고 지적한다. 그들은 렉시와 레본에게 자신들이 그린 차트를 보여준다. 네 명은 또한 오로라는 다양한 입자의 원자가 지구 대기에서 충돌할 때 발생한다는 점을 구체화하기 위해 자신들의 답을 다듬는다. 리알리 선생님이 이 모둠을 지목하자 제이슨은 자신들이 작성한 답과 차트를 공유한다.

4) 번호가 같은 사람 일어나게 하기

이 전략도 스펜서 케이건(Spencer Kagan)과 미구엘 케이건(Miguel Kagan)(2009)에 의해 설계되었다. 여기서 교사는 학생들로 하여금 작은 모둠을 형성하게 하고 각 모둠 내에서 번호를 매기도록 한다. 따라서 만약 학생들이 네 명씩 모둠을 이루었다면, 모둠 내의 학생은 1번부터 4번까지 번호가 매겨진다. 만약 모둠에 다섯 명의 구성원이 있다면, 학생들은 1번부터 5번까지 번호가 매겨지는 방식이다. 그런 후에 교사가 질문을 한다. 예를 들어, 영어 교사가 "특정 청중에게 이야기할 때 단어의 함축적 의미는 왜 중요한가요?"라는 정교화 질문을 던진다. 모둠 내에서 학생들은 서로의 답을 비교한다. 이 전략의 목적은 모둠 내의 모든 구성원으로 하여금 대답할 준비를 하도록 만드는 것이다. 모둠이 서로 상의하는 시간을 가진 후에 교사가 주목하라고 하면서 번호를 발표한다. 각 모둠에서 해당 번호의 학생이 일어나고, 교사는 일어난 학생 중 한 명 혹은 그보다 많은 학생에게 질문을 한다. 교사는 학생이 앉기 전에 오개념이나 불일치하는 부분을 해소할 수 있도록 돕는데, 이 과정은 그다음 질문에서도 반복된다. 다음 이야기는 이 전략을 보여주고 있다.

페트라이츠 선생님의 학생들은 연설의 맥락에서 수사법을 공부하고 있다. 정교화 질문을 한 후 페트라이츠 선생님은 학생들에게 세 명씩 모둠을 이루고 번호를 매기라고 한다.

학생들이 번호를 매기자, 페트라이츠 선생님은 다음과 같이 질문한다. "특정 청중에게 이야기할 때 단어의 함축적 의미는 왜 중요한가요?"

칼라일, 에이미, 잭은 같은 모둠에 속해 있다. 잭은 잘 모르겠다는 듯이 어깨를 으쓱하지만, 에이미는 다음과 같이 말한다. "다양한 청중은 다양한 견해를 가지고 있어. 만약 네가 엄마들에게 말하고 있다면, 사업가들에게 말할 때와는 다른 함축적 의미를 가진 단어를 사용할 거야. 그들이 가진 가치가 다르니까."

칼라일은 에이미의 말을 들은 후 다음과 같이 묻는다. "하지만 내 생각에 함축적 의미는 단어의 정의 같은 거야. 그래서 네 말을 이해할 수가 없어."

에이미가 다음과 같이 반응한다. "아냐. 함축적 의미는 감정적인 의미 같은 거야. 내가 '취업증명서 없는 노동자'라고 하는 것 대신 '불법 체류자'라고 말하는 것처럼 말이야. 함축은 보통 긍정적이거나 부정적인 느낌 또는 의미를 전달하지."

잭이 말한다. "아, 알겠다! '자신감 있는'과 '오만한' 간의 차이 같은 거구나. 둘 다 태도를 말하지만, 하나는 긍정적인 태도를, 다른 하나는 부정적인 태도를 의미하니까."

"그래. 그런 거야"라고 에이미가 말한다.

혼란과 오개념이 해결되고, 칼라일과 잭은 그들이 지목될 경우 질문에 답할 준비가 됐음을 느낀다. 페트라이츠 선생님은 모든 학생에게 주목하라고 하면서 칼라일의 번호인 '3번'을 외친다. 칼라일은 일어서서 질문에 답하려고 한다. 페트라이츠 선생님이 그를 지목하자 자신의 답을 설명한다.

5) 퀴즈 퀴즈 교환하기

모둠 반응을 위해 교사가 사용할 수 있는 마지막 전략은 '퀴즈 퀴즈 교환하기'라고 불리며 『케이건 협동 학습』(Kagan & Kagan, 2009)에 소개되어 있다. 이 전략은 교사가 여러 질문을 동시에 할 수 있다(그리고 학생은 여러 질문을 동시에 숙고할 수 있다)는 면에서 독특하다. 이 전략을 위해 수업에 참여하는 모든 학생에게는 질문이 적힌 카드가 필요하다. 예를 들어, 질문 연속체의 증거 단계를 거치는 동안 각 학생은 이미 정교화 질문에 대한 반응으로 일반화 또는 결론을 도출했다. 이제 교사는 학생들에게 수업 활동 중에 자신의 결론에 대해 생각해보라고 하면서 카드를 나누어준다. 각 카드에는 다음 질문 중 하나가 적혀 있다.

• 당신의 결론을 뒷받침하는 자료는 무엇인가요?

- 당신을 결론에 이르게 한 추론은 무엇인가요?
- 당신의 결론이 사실이 아닐 수도 있는 때는 언제인가요?
- 당신의 결론이 포함할 수도 있는 추론상의 오류는 무엇인가요?
- 당신과 다른 견해를 가진 사람은 당신의 결론을 어떻게 생각할 수 있을 까요?

일단 모든 학생이 카드를 한 장씩 받으면 일어나 자신의 짝을 찾는다. 짝 A가 짝 B에게 자신의 카드에 적힌 질문을 하면, 짝 B는 자신의 결론을 토대로 이에 반응한다. 그런 다음 짝 B가 짝 A에게 자신의 카드에 적힌 질문을 하고, 짝 A는 자신의 결론을 토대로 이에 반응한다. 마지막으로 둘은 카드를 교환하고 새로운 짝을 찾는다. 이 과정은 계속 반복되는데, 각 상호작용의 마지막마다 짝들은 서로의 카드를 교환한다. 이 전략에서 학생은 자신의 주장에 대해 묻는 똑같은 질문에 두 번 답해야 하는 경우도 있지만, 친구들이 그들의 주장을 옹호하면서 증거를 대는 것을 들을 수 있고, 자신의 주장을 다른 여러 사람을 대상으로 방어하는 연습을 할 수도 있다. 다음 이야기는 중학교 교실에서 이 전략을 사용하는 모습을 보여주고 있다.

서튼 선생님의 학생들은 좌표면의 네 가지 사분면에 대한 정교화 질문에 이제 막 답하였다. 각 학생은 정교화 질문에 대한 자신의 답을 토대로 결론을 도출한다. 서튼 선생님은 증거 질문이 적혀 있는 카드를 각각의 학생에게 나누어주고, 모든 학생에게 짝을 찾으라고 한다. 프레디와 네네트가 짝을 이루고 나서, 프레디가 '당신을 결론에 이르게 한 추론은 무엇인가요?'라는 자신의 카드에 적힌 질문을 네네트에게 던진다. 네네트의 결론은 '홀수 사분면에 위치한 순서쌍의 부호는 항상 일치한다'이기 때문에, 그녀는 재빨리 좌표면을 그린 다음 (3, 6)과 (-3, -6)이라는 두 순서쌍을 표시한다.

"봐봐. 정의에 따르면, 순서쌍은 두 숫자가 모두 양수일 때 1사분면에만 위치할 수 있어. 그리고 순서쌍은 두 숫자가 모두 음수일 때 3사분면에만 위치할 수 있어. 만약 부호가 일치하지 않으면, 그 순서쌍은 항상 2사분면 아니면 4사분면에 위치할 거야"라고 네네트가 설명한다.

프레디는 네네트의 추론을 이해할 수 있었고, 네네트는 프레디에게 자신의 카드에 적힌 질문을 던진다. 프레디가 대답한 후 둘은 카드를 교환하고 새로운 짝을 찾아 나선다.

3. 모둠 상호작용

학생들이 모둠 내에서 상호작용할 때, 교사가 학생에게 협력을 하면서도 생산적으로 학습할 수 있는 방법을 제공한다면 유용할 것이다. 존 해티(John Hattie, 2009)는 "학생들은 함께 협력할 때 가장 효과적으로 학습할 수 있는데, 이는 다수의 관점, 자신의 생각에 대한 검토, 딜레마를 해결하기 위한 다양한 설명, 피드백과 오류 수정을 제공하는 더 많은 자료, 앎을 구성하는 대안적인 방법이 그들에게 드러나기 때문이다"(pp. 225~226)라고 하였다. 그러나 그는 또 "모둠이 너무 크면 개별 학생은 학습한 내용에 대한 자신의 생각과 가설을 탐구할 기회가 적어질 수 있다"(p. 226)라고 경고하기도 했다. 따라서 우리는 교사가 질문 연속체를 진행하는 동안 모둠 인원을 세 명에서 다섯 명으로 제한할 것을 권한다. 학생들이 모둠 내에서 성공적으로 상호작용하는 것을 돕기 위해 교사는 학생이 사용해야 할 대인관계 기능에 대한 명확한 지침을 제공할 수 있다. 교사가 학생을 지도하기 위해 사용할 수 있는 모둠 상호작용의 네 가지 전략에는 (1) 적극적 경청, (2) 갈등 해결, (3) 차이 존중하기, (4) 모둠 반성이 있다.

1) 적극적 경청

적극적 경청은 효과적인 대인관계 의사소통을 위한 중요한 기능으로 알려져 있다. 전반적으로 적극적 경청의 목적은 화자의 메시지를 수용하고, 화자에게 메시지에 대한 자신의 이해를 확인시키며, 화자로 하여금 자신의 생각을 빠짐없이 표현하도록 격려하는 것이다. 적극적 경청의 네 가지 주요 요소는 다음과 같다.

1. 내용 및 감정 경청하기: 이는 화자가 무엇을 말하는지 그리고 어떻게 그것을 말하고 있는지에 대해 청자가 주의를 기울이는 것을 의미한다. 만약 한 학생이 제약 산업에서 행해지는 동물 실험에 관해 자신의 의견을 표현하고 있다면, 청자는 그가 말하는 내용뿐만 아니라 그가 표현하고 있는 의견이 강한 의견인지 아니면 약한 의견인지도 파악하려고 애써야 한다. 만약 강한 의견이라고 생각한다면, 왜 그가 그렇게 강하게 느끼는지를 파악하려고 노력해야 한다.

2. 의사소통을 확인시키기 위해 반응하기: 이는 화자의 메시지와 그 메시지에 대한 화자의 감정이 전달되었음을 청자가 화자에게 알리는 것을 의미한다. 때때로 이것은 머리를 끄덕이는 행위처럼 단순할 수도 있다. 다른 경우, 청자는 자신이 인식한 화자의 메시지를 간략하게 설명할 수도 있다. 동물 실험에 대해 말하는 학생에 대한 반응으로 다른 학생이 다음과 같이 말할 수도 있다. "특히 당신은 지난여름 휴메인 소사이어티(Humane Society)[12]에서 인턴으로 일한 경험 때문에, 동물에게 해를 끼치는 행위가 잘못되었다는 걸 강하게 느끼는 것 같군요."

3. 비언어적 단서 주목하기: 이는 청자가 화자의 몸짓 언어, 말의 억양, 표정,

---

12 국제적인 동물보호단체.

자세, 눈의 움직임 등에 주의를 기울이는 것을 의미한다. 동물 실험에 관한 친구의 말을 듣는 학생들은 그 친구가 (화장품이나 진통제가 아닌) 잠재적으로 생명을 구할 가능성이 있는 약에 대한 동물 실험을 언급하면서 인간 생명이 걸려 있을 때에는 동물 실험에 대한 자신의 입장에 확신이 덜 가는 듯이 좀 더 주저하고 자신의 손을 바라본다는 것을 알아챌 수도 있다.

4. 질문하기: 이는 청자가 화자에게 메시지에 대한 자신의 인식을 확인시키거나 그 인식을 부인할 기회를 제공하는 것을 의미한다. 동물 실험의 예에서 청자는 화자에게 "잠재적으로 생명을 구할 가능성이 있는 약에 대한 실험이 필요할 때, 동물 혹은 인간의 생명을 위험에 빠뜨려도 될까요?"라는 질문을 할 수 있다. 이는 화자로 하여금 주제와 관련된 특정 세부 사항에 대한 자신의 입장을 명확하게 할(혹은 심지어 개선할) 기회를 제공한다.

학생은 세 명씩 모둠을 지어 적극적 경청 기능을 연습할 수 있다. 학생 A가 개인적으로 중요한 쟁점이나 화제에 대해 말하기 시작한다. 학생 B는 학생 A가 말하는 동안 적극적 경청 기능을 사용하는 것을 연습한다. 학생 C는 학생 B를 보면서, 학생 B가 사용하고 있는 적극적 경청 기능에 대해 메모한다. 몇 분 후 학생 A가 말하는 것을 멈추고, 학생 C는 학생 B가 적극적 경청 기능을 사용한 것에 대한 의견을 말한다. 그런 후 모둠 구성원들은 역할을 바꾸어서(A가 B가 되고, B가 C가 되고, C가 A가 된다) 모둠의 모든 구성원이 적극적 경청 기능을 연습하고 관찰할 기회를 가질 때까지 이 과정을 반복한다.

2) 갈등 해결

학생들은 다양한 쟁점에 대한 자신의 견해와 관점을 논의하기 때문에 갈등이 필연적으로 발생하기 마련이다. 따라서 학생들을 모둠 내에서 효과적으로 상호작용할 수 있도록 훈련시키는 것에는 갈등 관리 기능을 갖추게 하는 것도 포함된다. 이를 통해 학생은 다양한 갈등 유형의 속성을 이해해서 적절히 반응할 수 있게 된다. 선택된 반응은 갈등 상황에 따라 그리고 관련된 사람들의 우선순위에 따라 달라진다. 예를 들어, 두 사람이 관계를 중요시하다면 그들은 관계를 유지하기 위해서 개인적인 목적의 중요성을 최소화하려고 노력할 것이다. 그러나 쟁점과 관계 둘 다 중요한 상황이 존재할 수 있다. 데이비드 존슨

[표 4-1] 갈등 해결 전략

만약에~	그렇다면 ~을 사용하라
목적과 관계가 매우 중요하다면	**협상**: 긴장이나 부정적인 느낌을 해소하면서 양쪽 사람들 모두 목적을 달성하기 위해 해결책을 찾는다. 이는 다른 전략보다 시간이 더 걸릴 수도 있고, 우선순위에 대해 정직하고 개방적인 태도를 각 당사자에게 요구할 수도 있다. 예를 들어, 당신의 부모님은 당신이 자신의 자동차 보험료를 지불할 것을 원하지만, 당신이 직업을 구하지 못해 돈을 벌 수 없다면, 당신은 (보험료를 더 적게 내기 위해) 차를 덜 몰고, (추가 요금을 내지 않기 위해) 더 저렴한 휴대전화 요금제로 바꾸고, (보험료를 내는 데 여전히 필요한 돈을 벌기 위해) 집 주변의 허드렛일을 하는 데 동의할 수 있다.
목적은 중요하지 않지만, 관계가 매우 중요하다면	**동조**: 기분 좋은 태도를 유지하면서 상대방으로 하여금 자신이 원하는 것을 하도록 놔둔다. 예를 들어, 가장 친한 친구가 더 잘 어울려 보이는 보라색 스웨터 대신에 분홍색 스웨터를 사고자 한다면, 그녀와의 관계를 유지하기 위해 분홍색 스웨터가 잘 어울린다고 그녀에게 말할 수도 있다.
목적은 매우 중요하지만, 관계가 중요하지 않다면	**관철**: 상대방의 희생을 통해 당신의 목적을 달성하려고 한다. 의견을 관철할 때 당신은 상대방의 감정에 덜 신경 쓰고 자신의 목적을 달성하는 데 더 많은 신경을 쓴다. 예를 들어, 차를 살 때 사람들은 보통 판매원의 감정과는 상관없이 가능한 한 차를 싸게 사는 데 집중한다.
목적과 관계가 둘 다 적당히 중요하다면	**타협**: 합의를 도출하기 위해 당신의 목적 중 일부를 포기하고 관계의 일부를 희생한다. 타협은 협상보다 빠르고 시간적인 제약이 있는 상황에서 사용될 수 있다. 예를 들어, 당신의 조직이 파워포인트를 만들려 하고 있지만 사용할 템플릿[13]에 대한 의견 일치를 보지 않았다면, 동전을 던져 사용할 템플릿을 결정할 수도 있다.
목적과 관계가 둘 다 중요하지 않다면	**철수**: 갈등에 연루된 상대방과의 접촉을 피한다. 예를 들어, 낯선 사람이 당신에게 무례하게 군다면 그 사람을 무시하고 떠난다. 철수는 또 갈등이 격한 상황으로 발전할 경우 일시적인 해결책으로도 사용될 수 있다. 예를 들어, 모든 관련 당사자들이 현 상황에서 쟁점을 잠시 내려놓고 그다음 날 모든 사람이 차분해졌을 때 다시 쟁점을 논의하기로 합의할 수도 있다.

출처: Johnson & Johnson, 2005의 내용을 각색함.

(David Johnson)과 로저 존슨(Roger Johnson)(2005)은 갈등에 반응하는 다섯 가지의 특정한 방식을 확인하였는데, 이는 [표 4-1]에 요약되어 있다.

(관철이나 동조처럼) 이 전략 중 일부는 일반 상식에 어긋난 것처럼 보이는 것도 있지만, 각 전략은 특정 상황에서 유용하게 사용될 수 있다. 교사는 학생에게 자신의 삶에서 각 전략이 유용했던 순간에 대해 말하게 하거나 각 전략이 유용할 수 있는 상황의 예를 구성하도록 요구할 수 있다.

3) 차이 존중하기

의견 차이가 있을 때 반드시 한 편이 옳고 다른 편이 그른 것이 아니라는 점을 학생들에게 이해시키기 위해 교사는 [감스턴과 웰먼(Garmston & Wellman, 2009)의 내용을 각색한] 다음 전략을 사용할 수 있다. 이 전략은 학생들에게 [그림 4-1]과 같은 그림을 제시하면서 시작한다.

교사는 학생들에게 이 그림이 무엇을 묘사한 것인지 질문한다. 보는 사람의 관점에 따라 [그림 4-1]은 젊은 여성 혹은 나이 든 부인으로 보일 수 있다. 학생들에게 반응할 시간을 준 후 교사는 다음과 같이 묻는다. "'젊은 여성'이라고 말한 사람은 틀렸나요? '나이 든 부인'이라고 말한 사람은 어떤가요?" 이 활동의 핵심은 사물을 다르게 본다는 이유만으로 반드시 그 사람이 틀린 것은 아니라는 사실을 학생들이 깨닫도록 하는 것이다. 이러한 요점을 강조하기 위해 교사는 모둠 내에서 여러 가지 타당한 의견이나 관점이 존재할 수 있는 쟁점에 대해 토론할 때 (앞에서 말한 사람이 틀렸음을 시사하는 단어인) '그러나' 대신 (생각을 추가하고 포함함을 암시하는 단어

[그림 4-1] 차이 존중하기 활동을 위한 그림
출처: Hill, 1915.

인) '그리고'를 가급적 사용하라고 학생들에게 제안할 수 있다. 교사는 또 학생들이 옳거나 그르다는 결론을 성급하게 내리기보다는 "나는 다른 방식으로 생각해"라는 구절을 사용하도록 유도할 수도 있다.

4) 모둠 반성

학생들은 모둠 활동을 마친 후, 서로 얼마나 잘 협력했는지 반성함으로써 대인관계 기능을 강화할 수 있다. 학생들이 하나의 모둠으로서 자신들이 얼마나 효율적이었는지에 대해 반성하는 것을 돕기 위해 교사는 모둠에 다음과 같은 질문을 생각해보도록 할 수 있다.

- 우리 모둠의 활동 목적은 무엇이었나요? 우리는 그 목적을 달성했나요?
- 우리 모둠의 활동은 우리에게 어떤 질문을 제기했나요? 하나의 모둠으로 활동하면서 어떤 문제에 부딪혔나요?
- 모둠 활동의 마무리 단계에서 우리가 보여준 수행 능력은 모둠 활동을 시작했을 때와 비교해 어떠한가요?
- 학습하고자 하는 다른 사람을 모둠 내에서 지도하게 된다면, 그들에게 도움이 되도록 무슨 말을 해줄 수 있을까요?

이것 대신에 교사는 모둠 활동이 어떻게 변화하고 있는지 그 추이를 파악하기 위해 (여기에 열거한 질문을 사용하여) 모둠별로 면담을 수행할 수 있으며, 이때 각각의 면담을 수행하고 모둠들이 다음 단계를 계획하는 것을 돕기 위해 체크리스트나 점수 척도를 사용할 수도 있다.

요약

이 장에서 우리는 교사가 질문 연속체를 진행하는 동안 학생의 반응을 조직하고 관리하기 위해 사용할 수 있는 전략에 대해 살펴보았다. 어떤 질문은 개별적으로 반응하는 학생에게 더 적합하다. 반응 연쇄 및 투표하기, 짝 반응, 동료 교수법, 무작위 호명, 단답형 반응, 정확성 확인과 같은 전략은 교사가 모든 학생을 질문 연속체에 참여시키면서 학생의 개별적인 대답을 확인하면서 이에 반응하게끔 돕는다. 학생이 모둠 내에서 반응할 때 교사는 스티커 메모 브레인스토밍, 모둠 목록, 짝 비교, 번호가 같은 사람 일어나게 하기, 퀴즈 퀴즈 교환하기와 같은 전략을 사용해 학생들의 상호작용을 용이하게 하고 학생들이 서로 가르치고 배우게끔 도울 수 있다. 학생들이 협력적으로 수업 활동을 할 때 학생들의 생산적이고 자발적인 상호작용을 돕는 기능도 있다. 적극적 경청, 갈등 해결, 차이 존중하기, 모둠 반성은 모두 학생에게 명료하게 가르칠 수 있는 기능이며, 교사는 학생들이 모둠 상호작용을 할 때 이 기능을 사용하도록 유도할 수 있다.

4장의 이해도 점검 질문

1. 당신은 질문 연속체의 어느 단계에서 개별 학생 반응 전략을 사용할 것 같나요? 모둠 반응 전략은 어떤가요?

2. 당신이 수업에서 시도할 것 같은 개별 학생 반응 전략은 무엇인가요? 그 전략의 이점은 무엇인가요?

3. 당신이 수업에서 시도할 것 같은 모둠 반응 전략은 무엇인가요? 그 전략의 이점은 무엇인가요?

4. 각각의 모둠 상호작용 전략은 수업에서 특히 언제 유용할까요?

5장

질문 연속체를 위한 준비

> 질문 연속체는 학생이 새로운 지식과 상호작용하고 그 지식을 깊이
> 이해하는 것을 돕는 강력한 도구이다. 그러나 질문 연속체가 가진 가능성을
> 극대화하기 위해서 교사는 질문 연속체를 신중하게 계획해야 한다.

본질적으로 질문 연속체는 꽤 간명한 과정이다. 앞에 설명한 바와 같이 질문 연속체는 네 가지 주요 부분으로 구성된다. 복습하는 뜻에서 [표 5-1]에 간략한 개요를 제시한다.

[표 5-1] 질문 연속체의 네 단계

단계	기술
세부 사항	교사는 수업에서 다루는 주제와 관련된 주요 세부 사항에 대해 질문한다.
범주	교사는 세부 사항이 속한 범주를 확인하고, 해당 범주와 그것의 특성에 대해 질문한다. 이러한 질문은 일반적으로 다음과 같다. • 학생에게 해당 범주의 예들을 찾으라고 요구한다. • 학생에게 해당 범주의 일반적인 특성을 기술하라고 요구한다. • 학생에게 해당 범주 내 비교 및 해당 범주와 다른 범주 간의 비교를 하라고 요구한다.
정교화	교사는 학생에게 범주에 대해 확인된 정보를 정교화할 것을 요구하는 질문을 한다. 이러한 질문은 일반적으로 다음과 같다. • 학생에게 특성의 이유를 설명하라고 요구한다. ('왜?' 질문) • 학생에게 특정 특성의 영향을 기술하라고 요구한다. • 학생에게 일정 조건하에서 무슨 일이 발생할지 예측하라고 요구한다. ('만약 ～라면?' 질문)

증거	교사는 학생에게 자신의 정교화를 뒷받침할 수 있는 증거를 제시하라고 요구한다. 이러한 질문은 일반적으로 다음과 같다. • 학생에게 자신의 정교화를 뒷받침할 수 있는 자료를 제시하라고 요구한다. • 학생에게 자신의 정교화를 구성하기 위해 사용한 추론을 설명하라고 요구한다. • 학생에게 자신의 결론 중 일부에 단서를 달거나 제한을 두라고 요구한다. • 학생에게 자신의 정교화를 구성하기 위해 사용한 추론에서 오류를 찾으라고 요구한다. • 학생에게 자신이 구성한 정교화를 다른 관점에서 검토하라고 요구한다.

수업 중 기회가 자연스럽게 생긴다면 교사는 분명히 자발적으로 질문 연속체를 구성하려고 할 것이다. 예를 들어, 달리기 전 햄스트링 근육[1]을 스트레칭하는 바른 절차에 대해 설명하는 고등학교 체육교사가 "햄스트링 근육을 스트레칭할 때 근육을 풀어주면서 빠르게 뛰어오르는 간결하고 힘찬 움직임을 사용하는 게 나을까요, 아니면 근육을 천천히 풀어주면서 단계적으로 이완하는 길고 느린 움직임을 사용하는 게 나을까요?"와 같은 세부 사항 질문을 떠올리는 상황을 생각해보자.

이와 같은 몇몇 세부 사항 질문 후 교사는 범주 단계로 넘어간다. 교사는 달리기 전의 스트레칭에만 초점을 맞추는 대신, "달리기를 준비하는 것이 역도를 준비하는 것과 어떤 점에서 유사하고 어떤 점에서 다른가요?"와 같은, 모든 유형의 힘든 운동에 대한 준비라는 범주와 관련된 질문을 한다. 학생들은 스트레칭이 모든 유형의 운동을 준비하는 좋은 방법이라고 확정한다.

다음으로 교사는 "근육을 천천히 그리고 단계적으로 풀어주는 것이 짧고 빠르게 풀어주는 것보다 왜 좋을까요? 두 가지 경우 무슨 일이 발생하는지 설명하세요"와 같은 정교화 질문을 한다.

마지막으로, 학생이 정교화 질문에 대한 설명을 제시하면 교사는 학생에게 정교화를 뒷받침할 수 있는 자료를 제시할 것을 요구한다. 교사는 학생에게 공

---

1 허벅지 뒤쪽에 있는 근육.

책과 교과서에서 자신의 설명을 뒷받침해주는 증거를 찾을 시간을 준다.

교사는 이러한 모든 과정을 아무런 계획 없이 수행할 수 있다. 마치 기회가 스스로 생겨나 질문 연속체가 교사를 위해 자연스럽게 구성되는 것처럼 보인다. 그러나 가능한 한 질문 연속체는 학생의 학습에 대한 영향을 극대화하도록 계획되어야 한다. 특히 질문 연속체의 활용과 관련해 교사가 계획할 수 있는 두 가지 상황이 있다. 바로 (1) 한 차시 수업의 맥락 내에서 발생하는 질문 연속체, (2) 여러 차시의 수업에 걸쳐 진행되는 질문 연속체가 그것이다. 각 상황마다 교사는 질문 연속체를 다른 방식으로 구성해야 한다.

1. 한 차시 수업 내에서의 질문 연속체

하나의 접근법은 한 차시 수업 내에서만 사용할 질문 연속체를 계획하는 것이다. 물론 이것은 앞의 예에 해당되는 경우이다. 그런데 여기서 교사는 질문 연속체가 자연적으로 발생하도록 놔두는 것이 아니라, 이를 계획하기 위해 시간을 할애한다. 설명을 위해 선과 대칭이라는 단원을 가르치고 있는 교사를 생각해보자. 이 단원의 목적은 학생이 점, 직선, 선분, 반직선, 각도, 수직선과 수평선을 그릴 수 있도록 하는 것이다. 이 단원의 한 차시 수업 동안 교사는 특정 질문 연속체를 사용하기로 결정한다. 교사는 이 단원에서 다루어지는 꽤 복잡한 개념의 기본이 되는 세부 사항을 확인하는 것으로 질문 연속체를 시작한다. 교사는 수업이 시작되면 바로 학생들에게 질문하기 위해 다음과 같은 세부 사항 질문을 구성한다.

- 점은 무엇인가요?
- 직선은 무엇인가요?
- 선분은 무엇인가요?

- 반직선은 무엇인가요?
- 각도는 무엇인가요?
- 수직선은 어떤 모양인가요?
- 수평선은 어떤 모양인가요?

교사는 4장에서 살펴본 짝 반응 전략을 사용해 학생들로 하여금 이들 질문에 답하게 할 계획이다.

다음으로 교사는 특히 수직이 뜻하는 바를 학생들이 이해할 수 있도록 도우면서, 유용한 개념으로 무한 개념이라는 범주를 선택한다. 교사는 다음 두 가지 질문을 구성한다.

- 무한대로 확장되는 기하학적 개념의 예들은 무엇인가요?
- 기하학에서 무한 개념의 특징은 무엇인가요?

이 질문에 답하도록 하기 위해 교사는 학생들을 모둠으로 나누고 스티커 메모 브레인스토밍을 할 계획이다.

또한 교사는 학생들에게 정교화 질문과 관련된 선택지를 제공할 계획이다. 그는 다음과 같은 질문을 구성한다.

- 무한 개념은 왜 영원히 계속되나요?
- 점은 직선에 어떤 영향을 주나요?
- 두 개의 선이 수직도 아니고 수평도 아니라면 어떻게 될까요?
- 두 개의 반직선이 수직이라면 어떻게 될까요?

각 학생은 이들 질문 중 하나를 선택하거나 스스로 정교화 질문을 만들어야 할 것이다. 교사는 학생들로 하여금 인터넷을 이용해 정보를 수집하게 하고 종이에 자신의 반응을 기록하게 할 계획이다.

마지막으로, 교사는 모든 학생이 "당신의 정교화를 뒷받침하는 증거는 무엇인가요?"라는 증거 질문에 반응하도록 할 계획이다. 또 다시 학생들은 개별적으로 활동을 수행할 것이고, 자신의 답을 구성하기 위해 인터넷을 사용할 수도 있다. 이 반응은 정교화 질문에 대한 답과 같은 쪽에 기록될 것이고, 수업의 마지막에 교사에게 제출될 것이다. 이와 같이 한 차시 수업 내에서 완결할 수 있는 질문 연속체를 계획하는 것은 가능한 일이다.

2. 여러 차시의 수업에 걸쳐 진행되는 질문 연속체

질문 연속체의 온전한 한 과정은 한 차시 수업에서도 수행될 수 있지만, 두 차시 혹은 그 이상의 차시에 걸쳐 진행되는 것이 보통이다. 이는 일반적으로 학생들이 여러 단계의 질문에 답하기 위해 모둠으로 활동하거나 외부 자료를 사용할 때 진행된다. 3장에서 설명한 바와 같이 외부 출처의 정보는 질문 연속체의 네 단계에서 모두 사용 가능하며, 범주, 정교화, 증거 단계에서는 자주 사용된다. 어느 단계에서든 교사가 학생에게 외부 자료를 사용하게 하면, 그 단계에 소요되는 시간의 양은 상당히 증가할 수 있다.

예를 들어, 다양한 경제 체제에 초점을 맞춘 경제 단원에 사용되는 질문 연속체의 범주 단계에서, 교사가 학생들에게 자본주의, 사회주의, 시장 경제, 혼합 경제, 계획 경제, 참여 경제, 선물 경제, 교환 경제가 포함된 목록에서 두 개의 체제를 선택하게 한 뒤, 인터넷 및 기타 외부 자료를 이용해 이 둘을 비교하게 한다. 교사는 일련의 세부 사항을 다룬 후 바로 학생들에게 자신들이 비교할 경제 체제를 선택하도록 한다. 학생들은 개별적으로 수업 활동을 하면서 자신이 선택한 경제 체제에 대한 정보를 수집하기 시작한다. 다음 날의 전체 수업 시간도 학생들이 비교에 필요한 정보를 수집하는 데 할애될 수 있다.

이와 더불어 어느 단계에서든 모둠 활동은 질문 연속체를 여러 차시의 수업으로 연장시키는 또 다른 요인이다. 예를 들어, 모둠별로 수행되는 스티커 메모 브레인스토밍 활동으로 인해 수업이 둘째 날까지 연장될 수도 있는데, 이는 학생들에게 자신이 도출한 모든 예들 사이의 공통점을 찾아 범주의 특징에 대한 결론을 생성할 수 있도록 충분한 시간을 제공하기 위해서이다. 외부 자료 참고와 모둠 활동 외에도, 정식으로 주장을 생성해서 이를 방어하도록 학생에게 요구하는 것 역시 질문 연속체를 여러 차시의 수업으로 연장시키는 요인이다.

1) 주장 생성 및 방어하기

학생이 정식으로 자신의 주장을 생성하고 이를 방어하는 것은 질문 연속체에 적합한 활동으로, 항상 질문 연속체를 여러 차시의 수업으로 연장시킨다. 이미 앞의 장에서 주장의 개념과 그 주장을 방어하는 과정이 암시되어 있지만, 이를 분명하게 하는 일은 유용할 것이다. 주장은 새로운 생각이나 단언이다. 거의 대부분의 경우 학생은 당연히 질문 연속체의 정교화 단계에서 주장을 생성할 것이다. 학생이 생성할 수 있는 주장은 [표 5-2]에 제시된 바와 같이 여러 유형이 있다.

교사가 학생에게 주장을 생성하고 이를 명확하게 방어할 것을 요구하려고

[표 5-2] 주장의 유형

사실 주장	사실 주장은 어떤 것을 정의하거나 그것을 사실이라고 단언한다. 예를 들어, 한 학생이 '이누이트(Inuit) 사람들은 생고기를 먹는다', '생고기를 먹는 것은 기생충 질환과 관련이 있다', '생고기는 일부 문화의 별미이다'라고 단언한다면, 그 학생은 사실 주장을 하고 있는 것이다.
가치 주장	가치 주장은 무엇이 좋거나 나쁘다고 단언한다. 예를 들어, 한 학생이 생고기를 먹는 것은 역겹다거나 도덕적으로 잘못되었다고 주장한다면, 그 학생은 가치 주장을 하고 있는 것이다.
행동 주장	행동 주장은 어떤 행동을 해야 한다고 단언한다. 예를 들어, 한 학생이 미국에서는 생고기를 먹어서는 안 된다고 주장한다면, 그 학생은 행동 주장을 하고 있는 것이다.

한다면 학생에게 이러한 유형을 설명하고 이에 대한 예를 제시하는 것은 매우 유용하다. 주장의 형식과 관계없이 학생은 주장에 대한 증거를 제시해야 할 것이다.

① 증거

증거는 이미 질문 연속체의 명백한 일부이다. 주장을 정식으로 생성하고 옹호할 때 교사는 증거의 속성에 대해 부연 설명할 수도 있다. 주장을 뒷받침할 수 있는 증거에는 세 가지의 주요 유형이 있다. 그것은 바로 (1) 이유, (2) 근거, (3) 단서이다. 교사는 이것들에 대해서도 역시 학생에게 설명하고 그 예를 제시해야 한다. 이유는 일반적으로 신호 단어(signal word)인 '왜냐하면'으로 시작하는, 주장에 대한 최초의 증거이다. 예를 들어, 한 학생이 생고기를 먹는 것은 사람에게 좋지 않다고 주장할 경우, "생고기를 먹는 것은 사람에게 좋지 않은데, 왜냐하면 선모충증[2]을 일으키기 때문이다"와 같이 자신의 주장과 그에 대한 이유를 진술할 수도 있다. 종종 하나의 주장에는 여러 개의 이유, 즉 그것을 뒷받침하는 여러 개의 사유가 있다. 앞에서 진술한 이유 외에도 학생은 대장균이 포함될 수 있거나 살모넬라균이 포함될 수 있기 때문에 생고기를 먹는 것은 사람에게 좋지 않다고 주장할 수 있다.

근거는 이유의 타당성을 밝히는, 이유에 대한 정보이다. 근거에는 (1) 사실적 정보, (2) 전문가 의견, (3) 연구 결과라는 세 가지 유형이 있다. 앞의 예에서 본 학생이 생고기는 선모충증을 일으킨다는 자신의 이유를 뒷받침하는 사실적 정보를 제공하기를 원한다면, 그 학생은 온라인에 게재된 미국 농무부의 선모충, 즉 선모충증을 일으키는 기생충에 대한 자료표(2011)를 언급할 수도 있다. 그 학생은 자료표의 내용을 자신의 말로 바꾸어 표현하거나, "사람들은 선

....
2 선모충증은 선모충이 사람의 몸속에 기생하여 일으키는 병으로, 구역질과 설사를 비롯하여 근육통과 부기 증상을 유발한다. 선모충은 유생동물의 하나로, 몸 길이는 1~4mm이고, 실 모양이며, 연한 누런빛의 백색을 띤다.

모충 유충에 감염된 돼지, 멧돼지, 곰, 살쾡이, 퓨마, 여우, 늑대, 개, 말, 물개, 혹은 바다코끼리 등의 고기를 생으로 또는 덜 익은 채로 먹음으로써 선모충증(선모충병)에 걸린다"와 같이 그 내용을 직접 인용할 수도 있다. 이는 사실적 정보로 간주될 것이다. 만약 학생이 자신의 이유를 뒷받침해 줄 전문가 의견을 사용하기를 원한다면, 그 학생은 파리의 르네 데카르트 대학교 미생물학자인 장 뒤푸이-카메(Jean Dupouy-Camet, 2000)가 언급한, 선모충증은 덜 익은 고기와 관련되어 있다는 의견을 참조할 수 있다. 마지막으로, 학생은 또 생고기를 먹은 사람들이 고기를 완전히 익혀 먹은 사람들보다 선모충증 발병률이 높다는 사실을 밝혀낸 임상 연구(Bălescu, Nemet, Zamfir, Ispas & Idomir, 2013) 결과를 언급할 수도 있다. 그 학생이 임상 연구 결과를 인용했기 때문에 이러한 유형의 근거는 연구 결과로 간주될 것이다.

마지막으로 단서는 주장이 옳지 않을 수도 있음을 말하는 것이다. 생고기는 기생충 질환과 관련되어 있다고 주장한 앞의 학생을 예로 들어보자. 그 학생은 초밥이 올바르게 준비됐을 때 많은 건강상의 이점을 지닌다고 진술함으로써 자신의 주장에 단서를 달 수 있다. 더 나아가 생고기를 한 달 동안 냉동하면 기생충을 죽일 수 있음을 설명하고, 레스토랑에서 (타르타르 스테이크[3]와 세비체[4] 같은) 고급 생고기 요리에 기생충 병원균이 번식하는 것을 막기 위해 사용하는 방법을 설명한다.

② 추론상의 오류

주장 생성 및 방어하기의 한 측면으로, 학생은 자신이 수집한 증거와 다른

---

3 달걀노른자와 양파 등을 곁들여 양념한 쇠고기 육회 요리. 예전에 타타르족이 날고기를 말안장 밑에 깔고 다니며 부드럽게 한 후 이를 잘게 썰어서 소금이나 파를 가미해 먹었는데, 타르타르 스테이크는 이 생육 요리에서 유래한 것이라고 한다.
4 페루의 전통 음식으로 다양한 요리법이 있는 생선회 요리. 레몬즙이나 오렌지즙의 소스, 다진 양파, 소금, 고추 등을 넣고 생선이나 조개 생고기를 얇게 썰어 내놓는다.

사람이 수집한 증거를 검토해 증거의 상대적인 정확도와 신뢰도를 판단하라는 요구를 받을 수 있다. 증거를 검토하는 학생을 돕기 위해 교사는 학생이 추론상의 오류를 발견하게끔 도울 수도 있다. 추론상의 오류에는 (1) 불완전한 논리 오류, (2) 공격 오류, (3) 빈약한 참조 오류, (4) 잘못된 정보 오류라는 네 가지 유형이 있다. 주장의 오류를 살펴보는 가장 좋은 방법 중 하나는 각 오류의 예를 드는 것이다. 텔레비전 광고, 인쇄물 광고, 인터넷 광고는 추론상의 오류의 좋은 예들을 제공할 수 있다.

불완전한 논리 오류는 증거가 주장을 논리적으로 뒷받침하지 못할 때 발생한다. 예를 들어, 한 학생이 '모든 사람은 높은 자존감을 계발해야 한다'는 주장을 한다고 치자. 자신의 주장에 대한 이유로 그 학생은 높은 자존감을 가진 사람은 결혼해서 아이 기르는 일을 더 잘할 수 있다는 연구를 인용한다.

"모든 사람은 결혼해서 아이를 가지기를 원하므로, 모든 사람은 높은 자존감을 계발해야 한다"라고 그는 자신의 모둠에서 말한다.

반 친구들은 그가 자신의 주장에 이유를 대기 위해 "모든 사람은 결혼해서 아이를 가지기를 원한다"라는 부정확한 진술을 사용하고 있으며, 따라서 그는 불완전한 논리 오류를 범하고 있다고 지적한다.

공격 오류는 주장을 뒷받침하기 위해 관련 없는 정보를 사용할 때 발생한다. 예를 들어, 인간 정신에 대한 프랜시스 베이컨의 철학이 틀린 이유는 그가 부정직해서 대법관에서 해임되었기 때문이라고 한 학생이 주장한다고 치자. 반 친구들은 부정직이 반드시 어떤 사람의 철학을 그릇되게 만드는 것은 아니라는 점을 지적한다. 이와는 달리 만약 한 학생이 "이 사람은 정말 똑똑해요. 그에게 동의하지 않는 사람은 누구나 어리석은 사람이죠"라고 말하면서 전문가의 의견으로 자신의 발표를 시작한다면, 반 친구들은 그가 지금 인용하려는 전문가에게 동의하지 않는 사람을 미리 공격하고 있다는 점을 지적한다.

빈약한 참조 오류는 주장을 뒷받침하기 위해 믿을 수 없거나 불확실한 출처의 자료를 사용할 때 발생한다. 예를 들어, 현 대통령 행정부의 경제 정책은 부자를 편애하고 중산층을 희생시키고 있다고 한 학생이 주장한다고 치자. 자신의 주장을 뒷받침하기 위해 그 학생은 부모 모두 직장을 잃고, 아들은 자동차 사고를 당하고, 딸은 자신이 백혈병에 걸렸다는 사실을 알게 된, 중산층 가정에 대한 신문 기사를 인용한다.

"이것은 현 정부가 묵인하고 있는 고통의 유형입니다"라고 그 학생은 말한다.

친구들은 이 이야기가 매우 마음을 아프게 하지만, 현 정부의 정책과 이 특정 가족의 문제는 거의 관련이 없다는 점을 지적한다.

잘못된 정보 오류는 주장을 뒷받침하기 위해서 사용한 정보가 부정확할 때 발생한다. 예를 들어, 한 학생이 정부 지출이 높은 것은 낮은 경제 성장과 관련되어 있다고 주장하며, 정부 지출이 높은 국가들은 평균 −0.1%의 성장률을 보였다는 두 하버드 대학 교수의 연구를 인용한다. 그러나 동일한 연구와 그에 대한 정정 자료를 읽은 친구는 그 교수들이 엑셀 스프레드시트(spreadsheet)[5]에 잘못 입력된 데이터를 기반으로 결과를 산출했다는 사실을 그 학생에게 알려준다. 스프레드시트를 바르게 수정했을 때 높은 정부 지출은 실제로 +2.2%의 성장률과 관련되어 있었다(Gandel, 2013).

③ 모둠 활동

학생들이 주장을 생성하고 이를 방어하기 위해 모둠으로 활동할 때, 교사는 모둠 구성원들이 증거 수집 활동을 적절하게 분배하도록 도울 수 있다. 작업을 분배하는 가장 쉬운 방법 중 하나는 모둠이 생성한 주장들을 확인하고, 각 주장을 한 명 혹은 그 이상의 학생들에게 배정해 주장에 대한 증거를 찾도록

---

5 가로행과 세로행이 교차하는 셀이라는 공간에 여러 숫자 정보를 입력해 각종 계산 작업을 편리하게 할 수 있도록 한 프로그램.

```
┌─────────────────────────────────────────────────────────┐
│                                                         │
│  나의 주장: _____  │
│         _____     │
│  이유: _____     │
│       _____     │
│  근거: _____     │
│       _____     │
│  단서: _____     │
│       _____     │
│  나의 증거에서 추론상의 오류: _____     │
│       _____     │
│                                                         │
└─────────────────────────────────────────────────────────┘
```

[그림 5-1] 증거-수집 틀

하는 것이다. 그러면 각각의 학생은 정보를 수집하기 위해 [그림 5-1]에 제시된 것과 같은 틀을 사용할 수 있다.

각각의 학생은 개별적으로 활동해 자신의 주장에 대한 이유, 근거, 단서를 수집하고—그리고 수집한 증거에 추론상의 오류가 포함되어 있지 않은지 검토해 확인하고—증거를 자신의 모둠에서 발표한다. 모둠은 발표를 듣고 정확성과 관련성 면에서 각 항목을 평가한다. 모둠은 모둠 구성원들이 수집한 증거의 각 항목을 평가하기 위해 [표 5-3]과 같은 척도를 사용할 수 있다.

[표 5-3] 증거 평가 척도

4	증거가 확실하다. 증거가 정확하고 관련성이 있다.
3	증거가 타당성은 있지만, 완벽하게 정확하거나 관련성이 있는지 확신이 서지 않는다. 좀 더 조사할 필요가 있다.
2	증거가 불확실하다. 증거가 충분히 정확하거나 관련성이 있어 보이지 않는다. 증거를 강화하거나 배제할 필요가 있다.
1	증거가 적합하지 않다. 증거가 오류를 포함하고 있거나 관련성이 없다. 이 증거는 주장을 뒷받침하지 못한다.

모둠은 또한 증거에 대한 평가의 익명성을 지킬 수 있다. 나중에 교사는 평가 결과를 취합해 증거의 재검토 또는 강화가 필요하다는 것을 해당 모둠의 구성원에게 알려준다.

3. 한 단원의 틀로서의 질문 연속체

앞의 논의에서 추론할 수 있는 바와 같이 질문 연속체는 한 단원 전체를 조작하는 구조가 될 수 있다. 이를 보여주기 위해 인상주의에 대한 단원을 설계하는 미술 교사를 예로 들어보자. 그 교사는 처음 세 시간의 수업에서 인상주의 그림에 대한 흥미로운 정보와 많은 예를 제시한다. 그 교사는 셋째 날에 인상주의 기법에 대한 세부 사항 질문과 인상주의 그림의 특징에 대한 범주 질문을 하며 질문 연속체를 시작한다. 학생들이 모둠으로 활동하는 이 단계는 그다음 날까지 이어진다. 둘째 주에 교사는 정교화 질문을 시작한다. 먼저 교사는 많은 정교화 질문을 산출한다. 그런 후 학생들을 모둠으로 나누고, 각 모둠으로 하여금 자신이 답할 정교화 질문을 선택하게 한다. 학생들은 정교화 질문에 답할 때 다양한 자료를 사용하도록 요구받는다. 많은 모둠들은 교과서 및 도서관 자료와 더불어 인터넷 자료에 크게 의존한다. 교사는 이 단계의 질문 연속체를 위해 수업의 세 시간을 할애한다. 교사는 모둠과 함께 수업 활동을 하고 모둠을 돕는 데 대부분의 시간을 보낸다. 그러나 교사는 모둠으로 하여금 새로 알게 된 내용 또는 자료에 대해 가지는 의문에 대해 수시로 비공식적인 짧은 발표를 하도록 요구한다. 또한 이러한 짧은 틈을 이용해 복습 형식으로 몇몇 세부 사항 질문을 던진다. 그 주의 후반부에 교사는 모둠 활동 때 목격한 학생들의 혼란을 어느 정도 제거하기 위해 설계된 정보를 보여주는 데 시간을 할애한다. 또한 주장을 생성하고 방어하는 과정을 검토하는 데에도 시간을 할애한다. 셋째 주의 전반부에는 학생들이 정식으로 자신의 주장을 형성하고 잘 만들어진 증거를 제시하게 하는 데 시간을 할애한다. 이 단원은 각 모둠이 자신의 주장을 제시하고 방어하면서 마무리된다.

4. 질문 연속체로 단원을 계획할 때 고려할 사항

여기서 우리는 교사가 질문 연속체를 구성할 때 계획의 길잡이로 고려할 수 있는 일반적인 쟁점 몇 가지를 살펴볼 것이다.

1) 학습 목표

교사는 학습 목표의 어떤 내용을 질문 연속체의 초점으로 사용할지 자신에게 질문해야 한다. 2장에서 간략하게 설명한 바와 같이 질문 연속체는 항상 한 단원의 수업을 위해 설정된 수업 목표에서 나와야 한다. 많은 경우 한 단원의 학습 목표는 일련의 성취기준에서 직접적으로 파생된다. 따라서 교사는 성취기준 달성을 위해 학생이 습득해야 하는 선언적 지식과 절차적 기능의 다양한 측면을 구분하기 위해 성취기준 진술을 분석하는 것이 중요하다. 이를 위해 교사는 다음과 같은 문장을 활용할 수 있다.

- 학생은 _____을 이해할 것이다.
- 학생은 _____을 할 수 있을 것이다.
- 학생은 _____을 이해하고 _____을 할 수 있을 것이다.

이 진술에서 명사는 늘 학생이 알거나 이해해야 하는 정보를 나타내고, 동사는 학생이 할 수 있어야 하는 기능을 나타낸다. 때때로 학습 목표의 한 측면은 지식과 기능 모두를 포함하기도 한다. 그 경우 세 번째 문장 표본이 가장 유용하다. 이를 설명하기 위해 영어 과목의 미국 공통 핵심 성취기준(CCSS)에서 직접 가져온, 연설 단원을 위한 다음의 목표를 살펴보자.

SL.7.5: 주장과 조사 결과를 분명히 전달하고 중요한 요점을 강조하기 위해 멀티미디어 요소와 시각적 표현을 발표 때에 포함할 수 있다. (NGA & CCSSO, 2010a, p. 49)

많은 성취기준들은 하나의 성취기준 내에 있는 여러 상이한 차원의 지식이나 기능을 포함한다. 예를 들어, 이 성취기준은 다음의 것을 포함하고 있다.

- 학생은 멀티미디어 요소와 시각적 표현이 무엇인지 알고, 발표에 포함될 수 있는 멀티미디어 요소와 시각적 표현을 찾을 수 있다.
- 학생은 주장이 무엇인지 알고, 자신의 주장을 분명하게 표현할 수 있다.
- 학생은 조사 결과가 무엇인지 알 수 있다.
- 학생은 중요한 요점을 찾을 수 있다.
- 학생은 주장을 분명히 전달할 멀티미디어 요소와 시각적 표현을 선택할 수 있다.
- 학생은 중요한 요점을 전달하는 멀티미디어 요소와 시각적 표현을 선택할 수 있다.
- 학생은 멀티미디어 요소와 시각적 표현을 발표 때 포함할 수 있다(기계 조작 기능).

성취기준 진술을 분석한 다음, 교사는 학생으로 하여금 중요한 요점을 전달하는 멀티미디어 요소와 시각적 표현을 선택할 것을 요구하는 부분을 질문 연속체의 초점으로 결정한다.

실제로 학습 목표나 성취기준의 많은 부분은 질문 연속체의 기반을 형성할 수 있다. 질문 연속체 계획의 가장 중요한 부분 중 하나는 교사가 성취기준 진술로부터 특정 요소를 추출하여 하나의 단일한 질문 연속체의 기초를 형성하는 것이다.

2) 외부 자료

만약 외부 자료를 사용하게 한다면, 교사는 학생들에게 어느 단계에서 사용하게 할지, 그리고 어떤 자료를 사용하게 할지도 생각해야 한다. 외부 자료는 질문 연속체의 모든 단계에서 사용될 수 있다. 어떤 외부 자료를 사용할지 그리고 언제 사용할지 여부는 교사의 계획에서 중요한 사항이다. 예를 들어, 한 교사가 다음과 같은 단계에서 다음과 같은 외부 자료를 사용하기로 결정한다.

- 세부 사항 단계: 인터넷
- 범주 단계: 비디오
- 정교화 단계: 초청 연사
- 증거 단계: 대법원 판례

세부 사항 단계에서 교사가 가르치는 학생은 질문에 답하기 위해 인터넷을 검색한다. 학생은 답을 찾고 답을 비교하기 위해 개별적으로나, 짝을 지어, 모둠으로 활동할 수 있다. 범주 단계에서 교사는 초점 범주의 중요한 특징을 강조하는 비디오를 보여준다. 교사는 일정한 간격으로 비디오를 멈추고 학생에게 자신이 제시한 범주 질문에 대해 가능한 답을 논의하게 한다. 정교화 단계를 진행하는 동안 교사는 학생이 해당 분야의 다양한 전문가들의 의견에 익숙해질 수 있도록 초청 연사와의 만남을 주선한다. 마지막으로 증거 단계에서 교사는 해당 주제를 직접 다루고 있는 대법원 판례 기록으로 학생을 안내한다. 사용할 외부 자료를 결정하는 일, 외부 자료를 적절히 사용할 수 있도록 학생에게 필요한 정보를 숙지시키는 일, 그 정보를 올바르게 사용할 수 있도록 학생에게 충분한 시간을 제공하는 일은 교사 계획의 중요한 내용이다.

3) 반응 전략

질문 연속체를 설계할 때 교사가 고려해야 하는 다른 사항은 학생들을 언제 개별적으로 혹은 모둠으로 질문에 반응하게 할지, 그리고 어떤 반응 전략을 사용할지를 결정하는 것이다. 다시 한번 말하지만, 개별 반응은 모둠 반응과 마찬가지로 모든 단계에서 사용될 수 있다. 일반적으로 질문 연속체는 두 유형 모두를 포함할 것이다. 교사는 개별 반응을 사용할지 아니면 모둠 반응을 사용할지를 결정할 때, 학생들의 대답이 다른 사람의 영향을 어느 정도까지 받아도 좋은지를 생각해야 한다. 어떤 경우는 개별 반응이 더 낫고, 다른 경우는 모둠 반응이 더 나으며, 어떤 상황에서는 학생들이 먼저 개별적으로 질문에 답한 후 모둠으로 토론하기를 교사가 원할 수도 있다.

이를 설명하기 위해 수학의 건너뛰며 세기에 초점을 두어 질문 연속체를 사용하고 있는 교사의 예를 들어보자. 교사는 학생들이 다음과 같은 세부 사항 질문에 개별적으로 반응하도록 계획한다.

- 만약 0에서 시작해 20에서 끝난다면, 둘씩 건너뛰며 세기를 할 때 어떤 숫자를 말해야 하나요?
- 만약 1에서 시작해 36에서 끝난다면, 다섯씩 건너뛰며 세기를 할 때 어떤 숫자를 말해야 하나요?
- 만약 9에서 시작해 109에서 끝난다면, 열씩 건너뛰며 세기를 할 때 어떤 숫자를 말해야 하나요?

그런데 범주 단계로 넘어가면서 교사는 학생들을 모둠으로 나누고, 다음과 같은 질문에 답하게 한다.

- 숫자를 이용해 건너뛰며 세기를 할 때, 반복되는 패턴을 가진 숫자의 예는 무엇인가요?
- 숫자를 이용해 건너뛰며 세기를 할 때, 반복되는 패턴을 가진 숫자의 특징은 무엇인가요?
- 둘씩 건너뛰며 세기와 다섯씩 건너뛰며 세기를 비교하세요.
- 둘씩 건너뛰며 세기와 셋씩 건너뛰며 세기를 비교하세요.

정교화 단계를 위해 교사는 학생들로 하여금 개별적으로 다음 질문 중 하나에 답하게 하고, 그 답을 학습 공책에 기록하게 한다.

- 숫자를 이용해 건너뛰며 세기를 할 때, 반복되는 패턴을 가진 숫자는 왜 자주 0으로 끝나는 숫자일까요?
- 숫자가 짝수 혹은 홀수인 것은 건너뛰며 세기 패턴에 어떤 영향을 주나요?
- 10, 100, 혹은 1000보다 큰 숫자로 건너뛰며 세기를 하면 어떻게 될까요?

학생들이 개별적으로 답한 후 교사는 학생들을 네 명씩 모둠을 이루어 답을 비교하게 하고, 각 정교화 질문의 답에 대해 모둠 내에서 의견 일치를 보게 한다. 마지막으로 증거 단계에서 네 명씩 모둠을 이룬 학생들은 다음 질문에 반응한다.

- 당신은 모둠의 결론을 뒷받침하기 위해 어떤 자료를 찾을 수 있나요?
- 당신은 결론을 어떻게 도출했나요?
- 패턴이 없다고 생각하는 숫자로 가능한 한 많이 건너뛰며 세기를 해보세요. 패턴이 나오나요?

모둠이 자신의 결론을 위한 증거를 수집해 작성하면, 각각의 모둠은 자신의 주장과 증거를 전체 학생에게 발표한다. 다시 한번 말하지만, 교사의 세심한 계획은 개별 활동 및 모둠 활동을 위해 필요한 시간과 자료를 질문 연속체의 해당 단계에서 이용할 수 있게 한다.

4) 주장 생성 및 방어하기

질문 연속체를 설계할 때 교사는 학생에게 명확히 어느 정도까지 주장을 생성하고 방어하게 할 것인지를 숙고해야 한다. 이번 장의 앞부분에서 설명한 바와 같이, 명확하게 주장을 생성하고 방어하는 활동은 쉽게 질문 연속체에 포함될 수 있다. 질문 연속체의 증거 단계는 정식으로 주장을 설명하면서 이를 뒷받침하는 증거와 적절한 단서를 제시하는 데 초점을 맞출 수 있다. 예를 들어, 『캉디드(Candide)』를 공부하고 있는 학생에게 텍스트에 나타난 볼테르의 낙관주의 묘사에 대한 주장을 생성하라고 요구할 수 있다. 이를 위해 학생은 텍스트를 읽고, 텍스트의 증거와 추론을 수집하며, 주장을 생성하고, 자신의 주장을 뒷받침하는 증거를 제시해야 한다.

주장을 생성하고 방어하는 과정은 정교화 단계에서 시작할 수도 있다. 구체적으로 말하자면, 정교화 질문에 대한 답이 주장이 되게끔 질문을 고안할 수도 있는 것이다. 예를 들어, 교사는 학생에게 리스본 지진이 『캉디드』에 표현된 견해에 어떤 영향을 주었는지에 대한 주장을 생성하라고 말할 수도 있다. 그러면 증거 단계는 자연스럽게 이 주장을 뒷받침하는 증거를 개발하는 데 초점이 맞추어진다.

5) 한 차시 혹은 여러 차시의 수업

교사가 생각해야 할 마지막 고려 사항은 질문 연속체를 한 차시 수업으로 진행할지 혹은 여러 차시의 수업으로 진행할지에 대한 것이다. 이는 대체로 교사가 다음 사항을 결정함으로써 명료해진다.

- 학생이 외부 자료를 사용하는 정도
- 교사가 모둠 반응을 유도하는 정도
- 학생이 주장을 생성하고 방어하는 정도

이들 요소 중 어느 것이 아주 많이 사용된다면 여러 차시의 수업이 필요할 것이다. 설명을 위해 한 교사가 질문 연속체의 네 단계 모두에서 외부 자료를 사용하기로 결정했다고 가정해보자. 당연히 각 단계에서 학생들은 새로운 내용을 읽고 분석할 시간이 필요할 것이고, 이는 분명 여러 차시의 수업을 요구하게 될 것이다. 유사하게 만약 한 교사가 질문 연속체의 모든 단계에서 모둠 반응을 사용하기로 결정한다면, 다양한 모둠 상호작용을 위해 한 차시 이상의 수업 시간이 필요할 것이다. 마지막으로, 학생들은 주장을 생성하고 정교한 논증을 개발하기 위해 보통 한 차시 이상의 수업 시간을 필요로 한다.

요약

질문 연속체는 학생이 새로운 지식과 상호작용하고 그 지식을 깊이 이해하도록 돕는 강력한 도구이다. 그러나 질문 연속체가 가진 가능성을 극대화하기 위해서 교사는 질문 연속체를 신중하게 계획해야 한다. 질문 연속체는 한 차시 수업 혹은 여러 차시의 수업으로 진행될 수 있다. 보통 질문 연속체의 기간은 학생이 외부 자료를 사용하고, 모둠으로 반응하고, 주장을 명백하게 생성하고 방어하는 정도에 의해 결정된다. 질문 연속체는 기간에 상관없이 항상 특정한 학습 목표에서 도출된 분명한 초점을 가지고 있어야 한다.

5장의 이해도 점검 질문

1. 한 차시 수업 내에서 진행하는 질문 연속체에서 교사는 학생들의 수업 활동을 어떻게 확인할 수 있나요?

2. 주장을 뒷받침하는 증거의 세 가지 유형은 무엇인가요? 증거에서 자주 발생하는 오류의 네 가지 유형은 무엇인가요?

3. 외부 자료의 사용이 질문 연속체에 미치는 영향은 무엇인가요?

4. 교사는 질문 연속체의 어떤 측면을 사전에 계획해야 하나요?

저자 후기

이 책의 기본 전제는 논리적이고 의도적이며 정돈된 형태의 질문 연속체는 고립된 질문들(심지어 '상위 단계'의 질문일지라도)보다 학생의 성취를 제고할 가능성이 훨씬 높다는 것이다. 개별 질문을 분류하기 위한 분류법이 학교에서 널리 사용되고 있지만, 세부 사항 질문, 범주 질문, 정교화 질문, 증거 질문 같은 다양한 유형의 질문을 활용하는 질문 연속체는 깊이 있는 이해와 인지를 촉진하는 데 훨씬 더 효과적인 방법이다. 이 책에서 제시된 질문 모델은 세부 사항 질문을 회피하는 것이 아니라, 학생이 더 깊고 복잡한 질문에 대답하는 데 필요한 사실적 정보의 기반을 형성할 수 있도록 세부 사항 질문을 활용한다. 학생은 질문 연속체를 거치면서 점점 더 복잡한 단계의 사고를 경험하게 된다. 범주 단계에서 학생은 해당 범주에 속하는 예들의 목록을 도출해서 해당 범주의 중요한 특성을 확인한다. 정교화 단계에서는 이 목록을 이용해 주장과 결론을 생성한다. 마지막으로 증거 단계에서는 자신의 주장을 뒷받침해주는 증거를 찾아내고 추론상의 오개념이나 오류를 제외하기 위해 자신의 결론을 수정하면서 논증과 평가에 참여한다.

이 질문 모델을 사용하는 교사는 자신의 수업에서 일관성 있고, 논리적이며, 목적 주도적인 질문 경험을 창출할 수 있을 것이다. 학생 또한 자신의 답이 자신을 더 복잡한 생각과 관점으로 이끄는 것을 발견하게 될 것이다. 학생은 반 친구와 협력하고, 관점과 피드백을 서로 공유하면서 자신의 학습에 대한 책임감을 갖게 된다. 요약하자면, 질문 연속체는 일관성 없는 일련의 고립된 질문을 일관성 있고 조화로운 학습 경험으로 바꾸어놓는다.

부록

부록 A
이해도 점검 질문에 대한 답

2장의 이해도 점검 질문에 대한 답

1. 세부 사항 질문이 질문 연속체에서 아주 중요한 이유는 무엇인가요? 세부 사항 질문을 설계할 때 가장 중요하게 고려할 사항은 무엇인가요?

세부 사항은 복잡한 생각과 정신적 개념의 기본 토대이다. 세부 사항은 학생이 상위 단계의 사고를 하는 데 필요한 자료를 제공한다. 만약 어떤 학생이 어떤 주제에 대한 세부 사항을 명확히 하지 않는다면, 그 학생은 핵심 정보를 놓치고 있는 것이기 때문에 더욱 복잡한 질문을 받았을 때 난관에 처할 것이다. 세부 사항 질문을 설계할 때 교사는 학생들이 해당 주제에 대해 이미 알고 있는 것을 끌어내기 위해 노력해야 한다. 이와 더불어 세부 사항 질문은 주제에 대한 학생들의 오개념을 겉으로 드러내 교사가 이를 교정하거나 학생들이 자신의 사고를 명확하게 하도록 도울 수 있다.

2. 범주 단계에서 교사는 질문 연속체에 적합한 범주를 어떻게 선택해야 하나요?

교사가 초점을 맞추기로 결정한 범주는 해당 단원의 학습 목표를 토대로 결정되어야 한다. 만약 학습 목표가 여러 범주를 강조하고 있다면, 교사는 이 단계에서 다수의 범주에 초점을 맞추기로 결정할 수도 있다. 이 경우 교사는 질문 연속체의 세 번째 단계와 네 번째 단계로 들어갈 때 학생들을 모둠으로 나누고, 각각의 모둠이 하나의 범주에 초점을 맞추도록 할 수도 있다.

3. 논증 과정은 질문 연속체의 정교화 단계 및 증거 단계에 어떻게 통합되나요?

논증, 즉 주장을 생성하고 뒷받침하는 과정은 질문 연속체의 정교화 단계 및 증거 단계의 핵심이다. 정교화 단계에서 학생은 범주 단계에서 찾아낸 특성의 이유, 영향, 가상 결과에 대한 질문에 답한다. 이러한 질문에 답하면서 학생은 특정 범주에 대한 결론이나 주장을 형성한다. 그런 후 증거 단계에서 그 주장을 뒷받침하고 방어한다.

4. 증거 단계에서 학생은 자신의 정교화 혹은 결론에 대해 무엇을 설명할 수 있어야 하나요?

증거 단계에서 학생은 정교화를 구성할 때 사용한 추론을 설명하고, 자신의 결론 중 일부에 단서를 달거나 제한을 두고, 자신의 추론에서 오류를 발견하며, 자신의 정교화를 다른 관점에서 검토할 수 있어야 한다. 이와 더불어 학생은 자신의 결론을 뒷받침해주는 자료를 제시할 수 있어야 한다.

3장의 이해도 점검 질문에 대한 답

1. 학생이 다양한 언어적 텍스트와 비언어적 텍스트의 유형과 구조를 아는 것은 왜 중요한가요?

교사가 질문 연속체를 진행하면서 질문을 던졌을 때, 학생은 질문에 답하기 위해 두 가지 출처의 정보를 사용할 수 있다. 하나는 자신이 가지고 있는 사전 지식이고, 다른 하나는 외부 자료이다. 학생들이 외부 자료(인쇄물 및 전자 자료 모두)를 참고할 경우, 그들은 다양한 텍스트 구조와 문서 유형을 접하게 될 것이다. 각 구조나 유형에서 어떤 내용이 나올지 미리 예상하는 일은 필요한 정보를 빠르게 찾고 질문에 답하는 데 도움이 될 것이다. 또한 다양한 구조와 유형에 익숙해짐으로써 학생은 있을지도 모르는 저자의 편견이나 누락된 정보를 탐지할 수 있다.

2. 이번 장에서 살펴본 다섯 가지 언어적 텍스트 구조를 말하고, 학생이 어떻게 이 구조를 식별할 수 있는지 설명하세요.

다섯 가지 언어적 텍스트 구조는 (1) 기술 구조, (2) 순서 수조, (3) 인과 구조,

(4) 문제/해결 구조, (5) 비교 구조이다. 기술 구조는 대상의 특징과 속성을 강조하거나 확인함으로써 주제에 대한 정보를 제공하며 '속성, 특징, 예를 들어, 즉, 다시 말해, ~와 같은' 등과 같은 단어 및 구로 표시된다. 순서 구조는 일련의 사건을 발생 순서대로 정리한다. '~전에, ~후에, 나중에, 이전에, 초기에, 마침내, 이어지는, 다음의, 몇 년 전에' 등과 같이 시간을 나타내는 단어와 구가 순서 구조임을 나타낸다. 인과 구조는 원인-결과 관계를 나타내며 '결과적으로, 그 결과로, ~하기 위해, 그 이유, 이것이 그 이유이다' 등과 같은 신호 단어 및 구를 사용한다. 문제/해결 구조는 문제와 잠재적인 해결책을 제시하고, 때로는 질문과 답변의 형식을 취하기도 한다. '문제, 해결책, 질문, 답, 응답, 충족하다, 쟁점, 방지하다, 해결하다' 등과 같은 신호 단어와 구를 통해 학생은 문제/해결 구조를 찾을 수 있다. 마지막으로, 비교 구조는 두 항목이나 두 생각 사이의 유사점과 차이점을 강조한다. '비록, ~에 비해, 차이, 공통적으로, 대조적으로, 대신에, 다른 한편으로' 등과 같은 단어와 구를 통해 학생은 비교 구조를 찾을 수 있다.

3. 교사는 학생의 비언어적 텍스트 식별 및 해석 연습을 어떻게 도울 수 있나요?

매트릭스 텍스트, 그래픽 텍스트, 모방 텍스트의 다양한 유형을 소개할 때 교사는 학생들로 하여금 각 텍스트 유형의 예를 찾아 수업에 가져오게 할 수 있다. 그런 다음 수업에서 각각의 예들을 분석해 그것들이 어떤 하위 범주에 속하는지(예를 들어, 이것은 단순 목록인가, 결합 목록인가, 교차 목록인가, 혹은 내포 목록인가? 이것은 원 차트인가, 막대그래프나 선 그래프인가, 혹은 지도인가? 이것은 그림인가 혹은 도식인가?), 어떤 정보를 전달하는지, 어떻게 편견을 전달하거나 오개념을 강화하는지를 판단하게 할 수 있다.

4. 전자 텍스트는 언어적 텍스트 및 비언어적 텍스트와 어떤 점에서 유사하고, 어떤 점에서 다른가요?

보통 정지된 페이지에 인쇄되어 있는 전통적인 언어적 텍스트 및 비언어적 텍스트와 마찬가지로, 전자 텍스트도 인식 가능한 구조를 사용하여 조직된다. 이러한 구조를 알고 있는 학생은 전자 텍스트를 읽을 때 그 구조를 이용해 각각의 텍스트 유형에서 다음에 무슨 내용이 올지 그리고 무슨 내용을 기억해야 할지 알 수 있다. 그러나 전자 텍스트는 대체로 화면에 나타나고, 페이지를 넘기는 게 아니라 위아래로 스크롤하면서 읽으며, 화면의 크기 및 설정에 따라 텍스트의 크기와 형태를 조정할 수 있다는 점에서 전통적인 언어적 텍스트 및 비언어적 텍스트와 차이가 있다. 이러한 고유한 특징 때문에 학생들은 전자 텍스트를 읽을 경우 더 많은 시간과 에너지를 할애하거나, 전자 텍스트를 전통적인 인쇄 텍스트처럼 읽을 수 있게 하는 (출력하기 등과 같은) 전략을 사용해야 한다. 또한 전자 텍스트는 보다 광범위한 일련의 독해 기능뿐만 아니라, 관련 있는 정보와 관련 없는 정보를 분간해낼 수 있는 능력을 요구한다.

5. 교사는 학생이 다중 텍스트에서 정보를 찾아 통합하는 것을 어떻게 도울 수 있나요?

먼저 교사는 학생으로 하여금 자신이 무엇을 찾고 있는지를 분명하게 인식하도록 돕는다. 여기에는 학생이 필요로 하는 정보에 정확하게 초점을 맞추기 위해서 키워드를 도출하거나 검색 결과를 좁히는 활동이 포함될 수 있다. 또한 교사는 대답에 필요한 요소들인 학생이 이미 알고 있는 것과 학생이 여전히 찾아야 하는 정보에 대해 학생이 확인하는 것을 도울 수 있다. 학생이 조사를 수행할 때, 교사는 학생이 초점으로 다시 돌아가 찾기를 계속 개선하는 것을 도울 수 있다.

4장의 이해도 점검 질문에 대한 답

1. 당신은 질문 연속체의 어느 단계에서 개별 학생 반응 전략을 사용할 것 같나요? 모둠 반응 전략은 어떤가요?

개별 반응 및 모둠 반응은 질문 연속체의 모든 단계에서 사용될 수 있지만, 개별 반응은 세부 사항 단계 및 범주 단계에서 가장 유용할 것이다. 모둠 반응은 학생이 다양한 쟁점에 대한 자신의 결론에 대해 보이는 다른 다양한 관점과 의견을 고려하면서 반응해야 하는 정교화 단계 및 증거 단계에 특히 적합하다.

2. 당신이 수업에서 시도할 것 같은 개별 학생 반응 전략은 무엇인가요? 그 전략의 이점은 무엇인가요?

답은 다양할 것이다. 반응 연쇄 및 투표하기는 학급 토론을 할 때 교사가 다수의 학생을 지목해 각 질문에 답하게 할 수 있다는 점에서 단순한 주고받기 대화보다 유익하다. 짝 반응은 학생이 자신의 반응을 반 전체와 공유하기 전에 미리 연습해 볼 기회를 제공한다. 동료 교수법은 학생들이 서로에 대해 자신의 답을 방어하고 동료의 주장을 토대로 자신의 답을 수정할 수 있다는 점에서 유익하다. 무작위 호명 전략은 누가 다음에 지목될지 모르기 때문에 모든 학생을 집중하게 만들고, 단답형 반응 전략은 학생과 교사로 하여금 학습 과정을 기록으로 남기게 한다. 이와 유사하게 정확성 확인 전략은 학생이 지금 질문에 답을 하고 있는 것은 아니지만 모든 학생을 참여시키며 인터넷에서 정보를 찾아 확인하는 학생들의 기능을 향상시킨다.

3. 당신이 수업에서 시도할 것 같은 모둠 반응 전략은 무엇인가요? 그 전략의 이점은 무엇인가요?

답은 다양할 것이다. 스티커 메모 브레인스토밍은 학생이 한꺼번에 많은 생각을 도출할 수 있도록 돕는데, 질문 연속체의 범주 단계에서 특히 유용할 수 있다. 예들의 목록과 그 예들의 특징을 도출하는 작업은 이후의 단계들에서 도움을 준다. 모둠 목록 전략 또한 학생들로 하여금 생각을 생성하도록 도울 뿐만 아니라, 여기서 한걸음 더 나아가 학생들에게 자신들의 생각을 중요도에 따라 순서를 매기도록 요구한다. 짝 비교는 학생들을 일어나게 해 이동시키는데, 학생의 참여를 증대시키고 다른 학생과 상의해 자신의 답을 개선하도록 이끈다. 번호가 같은 사람 일어나게 하기 전략은 학생들로 하여금 서로에게서 배울 수 있는 기회를 제공하고, 어느 번호가 불릴지 모르기 때문에 모든 학생을 수업에 계속 참여시킨다. 마지막으로 퀴즈 퀴즈 교환하기는 학생들로 하여금 한꺼번에 여러 개의 질문에 대해 생각하게 만든다. 이 전략은 다양한(그리고 아마도 반대되는) 관점을 가진 사람을 상대로 자신의 결론을 방어해야 하는 증거 단계에서 특히 유용하다.

4. 각각의 모둠 상호작용 전략은 수업에서 특히 언제 유용할까요?

적극적 경청은 평생 동안 필요한 기능으로, 화자에 대한 존경과 고마움을 전할 뿐만 아니라 청자를 토론에 더 깊이 참여시킨다. 만약 학생이 토론에 무엇을 기여해야 할지 모른다면, 다른 사람의 생각을 적극적으로 경청함으로써 새로운 관점 또는 자신이 제기하고 싶은 관련 쟁점이 생각나게끔 유도할 수 있다. 이와 유사하게 갈등 해결 기능 역시 평생 동안 학생에게 도움이 될 것이다. 모둠으로 수업 활동을 할 때 학생들은 소소한 쟁점들에 대해 자주 의견이 갈릴 텐데, 이는 동조나 타협을 통해 해결될 수 있다. 보다 크고 논란의 여지가 많은 쟁점들에 대해 토론할 때, 학생들은 모든 사람이 동의할 수 있는 결론을 도출하기 위해 문제-해결 협상을 사용할 수도 있다. 차이 존중하기는 학생들이 무례를 범하거나 상대방을 무시하지 않고 의사소통함으로써 친구와의 불일치를 인정할 수 있게 만든다. '그러나' 대신 '그리고'를 사용하는 것은 학생의 대화 어조를 변화시킬 수 있는 하나의 간단한 전략이다. 마지막으로 모둠 반성은 학생들이 뒤로 물러나 자신들의 상호작용에 대해 이야기하고, 생산적인 태도와 비생산적인 태도가 무엇인지 그리고 모둠 활동을 개선할 수 있는 방법은 무엇인지를 확인하게 한다.

5장의 이해도 점검 질문에 대한 답

1. 한 차시 수업 내에서 진행하는 질문 연속체에서 교사는 학생들의 수업 활동을 어떻게 확인할 수 있나요?

교사는 질문 연속체를 진행하는 동안 학생들의 수업 활동 추이를 확인하기 위해 학습 공책이나 종이를 이용할 수 있다. 한 차시 수업 내에서 이루어지는 질문 연속체는 외부 자료에 대한 광범위한 조사나 주장 및 증거에 대한 폭넓은 개발을 요구하지 않기 때문에, 학생은 자신의 주장을 종이쪽지에 간단히 적고 정교화를 뒷받침해주는 증거를 열거할 수 있다. 학생은 이것을 학습 공책 속에 보관하거나 수업이 끝날 때 교사에게 제출한다.

2. 주장을 뒷받침하는 증거의 세 가지 유형은 무엇인가요? 증거에서 자주 발생하는 오류의 네 가지 유형은 무엇인가요?

주장을 뒷받침하는 증거로는 이유, 근거, 단서가 있다. 이유는 주장을 사실이라고 믿는 사유로서, 종종 신호 단어 '왜냐하면'으로 표시된다. 근거는 이유가 왜 사실인지에 대한 정보를 제공한다. 근거에는 (1) 사실적 정보, (2) 전문가 의견, (3) 연구 결과라는 세 가지 유형이 있다. 단서는 주장에 대한 예외로서, 주장이 사실이 아닐 수 있는 경우나 상황에 대해 설명한다. 증거에서 자주 발생하는 추론상의 오류에는 (1) 불완전한 논리 오류, (2) 공격 오류, (3) 빈약한 참조 오류, (4) 잘못된 정보 오류의 네 가지 유형이 있다.

3. 외부 자료의 사용이 질문 연속체에 미치는 영향은 무엇인가요?

일반적으로 외부 자료를 사용하게 되면 질문 연속체는 한 차시 수업 시간을 넘어 진행되게 마련이다. 학생들로서는 외부 자료에서 정보를 찾아 읽고 수집할 시간이 필요한 까닭에, 종종 한 차시 수업에서 질문 연속체를 시작한 교사는 수업 사이에 외부 자료를 참고할 시간을 학생들에게 주면서 그다음 날 수업에서 질문 연속체를 계속 이어나갈 것이다.

4. 교사는 질문 연속체의 어떤 측면을 사전에 계획해야 하나요?

먼저 그리고 무엇보다도, 교사는 성취기준이나 학습 목표에서 기술된 지식과 기능의 특정 측면을 분석함으로써 질문 연속체의 초점을 찾아야 한다. 그런 후 학생이 외부 자료를 참고하는 정도, 정식으로 주장을 생성하고 방어하는 정도, 질문 연속체를 진행하는 동안 학생들이 개별 및 모둠으로 활동할 시점을 고려해야 한다.

이러한 세 가지 측면(외부 자료 참고하기, 주장 생성 및 방어하기, 모둠으로 활동하기)이 개입되면, 질문 연속체는 여러 차시의 수업에 걸쳐 진행될 가능성이 커진다. 여러 차시의 수업에 걸쳐 진행되는 질문 연속체를 계획할 때, 교사는 질문 연속체의 어느 단계를 몇 차시의 수업으로 진행할지, 그리고 질문 연속체와 관련 있는 확장된 과제에 참여하는 학생에게 얼마나 많은 시간을 할애할지를 결정해야 한다.

질문 연속체의 예시

2장에서 설명하고 5장에서 자세히 살펴본 바와 같이, 질문 연속체는 학습 목표나 성취기준과 항상 긴밀히 결합되어야 한다. 그런데 성취기준은 광범위한 지식과 기능을 포함하는 경우가 많기 때문에, 교사가 성취기준에 포함된 지식이나 기능의 한 측면에만 초점을 맞춘 질문 연속체를 구성하기 위해서는 성취기준을 분리해야 한다. 예를 들어, 다음의 수학 성취기준을 살펴보자.

> 2.NBT.A.3: 십진수, 수의 명칭, 확장된 형식을 이용해 1000까지의 수를 읽고 쓸 수 있다. (NGA & CCSSO, 2010c, p. 19)

이 성취기준의 구성 요소를 나누면, 성취기준이 많은 측면의 지식과 기능을 포함하고 있다는 것을 확실히 알 수 있다. 예를 들면, 다음과 같다.
- 학생은 십진수가 무엇인지 이해할 수 있다.
- 학생은 1000까지 모든 수의 명칭을 이해할 수 있다.
- 학생은 확장된 형식이 무엇인지 이해할 수 있다.
- 학생은 1부터 9까지의 모든 숫자를 쓸 수 있다.

이와 더불어 교사는 성취기준에는 명확하게 나타나 있지 않지만, 성취기준을 달성하기 위한 중요한 전제 조건이 되는 지식과 기능도 고려해야 한다. 예를 들면, 다음과 같다.
- 학생은 자릿값(place value)이 무엇인지 이해할 수 있다.
- 학생은 여러 자리로 이루어진 수에서 숫자를 배열하기 위해 자릿값 지식을 사용할 수 있다.
- 학생은 덧셈을 이해하고 그것이 확장된 형식과 어떻게 관련되어 있는지를 이해할 수 있다.

이 목록은 완전하지 않으며, 앞의 성취기준에는 이외에도 다른 측면의 지식과 기능이 분명히 존재한다. 질문 연속체를 효과적으로 활용하기 위하여 교사는 질문 연속체의 초점을 성취기준의 어떤 측면에 맞출지를 결정해야 한다. 예를 들어, 교사는 1부터 9까지 숫자를 쓰는 신체 행동, 자릿값이라는 인간이 만든 개념, 덧셈이라는 정신적 행동 등을 질문 연속체의 초점으로 선택할 수 있다. 여기서 살펴본 바와 같이, 질문 연속체의 초점에는 많은 선택지가 존재한다. 교사는 질문 연속체의 초점을 정할 때 자유롭게 자신의 판단에 의존해야 한다.

예시 연속체의 구조와 형식

다양한 교과 영역과 (나이순으로 배열된) 모든 학년 수준을 다루고 있는 이후의 예에서, 우리는 미국 공통 핵심 성취기준(the Common Core State Standards: CCSS) 혹은 차세대 과학 성취기준(Next Generation Science Standards: NGSS)의 성취기준 보고서를 인용하면서, 질문 연속체의 초점이 될 수 있는 그 성취기준이 포함하는 다양한 측면의 지식과 기능, 그리고 이러한 측면 중 하나에 초점을 맞춘 질문 연속체를 제시할 것이다. 이 부록의 예들은 질문 연속체의 융통성과 적응성을 보여주기 위해 제공되었다는 사실에 유념해야 한다. 교사는 자신의 목적과 관련된 질문 연속체를 설계할 때 이러한 예들을 참고 자료로 사용할 수 있다.

교사는 세부 사항 단계 및 범주 단계의 질문들이 [표 2-1] 및 [표 2-2]에 나오는 질문 표본의 말과 항상 일치하는 것이 아니라는 사실을 이후의 예들을 통해 알게 될 것이다. 이는 질문 표본이 출발점으로 제시되었기 때문이며, 교사는 다양한 학년 수준 및 내용 영역에 적합하도록 질문을 조정할 수 있다. 이후에 나오는 질문 연속체에서 질문들은 지정된 학년 수준에 적합하도록 학생에게 익숙한 언어로 작성되었다. 각 질문 연속체의 세부 사항 단계의 도입부에는 초점을 맞추고자 하는 ([표 2-1]에 제시된) 세부 사항 유형을 굵은 활자로 표시하였다. 세부 사항 단계 및 범주 단계에서는 학생에게 익숙한 질문을 선정한 후, 질문 설계를 위해 [표 2-1]이나

[표 2-2]의 어떤 표본을 사용했는지 교사에게 알려주기 위해 (고딕체로) 괄호 안에 길잡이 단어—예컨대, '(과정)'—를 표시하였다. 또한 범주 단계에서 비교 질문의 예를 제시할 때에는 비교 유형 및 비교 범주를 괄호 안의 삽입구로 '(범주 내 비교—모음)' 혹은 '(범주 간 비교—모음과 자음)'과 같이 제시하였다.

주목할 점은 세부 사항 질문 및 범주 질문으로 제시된 이후의 모든 예에서 길잡이 단어가 삽입구로 포함되지 않았다는 사실이다. [표 2-1]과 [표 2-2]에 제시된 질문 표본은 교사가 세부 사항 질문 혹은 범주 질문을 구성하면서 어려움에 직면했을 때 교사를 돕기 위한 의도로 작성된 것이며, 교사는 [표 2-1]과 [표 2-2]에 제시된 유형 및 길잡이 단어와 직접적으로 연관이 없는 질문도 자유롭게 설계할 수 있다.

성취기준의 구성 및 표기

미국 공통 핵심 성취기준(CCSS) 혹은 차세대 과학 성취기준(NGSS)의 성취기준을 인용할 때 우리는 그 성취기준의 집필자들이 선호하는 표기 체계를 사용할 것이다. CCSS의 경우에 우리는 '점표기법(dot notation system)'의 단순화된 버전을 사용한다. 영어(English language arts: ELA), 수학, 과학의 성취기준 표기법에 대한 설명은 다음과 같다.

영어(ELA)

영어 성취기준의 경우, 표기에서 머리글자는 그 성취기준이 속한 다음과 같은 네 영역을 가리키며, 읽기 영역의 경우 세 부분으로 더 세분화된다.

- 읽기(Reading) = R
  - 문학(Literature) = RL
  - 정보적 텍스트(Informational Text) = RI
  - 기본적인 기능(Foundational Skills) = RF

- 쓰기(Writing) = W

- 말하기와 듣기(Speaking and Listening) = SL

- 언어(Language) = L

첫 마침표 다음에 오는 숫자(혹은 유치원의 경우에는 문자 K)는 성취기준의 학년 수준을 가리키고, 마지막 숫자 혹은 숫자들은 해당 학년 수준의 특정 성취기준 혹은 성취기준들을 가리킨다. 예를 들어, RL.5.3은 읽기 문학 영역에서 5학년의 세 번째 성취기준을 나타낸다.

수학

유치원(K)~8학년 수학의 경우, 최초의 숫자는 성취기준의 학년 수준을 가리킨다. 첫 마침표 다음에 오는 머리글자는 다음과 같은 성취기준의 영역을 가리킨다.

- 셈과 기수(Counting and cardinality) = CC

- 연산과 대수적 사고(Operations and algebraic thinking) = OA

- 십진법의 수와 연산(Number and operations in base ten) = NBT

- 수와 연산—분수(Number and operations—fractions) = NF

- 측정과 데이터(Measurement and data) = MD

- 기하학(Geometry) = G

- 비율과 비례 관계(Ratios and proportional relationships) = RP

- 수 체계(The number system) = NS

- 식과 방정식(Expressions and equations) = EE

- 통계와 확률(Statistics and probability) = SP

- 함수(Functions) = F

마지막 문자(A, B, C, D)와 숫자는 해당 성취기준이 속한 군(cluster)과 번호를 가리킨다. 예를 들어, 2.NBT.A.3은 2학년, 십진법의 수와 연산 영역, 첫 번째 군(A)의 세 번째 성취기준을 나타낸다.

고등학교 성취기준은 'HS'로 표기되고, 이어서 다섯 가지 개념 범주 중 하나의 머리글자, 대시(-), 해당 범주 내의 영역을 가리키는 머리글자로 구성된다.

- 수와 양(Number and Quantity) = HSN

  - 실수 체계(The real number system)= HSN-RN

  - 양(Quantities) = HSN-Q

  - 복소수 체계(The complex number system) = HSN-CN

- 대수(Algebra) = HSA

  - 식에서 구조 찾기(Seeing structure in expressions) = HSA-SSE

  - 다항식과 유리식 계산하기(Arithmetic with polynomials and rational expressions) = HSA-APR

  - 방정식 만들기(Creating equations) = HSA-CED

  - 방정식과 부등식 추론하기(Reasoning with equations and inequalities) = HSA-REI

- 함수(Functions) = HSF

  - 함수 해석하기(Interpreting functions) = HSF-IF

  - 함수 구축하기(Building functions) = HSF-BF

  - 일차, 이차, 지수 모형(Linear, quadratic, and exponential models) = HSF-LE

  - 삼각함수(Trigonometric functions) = HSF-TF

- 기하학(Geometry) = HSG

  - 합동(Congruence) = HSG-CO

  - 닮음, 직각삼각형, 삼각법(Similarity, right triangles, and trigonometry) = HSG-SRT

  - 원(Circles) = HSG-C

  - 방정식의 기하학적 성질 표현하기(Expressing geometric properties with equations) = HSG-GPE

  - 기하학의 측정 및 차원(Geometric measurement and dimension) = HSG-GMD

  - 기하학 모형화(Modeling with geometry) = HSG-MG

- 통계와 확률(Statistics and Probability) = HSS

- 범주적 데이터 및 양적 데이터 해석하기(Interpreting categorical and quantitative date) = HSS-ID
- 추론하기 및 결론 입증하기(Making inferences and justifying conclusions) = HSS-IC
- 조건부 확률과 확률의 법칙(Conditional probability and the rules of probability) = HSS-CP
- 결정을 위한 확률 사용하기(Using probability to make decisions) = HSS-MD

유치원(K)~8학년의 성취기준과 마찬가지로 마지막 문자와 숫자는 성취기준이 속한 군과 번호를 가리킨다. 예를 들어, HSF-IF.C.7은 고등학교의 함수라는 개념 범주, 함수 해석하기 영역, 세 번째 군(C)의 일곱 번째 성취기준을 나타낸다.

과학

차세대 과학 성취기준(NGSS)의 경우 대시 앞에 오는 문자 혹은 숫자는 성취기준의 학년 수준(MS는 중학교, HS는 고등학교)을 가리킨다. 대시 뒤에 오는 문자와 숫자의 조합으로 된 코드는 성취기준의 핵심 개념을 지시한다.

- 물리학(Physical science) = PS
- 생명과학(Life sciences) = LS
- 지구과학 및 우주과학(Earth and space sciences) = ESS
- 공학, 기술, 과학의 응용(Engineering, technology, and applications of science) = ETS

문자와 숫자의 조합으로 된 코드에 포함된 숫자는 특정 핵심 개념을 가리킨다(물리학과 생명과학에는 네 개, 지구과학 및 우주과학에는 세 개, 공학, 기술, 과학의 응용에는 두 개의 핵심 개념이 있다). 마지막 숫자는 해당 핵심 개념 내의 특정 성취기준을 가리킨다. 예를 들어, 4-ESS2-1은 4학년, 지구과학 및 우주 과학 영역, 두 번째 핵심 개념의 첫 번째 성취기준을 나타낸다.

유치원 읽기

다음의 영어(ELA) 성취기준을 살펴보자.

RF.K.3a-3b: 각 자음의 주된 소리 내지 가장 빈번한 소리를 생성함으로써 일대일 문자-소리 대응에 대한 기본 지식을 보여줄 수 있다.

다섯 가지 주요 모음의 장음과 단음을 일반적인 철자(자소[1])와 연결할 수 있다. (NGA & CCSSO, 2010a, p. 16)

질문 연속체에서 이 성취기준을 사용하는 교사는 다음의 내용에 초점을 맞출 수 있다.

- 학생은 소리나 소리들이 각 문자와 어떻게 대응하는지 이해할 수 있다.
- 학생은 각 문자의 소리나 소리들을 생성할 수 있다.

이 예에서 우리는 각 문자의 소리나 소리들을 생성할 수 있는 데 초점을 맞춘다.

세부 사항

질문 연속체를 시작하기 위해 교사는 소리 발음하기라는 **물리적 행동**에 대한 질문을 한다.

- A는 어떤 소리가 나나요? B는? C는? 등등.
- A 소리를 낼 때 여러분의 입은 어떻게 되나요? B 소리는? C 소리는? 등등. (과정)
- C와 G처럼 한 문자가 두 가지의 소리를 가지고 있을 때, 어떤 소리를 내야 할지 여러분은 어떻게 아나요? (원인 혹은 결과)

범주

교사는 단원에 대한 자신의 초점을 기반으로 해서 범주 혹은 범주들을 선택해

----

1 한 언어의 문자 체계에서 음소를 표시하는 최소 변별 단위로서의 문자 혹은 문자 결합.

야 한다. 이 예에서 교사는 모음과 자음이라는 두 범주에 질문의 초점을 맞춘다.

학생에게 다음과 같이 해당 범주의 예를 찾으라고 요구한다.

- 여러분이 아는 모음은 무엇인가요?
- 여러분이 아는 자음은 무엇인가요?

학생에게 다음과 같이 해당 범주의 일반적인 특성을 기술하라고 요구한다.

- A, E, I, O, U의 공통점이나 공유하는 것은 무엇인가요?
- B, D, P(그리고 다른 자음군)의 공통점이나 공유하는 것은 무엇인가요?
- 모음을 소리 낼 때 여러분의 입은 어떻게 되나요? (과정)
- 자음을 소리 낼 때 여러분의 입은 어떻게 되나요? (과정)

학생에게 다음과 같이 해당 범주 내 비교 및 해당 범주와 다른 범주 간의 비교를 하라고 요구한다.

- A는 U와 어떤 점에서 유사한가요? A는 U와 어떤 점에서 다른가요? (범주 내 비교—모음)
- O는 D와 어떤 점에서 유사한가요? O는 D와 어떤 점에서 다른가요? (범주 간 비교—모음과 자음)
- O는 DOG와 어떤 점에서 유사한가요? O는 DOG와 어떤 점에서 다른가요? (범주 간 비교—모음과 단어)

정교화

정교화 질문은 범주 질문에 대한 학생의 대답을 기반으로 한다. 그러므로 정교화 질문을 구성하기 위해 교사는 범주 질문에 대한 학생의 반응을 활용한다.

학생에게 다음과 같이 특성의 이유를 설명하라고 요구한다('왜?' 질문).

- 모음을 소리 내기 위해 왜 입을 벌려야 하나요?

학생에게 다음과 같이 특정 특성의 영향을 기술하라고 요구한다.

- 모음과 자음을 결합했을 때 어떤 일이 발생하나요?

학생에게 다음과 같이 일정 조건하에서 무슨 일이 발생할지 예측하라고 요구한다('만약 ~라면?' 질문).

- 만약 입을 다문 채 모음을 발음하려고 하면 어떻게 될까요?
- 만약 한 단어에 모음이 하나도 없다면 어떻게 될까요?

증거

만약 학생이 '모음은 입을 벌리게 만들고, 자음은 입을 다물게 만들며, 자음과 모음이 함께 단어를 만든다'라는 결론을 내린다면, 교사는 학생에게 자신의 결론에 대한 증거를 제시하도록 유도할 수 있다.

학생에게 다음과 같이 자신의 정교화를 구성하기 위해 사용한 추론을 설명하라고 요구한다.

- 모음이 입을 벌리게 만든다는 것을 어떻게 알았나요?
- 자음이 입을 다물게 만든다는 것을 어떻게 알았나요?

학생에게 다음과 같이 자신의 결론 중 일부에 단서를 달거나 제한을 두라고 요구한다.

- 문자 Y는 어떤가요? Y는 모음인가요, 아니면 자음인가요?

1학년 과학

다음의 과학 성취기준을 살펴보자.

1-PS4-1: 진동하는 물질은 소리를 만들 수 있고 소리는 물질을 진동시킬 수 있다는 증거를 제시하기 위하여 조사를 계획하고 수행할 수 있다. (Achieve, 2013, p. 11)

질문 연속체에서 이 성취기준을 사용하는 교사는 다음의 내용에 초점을 맞출 수 있다.

- 학생은 조사를 계획할 수 있다.
- 학생은 조사를 수행할 수 있다.
- 학생은 증거가 무엇인지 이해하고, 증거를 제시할 수 있다.
- 학생은 소리가 진동이라는 것을 이해할 수 있다.

이 예에서 우리는 소리가 진동이라는 것을 이해하는 데 초점을 맞춘다.

세부 사항

질문 연속체를 시작하기 위해 교사는 학생에게 진동이라는 **자연현상**에 대해 질문을 한다.

- 어떤 종류의 사물이 진동하나요?
- 어떤 사물이 진동할 때 무슨 일이 발생하나요? (발생했나요/발생하나요)
- 사물은 빠르게 진동하나요, 아니면 느리게 진동하나요?
- 사물은 얼마나 오래 진동하나요?

범주

교사는 단원에 대한 자신의 초점을 기반으로 해서 범주 혹은 범주들을 선택해야 한다. 이 예에서 교사는 진동하면서 소리를 내는 사물과 소리에 대한 반응으로 진동하는 사물이라는 두 범주에 질문의 초점을 맞춘다.

학생에게 다음과 같이 해당 범주의 예를 찾으라고 요구한다.
- 진동하면서 소리를 내는 사물의 종류에는 무엇이 있나요?
- 큰 소리가 날 때 진동하는 사물의 종류에는 무엇이 있나요?

학생에게 다음과 같이 해당 범주의 일반적인 특성을 기술하라고 요구한다.
- 진동하면서 소리를 내는 사물의 공통점은 무엇인가요? 혹은 공유하는 것은 무엇인가요?
- 큰 소리가 날 때 진동하는 사물의 공통점은 무엇인가요? 혹은 공유하는 것은 무엇인가요?

- 어떤 것을 진동하게 만들어 소리가 나게 하려면 여러분은 무엇을 해야 하나 요? (원인 혹은 결과)
- 큰 소리가 날 때 진동하는 사물은 어디에서 찾을 수 있나요? (장소)

학생에게 다음과 같이 해당 범주 내 비교 및 해당 범주와 다른 범주 간의 비교를 하라고 요구한다.

- 악기의 현과 소리굽쇠[2]를 비교하세요. (범주 내 비교—진동하면서 소리를 내는 사물)
- 소리굽쇠와 물을 비교하세요. (범주 간 비교—진동하면서 소리를 내는 사물과 소리에 대한 반응으로 진동하는 사물)

정교화

정교화 질문은 범주 질문에 대한 학생의 대답을 기반으로 한다. 그러므로 정교화 질문을 구성하기 위해 교사는 범주 질문에 대한 학생의 반응을 활용한다.

학생에게 다음과 같이 특성의 이유를 설명하라고 요구한다. ('왜?' 질문)

- 사물은 진동할 때 왜 소리를 내나요?
- 왜 소리는 어떤 물질을 진동하게 하나요?

학생에게 다음과 같이 특정 특성의 영향을 기술하라고 요구한다.

- 소리는 공기에 어떤 작용을 하나요? 물에는? (흙이나 벽과 같은) 고체의 사물에는?

학생에게 다음과 같이 일정 조건하에서 무슨 일이 발생할지 예측하라고 요구한다. ('만약 ~라면?' 질문)

- 만약 공기를 통해 소리를 듣는다면 어떨까요? 물을 통한다면? (흙이나 벽과 같은) 고체의 사물을 통한다면?

----

2 일정한 진동수의 소리를 내는 기구. 'U' 자형 강철 막대의 구부러진 부분에 자루를 달아 상자 위쪽에 붙인 것인데, 두드리면 일정한 진동수의 소리를 낸다. 음향 측정, 악기의 조율에 쓴다.

만약 학생이 '소리는 (현이나 나뭇조각처럼) 쉽게 진동하는 물질을 통해 더 쉽게 이동한다'라는 결론을 내린다면, 교사는 학생에게 자신의 결론에 대한 증거를 제시하도록 유도할 수 있다.

학생에게 다음과 같이 자신의 정교화를 구성하기 위해 사용한 추론을 설명하라고 요구한다.

- 어떻게 그것을 알 수 있었나요?

학생에게 다음과 같이 자신의 결론 중 일부에 단서를 달거나 제한을 두라고 요구한다.

- 진동이 소리를 만들지 않을 때가 있나요?
- 큰 소리가 날 때 창문은 왜 부서지나요?

학생에게 다음과 같이 자신의 정교화를 다른 관점에서 검토하라고 요구한다.

- 여러분은 사물의 소리를 어떻게 듣나요? 여러분 머리에서는 무엇이 진동하나요?
- 청각 장애인은 왜 소리를 들을 수 없나요?

2학년 수학

다음의 수학 성취기준을 살펴보자.

2.OA.C.3: 예를 들어, 사물을 둘씩 짝짓거나 둘씩 세는 방법으로 (20까지) 한 무더기의 사물 개수가 홀수인지 아니면 짝수인지를 판단할 수 있다. 두 개의 동일한 수의 합이 짝수라는 것을 표현하기 위해 방정식을 쓸 수 있다. (NGA & CCSSO, 2010c, p. 19)

질문 연속체에서 이 성취기준을 사용하는 교사는 다음의 내용에 초점을 맞출 수 있다.

- 학생은 한 무더기의 사물을 셀 수 있다.
- 학생은 어떤 수가 짝수이고 어떤 수가 홀수인지를 이해할 수 있다.
- 학생은 한 무더기의 사물을 둘씩 짝지을 수 있다.
- 학생은 한 무더기의 사물이 균등하게 짝을 이루었을 때, 품목의 개수가 짝수라는 것을 이해할 수 있다.
- 학생은 한 무더기의 사물이 짝을 이룬 후 하나가 남았을 때, 품목의 개수가 홀수라는 것을 이해할 수 있다.
- 학생은 한 무더기의 사물 개수가 짝수인지 혹은 홀수인지를 알 수 있다.
- 학생은 하나의 수에 같은 수를 더함으로써 짝수를 만들 수 있다는 것(배증[3])을 이해하고, 특정 짝수를 만들기 위해 어떤 수를 갑절로 늘려야 하는지 알 수 있다.

이 예에서 우리는 어떤 수가 짝수이고 어떤 수가 홀수인지 이해하는 데 초점을 맞춘다.

세부 사항

질문 연속체를 시작하기 위해 교사는 학생에게 짝수와 홀수라는 인간이 만든 개념에 대해 질문한다.

- 1은 짝수인가요, 아니면 홀수인가요? 2는? 3은? 등등.
- 수를 셀 때 짝수와 홀수는 어떤 패턴을 보이나요? (크기, 양, 혹은 질)
- 짝수는 왜 도움이 되나요? 홀수는? (세계를 체계화함)

범주

교사는 단원에 대한 자신의 초점을 기반으로 해서 범주 혹은 범주들을 선택해야 한다. 이 예에서 교사는 짝수와 홀수라는 두 범주에 질문의 초점을 둔다.

학생에게 다음과 같이 해당 범주의 예를 찾으라고 요구한다.

....

3 갑절로 늘어남. 또는 갑절로 늘림.

• 1에서 10까지의 수 중 짝수는 어떤 수인가요? 홀수는 어떤 수인가요?

학생에게 다음과 같이 해당 범주의 일반적인 특성을 기술하라고 요구한다.
• 모든 짝수의 공통점은 무엇인가요? 홀수는?
• 짝수는 무엇을 위해 사용되나요? 홀수는? (목적)
• 짝수를 만들기 위해 어떤 수를 더하나요? 홀수는? (원인 혹은 결과)

학생에게 다음과 같이 해당 범주 내 비교 및 해당 범주와 다른 범주 간의 비교를 하라고 요구한다.
• 1과 11을 비교하세요. (범주 내 비교—홀수)
• 3과 4를 비교하세요. (범주 간 비교—홀수와 짝수)

정교화

정교화 질문은 범주 질문에 대한 학생의 대답을 기반으로 한다. 그러므로 정교화 질문을 구성하기 위해 교사는 범주 질문에 대한 학생의 반응을 활용한다.

학생에게 다음과 같이 특성의 이유를 설명하라고 요구한다. ('왜?' 질문)
• 홀수는 왜 나머지가 생길까요?
• 짝수는 왜 모두 짝을 이룰까요?

학생에게 다음과 같이 특정 특성의 영향을 기술하라고 요구한다.
• 여러분이 시작한 숫자는 건너뛰며 세기에 어떤 영향을 주나요?

학생에게 다음과 같이 일정 조건하에서 무슨 일이 발생할지 예측하라고 요구한다. ('만약 ~라면?' 질문)
• 만약 홀수로 건너뛰며 세기를 한다면 어떻게 될까요? 짝수는?

증거

만약 학생이 '짝수로 시작해 짝수로 건너뛰며 세기를 하면 짝수가 나오고, 홀수로 시작해 짝수로 건너뛰며 세기를 하면 홀수가 나오고, 짝수로 시작해 홀수로 건너뛰며 세기를 하면 처음엔 홀수, 다음엔 짝수, 그다음엔 홀수가 나오고, 홀수로 시작해 홀수로 건너뛰며 세기를 하면 처음엔 짝수, 다음엔 홀수, 그다음엔 짝수가 나온다'라는 결론을 내린다면, 교사는 학생에게 자신의 결론에 대한 증거를 제시하도록 유도할 수 있다.

학생에게 다음과 같이 자신의 정교화를 구성하기 위해 사용한 추론을 설명하라고 요구한다.

- 시작하는 수와 건너뛰며 세기를 하는 수에 따라 도출되는 수가 짝수 또는 홀수라는 것을 어떻게 알았나요?

학생에게 다음과 같이 자신의 결론 중 일부에 단서를 달거나 제한을 두라고 요구한다.

- 0은 홀수인가요, 아니면 짝수인가요?

학생에게 다음과 같이 자신의 정교화를 다른 관점에서 검토하라고 요구한다.

- 숫자 중 (9와 같은) 한 숫자가 없어진다면 여러분의 체계는 여전히 작동할까요?

3학년 쓰기

다음의 영어(ELA) 성취기준을 살펴보자.

W.3.1: 하나의 관점을 뒷받침하는 이유를 제시하면서, 주제나 텍스트에 관한 의견서를 쓸 수 있다.

a. 자신이 쓰고자 하는 주제나 대상 텍스트를 소개하고, 의견을 진술하며, 이유를 열거하는 조직 구조를 산출할 수 있다.

b. 의견을 뒷받침하는 이유를 제시할 수 있다.

c. 접속어 및 구(예컨대, 왜냐하면, 그러므로, 때문에, 예를 들어)를 사용하여 의견과 이유를 연결할 수 있다.

d. 결론을 맺는 진술 혹은 절을 제시할 수 있다. (NGA & CCSSO, 2010a, p. 20)

질문 연속체에서 이 성취기준을 사용하는 교사는 다음의 내용에 초점을 맞출 수 있다.

- 학생은 의견이 무엇인지 이해할 수 있다.
- 학생은 의견서를 쓸 수 있다.
- 학생은 주제를 소개할 수 있다.
- 학생은 조직 구조가 무엇인지 이해하고, 이유를 열거하는 조직 구조를 선택할 수 있다.
- 학생은 증거가 무엇인지 이해하고, 의견을 뒷받침하는 이유를 선택할 수 있다.
- 학생은 접속어 및 구가 무엇인지 이해하고, 의견과 이유를 연결하기 위해 이를 사용할 수 있다.
- 학생은 결론을 맺는 절의 역할을 이해하고, 결론을 맺는 진술 혹은 절을 쓸 수 있다.

이 예에서 우리는 의견이 무엇인지 이해하는 데 초점을 맞춘다.

세부 사항

질문 연속체를 시작하기 위해 교사는 학생에게 느낌, 조건, 혹은 상태로 여겨지는 의견에 대해 질문을 한다.

- 여러분은 의견이 있을 때 무엇을 하나요? (행동)
- 무엇이 여러분으로 하여금 어떤 대상에 대한 의견을 갖도록 만드나요? (원인 혹은 결과)
- 의견은 중요한가요? (가치)
- 사람들의 의견은 어떻게 변하나요? (도달)
- 의견이 나쁜 결과를 이끈 적이 있나요? (위험)

교사는 단원에 대한 자신의 초점을 기반으로 해서 범주 혹은 범주들을 선택해야 한다. 이 예에서 교사는 의견과 사실이라는 두 범주에 질문의 초점을 맞춘다.

학생에게 다음과 같이 해당 범주의 예를 찾으라고 요구한다.
- 여러분이 가진 의견이나 여러분이 다른 사람으로부터 들은 의견에는 어떤 예들이 있나요?
- 여러분이 알고 있는 사실에는 어떤 예들이 있나요?

학생에게 다음과 같이 해당 범주의 일반적인 특성을 기술하라고 요구한다.
- 여러분이 열거한 모든 의견의 공통점은 무엇인가요?
- 여러분이 열거한 모든 사실의 공통점은 무엇인가요?
- 사람들은 어떻게 의견을 형성하나요? (과정)
- 사람들은 어떻게 사실을 발견하나요? (과정)
- 무엇이 여러분으로 하여금 어떤 것에 대한 의견을 갖도록 만드나요? (원인 혹은 결과)
- 무엇이 사람들로 하여금 어떤 것에 대한 사실을 발견하도록 만드나요? (원인 혹은 결과)

학생에게 다음과 같이 해당 범주 내 비교 및 해당 범주와 다른 범주 간의 비교를 하라고 요구한다.
- 하나의 주제에 대한 여러분의 의견과 다른 사람의 의견을 비교하세요. (범주 내 비교—의견)
- 하나의 주제에 대한 여러분의 의견과 일련의 사실을 비교하세요. (범주 간 비교—의견과 사실)

정교화

정교화 질문은 범주 질문에 대한 학생의 대답을 기반으로 한다. 그러므로 정교화 질문을 구성하기 위해 교사는 범주 질문에 대한 학생의 반응을 활용한다.

학생에게 다음과 같이 특성의 이유를 설명하라고 요구한다. ('왜?' 질문)

• 왜 사람들은 어떤 주제에 대한 자신의 느낌을 토대로 의견을 형성하나요?

• 왜 사람들은 보통 어떤 주제에 대한 정보를 들은 후에 의견을 형성하나요?

학생에게 다음과 같이 특정 특성의 영향을 기술하라고 요구한다.

• 사실은 사람들의 의견에 어떤 영향을 주나요?

• 의견은 사람들이 생각하는 방식에 어떤 영향을 주나요?

학생에게 다음과 같이 일정 조건하에서 무슨 일이 발생할지 예측하라고 요구한다. ('만약 ~라면?' 질문)

• 만약 사람들이 항상 사실을 토대로 의견을 형성한다면 어떻게 될까요?

증거

만약 학생이 '사람들이 사실을 토대로 의견을 형성한다면 항상 의견이 일치할 것이다'라는 결론을 내린다면, 교사는 학생에게 자신의 결론에 대한 증거를 제시하도록 유도할 수 있다.

학생에게 다음과 같이 자신의 결론 중 일부에 단서를 달거나 제한을 두라고 요구한다.

• 동일한 두 사람에게 일련의 사실을 보여준 후 그들의 의견이 일치하는지 살펴본 사람이 있나요?

학생에게 다음과 같이 자신의 정교화를 구성하기 위해 사용한 추론에서 오류를 찾으라고 요구한다.

• 여러분과 여러분의 친구가 일련의 사실을 본다면, 두 사람은 무엇을 해야 하는지에 대해 항상 의견이 일치하나요?

학생에게 다음과 같이 자신의 정교화를 다른 관점에서 검토하라고 요구한다.

• 왜 같은 사실을 본 똑똑한 사람들은 종종 의견이 일치하지 않을까요?

다음의 과학 성취기준을 살펴보자.

4-ESS2-1: 물, 얼음, 바람, 식물에 의한 풍화작용[4]의 영향이나 침식작용[5]의 속도에 대한 증거를 제시하기 위하여 관찰 및/혹은 측정을 할 수 있다. (Achieve, 2013, p. 35)

질문 연속체에서 이 성취기준을 사용하는 교사는 다음의 내용에 초점을 맞출 수 있다.

- 학생은 관찰을 할 수 있다.
- 학생은 측정을 할 수 있다.
- 학생은 증거가 무엇인지 이해하고 증거를 제시할 수 있다.
- 학생은 풍화작용이 무엇인지 이해하고 풍화작용의 영향을 인식할 수 있다.
- 학생은 침식작용이 무엇인지 이해하고 침식작용을 인식할 수 있다.
- 학생은 물, 얼음, 바람이 어떻게 침식작용에 영향을 주는지 이해할 수 있다.
- 학생은 식물이 어떻게 침식작용에 영향을 주는지 이해할 수 있다.

이 예에서 우리는 물, 얼음, 바람이 어떻게 침식작용에 영향을 주는지 이해하는 데 초점을 맞춘다.

세부 사항

질문 연속체를 시작하기 위해 교사는 학생에게 침식작용이라는 **자연현상**에 대해 질문한다.

- 침식은 어디에서 발생하나요? (장소)
- 침식은 얼마나 오래 걸리나요? (시간)
- 침식은 어떤 문제를 일으킬 수 있나요? (원인 혹은 결과)
- 침식이 일어나는 동안 무슨 일이 발생하나요? (발생했나요/발생하나요)

....

4 지표를 구성하는 암석이 햇빛, 공기, 물, 생물 등에 의해 점차 파괴되거나 분해되는 일.
5 비, 하천, 빙하, 바람 등에 의해 지표가 깎이는 일.

범주

교사는 단원에 대한 자신의 초점을 기반으로 해서 범주 혹은 범주들을 선택해야 한다. 이 예에서 교사는 물에 의한 침식(수식), 얼음에 의한 침식(빙식), 바람에 의한 침식(풍식)이라는 세 범주에 질문의 초점을 맞춘다.

학생에게 다음과 같이 해당 범주의 예를 찾으라고 요구한다.
- 수식의 예를 어디에서 볼 수 있나요? 빙식은? 풍식은?

학생에게 다음과 같이 해당 범주의 일반적인 특성을 기술하라고 요구한다.
- 여러분이 열거한 수식의 예는 모두 어떤 공통점을 가지나요? 빙식의 예는? 풍식의 예는?
- 수식이 일어나는 동안 무슨 일이 발생하나요? 빙식은? 풍식은? (과정)
- 수식으로 인해 무슨 일이 발생하나요? 빙식은? 풍식은? (원인 혹은 결과)
- 수식은 어디에서 발생하나요? 빙식은? 풍식은? (장소)

학생에게 다음과 같이 해당 범주 내 비교 및 해당 범주와 다른 범주 간의 비교를 하라고 요구한다.
- 구곡 침식[6]과 해안 침식[7]을 비교하세요. (범주 내 비교—수식)
- 하안 침식[8]과 마식[9]을 비교하세요. (범주 간 비교—수식과 풍식)

정교화

정교화 질문은 범주 질문에 대한 학생의 대답을 기반으로 한다. 그러므로 정교화 질문을 구성하기 위해 교사는 범주 질문에 대한 학생의 반응을 활용한다.

학생에게 다음과 같이 특성의 이유를 설명하라고 요구한다. ('왜?' 질문)

....

6 산비탈이 빗물에 의해 깎여 골짜기를 형성하는 현상.
7 해안이 바닷물에 의해 깎이는 현상.
8 강기슭이 강물에 의해 깎이는 현상.
9 암반이 바람, 빙하, 물 등이 운반한 돌 부스러기에 의해 깎이는 현상.

- 구곡 침식은 왜 시간이 지날수록 심해질까요?
- 수식은 왜 비가 많은 지역에서 일어날 가능성이 높을까요?

학생에게 다음과 같이 특정 특성의 영향을 기술하라고 요구한다.

- 삼림 벌채는 어떻게 침식에 영향을 주나요?
- 농사는 어떻게 침식에 영향을 주나요?

학생에게 다음과 같이 일정 조건하에서 무슨 일이 발생할지 예측하라고 요구한다. ('만약 ~라면?' 질문)

- 만약 강기슭 아래쪽의 흙이나 암석이 침식되어 돌출부가 생긴다면 어떻게 될까요?

증거

만약 학생이 '삼림 벌채가 수식의 주요 원인이다'라는 결론을 내린다면, 교사는 학생에게 자신의 결론에 대한 증거를 제시하도록 유도할 수 있다.

학생에게 다음과 같이 자신의 정교화를 뒷받침하는 자료를 제시하라고 요구한다.

- 여러분의 주장을 뒷받침하는 자료는 무엇인가요?
- 여러분의 주장을 뒷받침하는 측정치는 무엇인가요?
- 여러분의 주장을 뒷받침하는 관찰 자료는 무엇인가요?

학생에게 다음과 같이 자신의 정교화를 구성하기 위해 사용한 추론을 설명하라고 요구한다.

- 삼림 벌채가 수식의 원인이라는 것을 어떻게 알았나요?

학생에게 다음과 같이 자신의 결론 중 일부에 단서를 달거나 제한을 두라고 요구한다.

- 삼림 벌채가 수식을 방지하는 경우가 한 번이라도 있을까요?

학생에게 다음과 같이 자신의 정교화를 구성하기 위해 사용한 추론에서 오류를 찾으라고 요구한다.

- 삼림 벌채의 이점은 무엇인가요?

학생에게 다음과 같이 자신의 정교화를 다른 관점에서 검토하라고 요구한다.

- 어떻게 하면 침식과 삼림 파괴라는 문제를 야기하지 않고 목재를 얻는 이점을 누릴 수 있을까요?

5학년 읽기

다음의 영어(ELA) 성취기준을 살펴보자.

RL.5.3: 텍스트의 특정 세부 사항(예컨대, 인물은 어떻게 상호작용하는가)을 바탕으로 해서 이야기나 연극의 둘 또는 그 이상의 인물, 배경, 사건을 비교하고 대조할 수 있다. (NGA & CCSSO, 2010a, p. 12)

질문 연속체에서 이 성취기준을 사용하는 교사는 다음의 내용에 초점을 맞출 수 있다.

- 학생은 이야기가 무엇인지 이해할 수 있다.
- 학생은 연극이 무엇인지 이해할 수 있다.
- 학생은 텍스트의 인물을 비교하고 대조할 수 있다.
- 학생은 텍스트의 배경을 비교하고 대조할 수 있다.
- 학생은 텍스트의 사건을 비교하고 대조할 수 있다.
- 학생은 텍스트의 특정 세부 사항을 찾을 수 있다.
- 학생은 비교 및 대조를 위해 세부 사항을 이용할 수 있다.

이 예에서 우리는 텍스트의 인물을 비교하고 대조하는 데 초점을 맞춘다.

질문 연속체를 시작하기 위해 교사는 학생에게 텍스트의 특정 인물(사람)에 대해 질문을 한다. 이 예에서 사용된 텍스트는 크리스토퍼 폴 커티스의 『난 버디가 아니라 버드야!』[10]이다.

- 버드 콜드웰은 언제 살았나요? (시기)
- 허먼 E. 캘러웨이는 어디에서 사나요? (장소)
- 버드는 어디에서 데자 말론을 만나나요? (장소)
- 토드 아모스는 어디에서 사나요? (장소)
- 버드가 레프티 루이스를 만날 때 무슨 일이 일어나나요? (사건)
- 그레이스 토머스 양은 무엇으로 유명한가요? (업적)

교사는 단원에 대한 자신의 초점을 기반으로 해서 범주 혹은 범주들을 선택해야 한다. 이 예에서 교사는 버드를 돕는 사람들, 버드에게 해를 주거나 돕지 않는 사람들, 버드가 돕는 사람들이라는 세 범주에 질문의 초점을 맞춘다.

학생에게 다음과 같이 해당 범주의 예를 찾으라고 요구한다.
- 버드를 돕는 사람들의 예는 무엇인가요? 버드에게 해를 주거나 돕지 않는 사람들은? 버드가 돕는 사람들은?

학생에게 다음과 같이 해당 범주의 일반적인 특성을 기술하라고 요구한다.
- 버드를 돕는 사람들은 어떤 사람들인가요? 버드에게 해를 주거나 돕지 않는 사람들은? 버드가 돕는 사람들은?
- 버드를 돕는 사람들은 어떤 행동을 하나요? 버드에게 해를 주거나 돕지 않는 사람들은? 버드가 돕는 사람들은? (행동)

....

10 첫 데뷔작 『왓슨 가족, 버밍햄에 가다』(1963)로 1996년 뉴베리 아너 상을 수상한 크리스토퍼 폴 커티스의 두 번째 작품이자 2000년 뉴베리 상 수상작. 1930년대 대공황기의 미국을 배경으로 자신이 다 큰 어른이라고 생각하는 주인공 버드가 아버지를 찾아가는 과정을 그린 청소년 소설이다.

- 버드를 돕는 사람들은 어떻게 생겼나요? 버드에게 해를 주거나 돕지 않는 사람들은? 버드가 돕는 사람들은? (신체적 특성)
- 버드를 돕는 사람들의 공통된 생각이나 태도는 무엇인가요? 버드에게 해를 주거나 돕지 않는 사람들은? 버드가 돕는 사람들은? (심리적 특성)

학생에게 다음과 같이 해당 범주 내 비교 및 해당 범주와 다른 범주 간의 비교를 하라고 요구한다.

- 레프티 루이스와 스테디 에디(Steady Eddie)를 비교하세요. (범주 내 비교—버드를 돕는 사람들)
- 시설에서 버드의 부모 역할을 하던 사람과 아모스 가족을 비교하세요. (범주 간 비교—버드를 돕는 사람들과 버드에게 해를 주거나 돕지 않는 사람들)

정교화

정교화 질문은 범주 질문에 대한 학생의 대답을 기반으로 한다. 그러므로 정교화 질문을 구성하기 위해 교사는 범주 질문에 대한 학생의 반응을 활용한다.

학생에게 다음과 같이 특성의 이유를 설명하라고 요구한다. ('왜?' 질문)

- 버드의 말에 귀를 기울이고 그에 대해 생각하는 어른들은 왜 그를 돕는 사람들과 같을까요?

학생에게 다음과 같이 특정 특성의 영향을 기술하라고 요구한다.

- 책임져야 할 대상, 불쌍한 녀석, 골칫거리로 취급받는 것이 버드에게 어떤 영향을 주나요?

학생에게 다음과 같이 일정 조건하에서 무슨 일이 발생할지 예측하라고 요구한다. ('만약 ~라면?' 질문)

- 만약 허먼 E. 캘러웨이가 버드에게 귀를 기울이는 대신 그를 골칫거리로 취급했다면 어떻게 됐을까요?

만약 학생이 '허먼 E. 캘러웨이가 버드를 골칫거리로 취급했다면 그는 자신의 딸과 손자에게 무슨 일이 발생했는지 알지 못했을 테지만, 그의 친절은 실제로 자신에게 혜택을 주었다'라는 결론을 내린다면, 교사는 학생에게 자신의 결론에 대한 증거를 제시하도록 유도할 수 있다.

학생에게 다음과 같이 자신의 정교화를 뒷받침하는 자료를 제시하라고 요구한다.

• 책의 어느 부분이 여러분의 주장을 뒷받침하나요?

학생에게 다음과 같이 자신의 결론 중 일부에 단서를 달거나 제한을 두라고 요구한다.

• 허먼 E. 캘러웨이가 버드를 골칫거리로 취급한 적이 있나요?

학생에게 다음과 같이 자신의 정교화를 다른 관점에서 검토하라고 요구한다.

• 허먼 E. 캘러웨이의 행동을 다르게 보는 관점에는 무엇이 있을 수 있을까요?

6학년 쓰기

다음의 영어(ELA) 성취기준을 살펴보자.

W.6.4: 글의 전개, 조직, 문체가 과제와 목적에 들어맞고 독자에게 적합하게끔 명확하고 일관성 있는 글을 쓸 수 있다. (NGA & CCSSO, 2010a, p. 43)

질문 연속체에서 이 성취기준을 사용하는 교사는 다음의 내용에 초점을 맞출 수 있다.

• 학생이 명확하고 일관성 있게 글을 쓸 수 있다.
• 학생이 글의 전개, 조직, 문체가 무엇인지 이해할 수 있다.

- 학생이 자기 글의 과제 혹은 목적을 이해하고 그것에 적합한 글을 쓸 수 있다.
- 학생은 자기 글의 독자를 이해하고 독자에게 적합한 글을 쓸 수 있다.

이 예에서 우리는 글의 독자를 이해하는 데 초점을 맞춘다.

세부 사항

질문 연속체를 시작하기 위해 교사는 학생에게 글의 독자가 될 수 있는 다양한 단체 혹은 기관에 대해 질문한다.

- 다른 학생 독자는 어떤 신념을 가지고 있을까요? 부모님이라는 독자는? 교사라는 독자는? (신념)
- 다른 학생 독자는 어디에서 여러분의 글을 읽을까요? 부모님이라는 독자는? 교사라는 독자는? (장소)
- 다른 학생 독자는 언제 여러분의 글을 읽을까요? 부모님이라는 독자는? 교사라는 독자는? (시기)
- 다른 학생 독자는 여러분의 글을 읽는 동안 무엇을 할까요? 부모님이라는 독자는? 교사라는 독자는? (사건)

범주

교사는 단원에 대한 자신의 초점을 기반으로 해서 범주 혹은 범주들을 선택해야 한다. 이 예에서 교사는 호의적인 독자라는 범주에 질문의 초점을 맞춘다.

학생에게 다음과 같이 해당 범주의 예를 찾으라고 요구한다.
- 호의적인 독자의 예는 무엇인가요?

학생에게 다음과 같이 해당 범주의 일반적인 특성을 기술하라고 요구한다.
- 호의적인 독자는 왜 여러분의 글을 읽을까요? (목적)
- 호의적인 독자의 구성원은 누구일까요? (사람)
- 여러분은 호의적인 독자를 어디에서 만날 수 있을까요? (장소)

학생에게 다음과 같이 해당 범주 내 비교 및 해당 범주와 다른 범주 간의 비교를 하라고 요구한다.

- 독자로서의 여러분의 부모님과 독자로서의 여러분의 가장 친한 친구를 비교하세요. (범주 내 비교―호의적인 독자)
- 독자로서의 여러분의 부모님과 독자로서 여러분을 좋아하지 않는 학생을 비교하세요. (범주 간 비교―호의적인 독자와 적대적인 독자)

정교화

정교화 질문은 범주 질문에 대한 학생의 대답을 기반으로 한다. 그러므로 정교화 질문을 구성하기 위해 교사는 범주 질문에 대한 학생의 반응을 활용한다.

학생에게 다음과 같이 특성의 이유를 설명하라고 요구한다. ('왜?' 질문)

- 여러분을 좋아하는 사람은 왜 보통 호의적인 독자일까요?
- 여러분을 좋아하지 않는 사람은 왜 여러분의 말을 주의 깊게 듣지 않을까요?

학생에게 다음과 같이 특정 특성의 영향을 기술하라고 요구한다.

- 호의적이지 않은 독자는 여러분이 제시하는 증거의 양에 어떤 영향을 줄까요?
- 호의적인 독자는 여러분이 구성하는 논증의 신중함 정도에 어떤 영향을 줄까요?

학생에게 다음과 같이 일정 조건하에서 무슨 일이 발생할지 예측하라고 요구한다. ('만약 ~라면?' 질문)

- 호의적인 독자를 위해 쓴 글을 적대적인 독자가 보게 된다면 어떻게 될까요?

증거

만약 학생이 '글을 쓰기 전에 독자에 대해 아는 것은 매우 중요하다'라는 결론을 내린다면, 교사는 학생에게 자신의 결론에 대한 증거를 제시하도록 유도할 수 있다.

학생에게 다음과 같이 자신의 정교화를 뒷받침하는 자료를 제시하라고 요구한다.

- 여러분의 주장을 뒷받침하는 자료는 무엇인가요?

학생에게 다음과 같이 자신의 정교화를 구성하기 위해 사용한 추론을 설명하라고 요구한다.

- 글쓰기 전에 독자에 대해 아는 것이 중요하다는 것을 어떻게 알았나요?

학생에게 다음과 같이 자신의 결론 중 일부에 단서를 달거나 제한을 두라고 요구한다.

- 어떤 독자를 위해 글을 썼는데 다른 독자가 그 글을 읽어야 한다는 사실을 알게 된다면, 다른 독자를 위해 그 글을 고쳐 쓸 수 있을까요?

학생에게 다음과 같이 자신의 정교화를 다른 관점에서 검토하라고 요구한다.

- 누가 다른 관점을 가질 수 있을까요?
- 적대적이지도 않고 호의적이지도 않은, 아무 정보가 없는 독자를 대상으로 어떻게 글을 쓸 수 있을까요?

7학년 수학

다음의 수학 성취기준을 살펴보자.

7.SP.B.4: 두 모집단[11]에 대한 비정형 비교 추론을 끌어내기 위해 무작위표본[12]에서 가져온 수치데이터의 중심측도[13]와 변이측도[14]를 사용할 수 있다. (NGA & CCSSO, 2010c, p. 50)

....

11 통계적인 관찰의 대상이 되는 집단 전체. 측정이나 조사를 하기 위하여 표본을 뽑아내는 바탕이 된다.
12 임의표본이라고도 하며 임의추출법에 의하여 뽑아낸 표본.
13 대표할 수 있는 하나의 값으로 관측값들을 나타내는 것. 가장 흔히 사용되는 중심측도에는 평균과 중앙값이 있다.
14 자료가 흩어져 있는 정도. 분산, 표준편차, 범위, 사분위범위가 있다.

질문 연속체에서 이 성취기준을 사용하는 교사는 다음의 내용에 초점을 맞출 수 있다.

- 학생은 다양한 중심측도와 변이측도를 이해할 수 있다.
- 학생은 다양한 중심측도와 변이측도를 계산할 수 있다.
- 학생은 모집단이 무엇인지 이해할 수 있다.
- 학생은 무작위표본이 무엇인지 이해할 수 있다.
- 학생은 비교 추론이 무엇인지 이해하고, 데이터로부터 비교 추론을 끌어낼 수 있다.
- 학생은 중심측도와 변이측도를 기반으로 해서 추론을 할 수 있다.

이 예에서 우리는 다양한 유형의 중심측도와 변이측도를 이해하는 데 초점을 맞춘다.

세부 사항

질문 연속체를 시작하기 위해 교사는 학생에게 평균,[15] 중앙값,[16] 최빈값,[17] 범위,[18] 사분위범위,[19] 분산,[20] 표준편차[21]와 같은 인간이 만든 개념에 대해 질문한다.

- 다음의 각각은 무엇인가요? (개념)
  - 평균
  - 중앙값
  - 최빈값
  - 범위

---

15 관측값들을 모두 합한 후, 관측 개수로 나눈 값.
16 관측값들을 (작은 값에서 큰 값으로) 크기순으로 배열했을 때 한가운데에 있는 값.
17 대푯값 중 하나로 자료의 변량 중 가장 많이 나타나는 수.
18 자료의 최댓값에서 최솟값을 뺀 값. 계산과 해석이 간단하다는 장점이 있지만, 자료에 멀리 떨어진 특이점이 존재할 때 자료의 흩어진 정도가 과장될 수 있고 그 중간에 있는 값들의 정보가 무시된다는 단점이 있다.
19 '범위'의 단점을 극복하기 위한 것으로 관측값의 일부가 매우 크거나 작더라도 영향을 받지 않으며 한쪽으로 치우쳐 있는 분포에서 많이 사용된다. 관측값을 낮은 순에서 높은 순으로 정렬한 후 4등분했을 때 각 등위에 해당하는 값인 사분위수 간의 차이를 측정한다.
20 편차(관측값 − 관측값의 평균)의 제곱에 '관측값 − 1'을 나눈 값.
21 분산의 제곱근으로 평균값 주위로 분산된 정도를 나타내는 수치. 분산보다 더 자주 사용된다.

- 사분위범위

- 분산

- 표준편차

• 다음의 각각은 무엇을 측정하나요? (크기, 양, 혹은 질)

- 평균

- 중앙값

- 최빈값

- 범위

- 사분위범위

- 분산

- 표준편차

• 다음 각각은 어떻게 데이터에 대한 이해를 돕나요? (세계를 체계화함)

- 평균

- 중앙값

- 최빈값

- 범위

- 사분위범위

- 분산

- 표준편차

범주

교사는 단원에 대한 자신의 초점을 기반으로 해서 범주 혹은 범주들을 선택해야 한다. 이 예에서 교사는 중심측도와 변이측도라는 두 범주에 질문의 초점을 맞춘다.

학생에게 다음과 같이 해당 범주의 예를 찾으라고 요구한다.

• 중심측도의 예는 무엇인가요? 변이측도는?

학생에게 다음과 같이 해당 범주의 일반적인 특성을 기술하라고 요구한다.

- 모든 중심측도의 공통점은 무엇인가요? 변이측도는?
- 중심측도는 무엇을 위해 사용되나요? 변이측도는? (목적)
- 중심측도는 무엇을 측정하나요? 변이측도는? (원인 혹은 결과)

학생에게 다음과 같이 해당 범주 내 비교 및 해당 범주와 다른 범주 간의 비교를 하라고 요구한다.

- 평균과 중앙값을 비교하세요. (범주 내 비교—중심측도)
- 평균과 표준편차를 비교하세요. (범주 간 비교—중심측도와 변이측도)

정교화

정교화 질문은 범주 질문에 대한 학생의 대답을 기반으로 한다. 그러므로 정교화 질문을 구성하기 위해 교사는 범주 질문에 대한 학생의 반응을 활용한다.

학생에게 다음과 같이 특성의 이유를 설명하라고 요구한다. ('왜?' 질문)
- 중심측도는 왜 대부분의 데이터가 어떤 모습인지를 보여주나요?
- 변이측도는 왜 데이터가 어떻게 흩어져 있는지를 보여주나요?

학생에게 다음과 같이 특정 특성의 영향을 기술하라고 요구한다.
- 변이측도는 중심측도에 어떤 영향을 주나요?
- 특이값[22]은 평균에 어떤 영향을 주나요?

학생에게 다음과 같이 일정 조건하에서 무슨 일이 발생할지 예측하라고 요구한다. ('만약 ~라면?' 질문)
- 만약 데이터 세트에서 특이값을 삭제한다면 어떻게 될까요?
- 만약 평균을 계산할 때 극단의 특이값을 포함한다면 어떻게 될까요?

증거

만약 학생이 '변이측도는 중심측도가 얼마나 신뢰성이 있는지를 보여준다'라는

....

22 관측된 데이터의 범위에서 많이 벗어난 아주 작은 값이나 아주 큰 값.

결론을 내린다면, 교사는 학생에게 자신의 결론에 대한 증거를 제시하도록 유도할 수 있다.

학생에게 다음과 같이 자신의 정교화를 뒷받침하는 자료를 제시하라고 요구한다.

- 여러분의 주장을 뒷받침하는 자료는 무엇인가요?

학생에게 다음과 같이 자신의 정교화를 구성하기 위해 사용한 추론을 설명하라고 요구한다.

- 변이측도가 중심측도의 신뢰성을 보여준다는 것을 어떻게 알았나요?

학생에게 다음과 같이 자신의 결론 중 일부에 단서를 달거나 제한을 두라고 요구한다.

- 변이측도가 중심측도의 신뢰성을 보여주지 않는 경우가 한 번이라도 있었나요?

학생에게 다음과 같이 자신의 정교화를 다른 관점에서 검토하라고 요구한다.

- 어떤 사람은 왜 데이터 세트에 변이측도가 아닌 중심측도만을 제시할까요?

8학년 읽기

다음의 영어(ELA) 성취기준을 살펴보자.

RI.8.4: 비유적, 함축적, 기술적 의미를 포함하여 텍스트에서 사용된 단어와 구의 의미를 파악할 수 있다. 다른 텍스트에 대한 유추 혹은 암시를 포함해 특정 단어의 선택이 의미와 어조에 미치는 영향을 분석할 수 있다. (NGA & CCSSO, 2010a, p. 39)

질문 연속체에서 이 성취기준을 사용하는 교사는 다음의 내용에 초점을 맞출

....

23 같은 종류나 비슷한 것을 토대로 해 다른 사물을 미루어 추측하는 일.

수 있다.

- 학생은 비유적, 함축적, 기술적 의미가 무엇인지 이해할 수 있다.
- 학생은 단어나 구의 의미를 파악할 수 있다.
- 학생은 작가가 선택한 특정 단어를 찾아낼 수 있다.
- 학생은 특정 단어 선택이 미치는 영향을 분석할 수 있다.
- 학생은 어조가 무엇인지 이해할 수 있다.
- 학생은 유추가 무엇인지 이해할 수 있다.
- 학생은 암시가 무엇인지 이해할 수 있다.
- 학생은 유추와 암시를 분석할 수 있다.

이 예에서 우리는 비유적, 함축적, 기술적 의미가 무엇인지 이해하는 데 초점을 맞춘다.

세부 사항

질문 연속체를 시작하기 위해 교사는 학생에게 비유적, 함축적, 기술적 의미를 가질 수 있는 인간이 만든 개념에 대해 질문한다.

- 다음의 각각은 무엇인가요? (개념)
  - 의인화
  - 과장
  - 은유
  - 두운(頭韻)[24]
  - 직유
  - 의성어
  - 관용구
  - 암시
  - 정의(定義)

....

24 시가에서 구나 행의 첫머리에 규칙적으로 같은 운의 글자를 넣는 일.

- 작가는 다음의 각각을 왜 사용하나요? (크기, 양, 혹은 질)
  - 의인화
  - 과장
  - 은유
  - 두운
  - 직유
  - 의성어
  - 관용구
  - 암시
  - 정의
- 함축적 의미란 무엇인가요? (개념)
- 비유적 언어는 어떻게 세계를 체계화하는 것을 돕나요? (세계를 체계화함)
- 정의(定義)는 어떻게 세계를 체계화하는 것을 돕나요? (세계를 체계화함)

범주

교사는 단원에 대한 자신의 초점을 기반으로 해서 범주 혹은 범주들을 선택해야 한다. 이 예에서 교사는 비유적 언어, 함축적 언어, 기술적 언어라는 세 범주에 질문의 초점을 맞춘다.

학생에게 다음과 같이 해당 범주의 예를 찾으라고 요구한다.
- 비유적 언어의 예는 무엇인가요? 함축적 언어는? 기술적 언어는?

학생에게 다음과 같이 해당 범주의 일반적인 특성을 기술하라고 요구한다.
- 모든 비유적 언어의 예가 지닌 공통점은 무엇인가요? 함축적 언어는? 기술적 언어는?
- 작가는 왜 비유적 언어를 사용하나요? 함축적 언어는? 기술적 언어는? (목적)
- 비유적 언어는 어떻게 텍스트의 메시지에 영향을 주나요? 함축적 언어는? 기술적 언어는? (원인 혹은 결과)

학생에게 다음과 같이 해당 범주 내 비교 및 해당 범주와 다른 범주 간의 비교를 하라고 요구한다.

- 두운과 의성어를 비교하세요. (범주 내 비교―비유적 언어)
- 관용구와 정의를 비교하세요. (범주 간 비교―함축적 언어와 기술적 언어)

정교화

정교화 질문은 범주 질문에 대한 학생의 대답을 기반으로 한다. 그러므로 정교화 질문을 구성하기 위해 교사는 범주 질문에 대한 학생의 반응을 활용한다.

학생에게 다음과 같이 특성의 이유를 설명하라고 요구한다. ('왜?' 질문)

- 비유적 언어와 함축적 언어는 왜 기술적 글쓰기에서는 보통 사용되지 않나요?
- 비유적 언어는 왜 글을 보다 인상 깊게 만드나요?
- 함축적 언어는 왜 글쓰기에 아이디어를 추가할 수 있을까요?

학생에게 다음과 같이 특정 특성의 영향을 기술하라고 요구한다.

- 기술적 언어는 텍스트에 어떤 영향을 주나요? 비유적 언어는? 함축적 언어는?

학생에게 다음과 같이 일정 조건하에서 무슨 일이 발생할지 예측하라고 요구한다. ('만약 ~라면?' 질문)

- 만약 기술적인 설명서에 포함된 정의를 비유적 혹은 함축적 언어로 바꾼다면 어떻게 될까요?

증거

만약 학생이 '비유적 언어는 독자에게 현실 세계를 상기시킴으로써 글을 더 인상 깊게 만든다'라는 결론을 내린다면, 교사는 학생에게 자신의 결론에 대한 증거를 제시하도록 유도할 수 있다.

학생에게 다음과 같이 자신의 정교화를 뒷받침하는 자료를 제시하라고 요구한다.

- 여러분의 결론을 뒷받침하기 위해 인용할 수 있는 자료는 무엇인가요?

학생에게 다음과 같이 자신의 정교화를 구성하기 위해 사용한 추론을 설명하라고 요구한다.

- 비유적 언어가 독자에게 현실 세계를 연상시킨다는 것을 어떻게 알았나요?

학생에게 다음과 같이 자신의 결론 중 일부에 단서를 달거나 제한을 두라고 요구한다.

- 비유적 언어가 독자에게 현실 세계를 연상시키지 않는 경우도 있나요?

학생에게 다음과 같이 자신의 정교화를 다른 관점에서 검토하라고 요구한다.

- 비유적 언어와 함축적 언어가 같다고 말하는 사람에게 무슨 말을 할 건가요?

고등학교 쓰기

다음의 영어(ELA) 성취기준을 살펴보자.

W.11-12.1: 중요한 주제나 텍스트에 대한 분석에서, 타당한 추론과 적절하고 충분한 증거를 사용해 자신의 주장을 뒷받침하는 논증 글을 쓸 수 있다.

a. 주장(들)을 정확하고 자세하게 소개하고, 주장(들)의 중요성을 정립하고, 주장(들)과 대안적 주장 혹은 반대 주장을 구별하고, 주장(들), 반대 주장, 이유, 증거를 논리적으로 배열하는 구성을 창안할 수 있다.

b. 독자의 지식 수준, 관심, 가치, 발생 가능한 편견을 예상하면서 주장과 반대 주장의 강점과 한계를 모두 지적하는 동시에, 각각에 가장 적합한 증거를 제시해 주장(들)과 반대 주장을 공정하고 철저하게 발전시킬 수 있다.

c. 텍스트의 주요 부분을 연결하고, 응집성을 창조하며, 주장(들)과 이유, 이유와 증거, 주장(들)과 반대 주장 사이의 관계를 명확하게 구분하기 위해 단어, 구, 절뿐만

아니라 다양한 구문을 사용할 수 있다.

d. 자신이 글 쓰고 있는 그 분야의 관습과 규범에 주의를 기울이면서 격식을 갖춘 문체와 객관적인 어조를 확립하고 유지할 수 있다.

e. 주어진 논증에서 도출되어 이 논증을 지지하는, 결론을 맺는 진술이나 절을 쓸 수 있다. (NGA & CCSSO, 2010a, p. 45)

질문 연속체에서 이 성취기준을 사용하는 교사는 다음의 내용에 초점을 맞출 수 있다.

- 학생은 논증이 어떤 구조를 가지는지 이해할 수 있고, 주장을 뒷받침하기 위해 논증 구조를 사용할 수 있다.
- 학생은 주장을 소개할 수 있다.
- 학생은 주장을 전개할 수 있다.
- 학생은 자신이 쓴 텍스트의 주요 부분을 확인할 수 있다.
- 학생은 주장과 증거 사이의 관계를 확인하고 명료화할 수 있다.
- 학생은 격식을 갖춘 문체가 어떻게 보이고 들리는지 이해하고, 이를 확립하고 유지할 수 있다.

이 예에서 우리는 격식을 갖춘 문체가 어떻게 보이고 들리는지 이해하는 데 초점을 맞춘다.

세부 사항

질문 연속체를 시작하기 위해 교사는 학생에게 격식을 갖춘 문체와 객관적인 어조라는 인간이 만든 개념에 대해 질문한다.

- 격식을 갖춘 문체는 어떻게 들리나요? 객관적인 어조는? (개념)
- 격식을 갖춘 문체는 논증 글을 쓸 때 왜 중요한가요? 객관적인 어조는? (크기, 양, 혹은 질)

범주

교사는 단원에 대한 자신의 초점을 기반으로 해서 범주 혹은 범주들을 선택해야 한다. 이 예에서 교사는 격식을 갖춘 문체를 사용하는 텍스트와 객관적인 어조를 사용하는 텍스트라는 두 범주에 질문의 초점을 맞춘다.

학생에게 다음과 같이 해당 범주의 예를 찾으라고 요구한다.
- 격식을 갖춘 문체를 사용하는 텍스트의 예는 무엇인가요? 객관적인 어조를 사용하는 텍스트는?

학생에게 다음과 같이 해당 범주의 일반적인 특성을 기술하라고 요구한다.
- 격식을 갖춘 문체를 사용하는 텍스트의 특징은 무엇인가요? 객관적인 어조를 사용하는 텍스트는?
- 격식을 갖춘 문체를 사용하는 텍스트와 관련된 목적 혹은 용도는 무엇인가요? 객관적인 어조를 사용하는 텍스트는? (목적)
- 격식을 갖춘 문체를 사용하는 텍스트와 관련된 원인 혹은 결과는 무엇인가요? 객관적인 어조를 사용하는 텍스트는? (원인 혹은 결과)

학생에게 다음과 같이 해당 범주 내 비교 및 해당 범주와 다른 범주 간의 비교를 하라고 요구한다.
- 연구 논문의 문체와 논픽션의 문체를 비교하세요. (범주 내 비교—격식을 갖춘 문체를 사용하는 텍스트)
- 연구 논문의 문체와 전기(傳記)의 어조를 비교하세요. (범주 간 비교—격식을 갖춘 문체를 사용하는 텍스트와 객관적인 어조를 사용하는 텍스트)

정교화

정교화 질문은 범주 질문에 대한 학생의 대답을 기반으로 한다. 그러므로 정교화 질문을 구성하기 위해 교사는 범주 질문에 대한 학생의 반응을 활용한다.

학생에게 다음과 같이 특성의 이유를 설명하라고 요구한다. ('왜?' 질문)
- 격식을 갖춘 문체를 사용하면 왜 더욱 광범위한 독자가 보다 쉽게 텍스트를 이해할 수 있을까요?

- 객관적인 어조는 왜 텍스트에 대한 신뢰성을 더해줄까요?
- 격식을 갖춘 문체를 사용한다는 것은 왜 3인칭 시점으로 글을 쓰는 것을 보통 의미하나요?
- 객관적인 어조는 왜 오해를 방지하나요?

학생에게 다음과 같이 특정 특성의 영향을 기술하라고 요구한다.

- 정확한 구두법과 철자를 사용하는 것은 저자의 신뢰성에 어떤 영향을 주나요?
- 권위 있게 들리는 것은 저자의 신뢰성에 어떤 영향을 주나요?

학생에게 다음과 같이 일정 조건하에서 무슨 일이 발생할지 예측하라고 요구한다. ('만약 ~라면?' 질문)

- 만약 속어를 사용해 1인칭 혹은 2인칭 시점으로 연구 논문을 쓴다면 어떻게 될까요?

증거

만약 학생이 '격식을 갖춘 문체와 객관적인 어조는 저자가 독자를 배려하고 있다는 것을 보여주기 때문에(저자가 쓴 내용을 독자가 이해하고 따라가는 것을 더 쉽게 만들기 때문에) 저자에게 신뢰를 가져다준다'라는 결론을 내린다면, 교사는 학생에게 자신의 결론에 대한 증거를 제시하도록 유도할 수 있다.

학생에게 다음과 같이 자신의 정교화를 뒷받침하는 자료를 제시하라고 요구한다.

- 여러분의 주장을 뒷받침하는 자료는 무엇인가요?

학생에게 다음과 같이 자신의 정교화를 구성하기 위해 사용한 추론을 설명하라고 요구한다.

- 여러분의 결론을 끌어낸 추론을 설명하세요.

학생에게 다음과 같이 자신의 결론 중 일부에 단서를 달거나 제한을 두라고 요구한다.

- 격식을 갖춘 문체와 객관적인 어조를 사용하지 않는 저자가 신뢰를 얻는 건 가능할까요?

학생에게 다음과 같이 자신의 정교화를 구성하기 위해 사용한 추론에서 오류를 찾으라고 요구한다.

- 저자가 독자와 매우 친숙할 때 발생할 수 있는 오류는 무엇인가요?

학생에게 다음과 같이 자신의 정교화를 다른 관점에서 검토하라고 요구한다.

- 논증 글을 쓰는 저자가 격식을 갖춘 문체를 사용하고 싶지 않은 때는 언제일까요?

▌고등학교 수학

다음의 수학 성취기준을 살펴보자.

HSF-IF.C.7: 간단한 경우에는 손으로, 보다 복잡한 경우에는 기기를 이용하여 상징적으로 표현된 함수 그래프를 그리면서 그래프의 주요 특징을 표현할 수 있다.

a. 일차함수와 이차함수 그래프를 그리고, 절편(截片: intercepts),[25] 최댓값, 최솟값을 표현할 수 있다.

b. 계단함수와 절댓값함수를 포함해 제곱근함수, 세제곱근함수, 구간함수 그래프를 그릴 수 있다.

c. 적절한 인수분해를 이용해 근(根: root)[26]을 구하고 그래프의 개형(槪形: end behavior)[27]을 보여주면서 다항함수 그래프를 그릴 수 있다.

....

25 좌표 평면상의 직선이 x축과 만나는 점의 x좌표 및 y축과 만나는 점의 y좌표를 통틀어 이르는 말.
26 어떠한 방정식을 성립시키는 미지수의 값. '해'라고도 한다.
27 그래프의 기본적인 형태.

d. 적절한 인수분해를 이용해 근과 점근선(漸近線)[28]을 구하고 그래프의 개형을 보여 주면서 유리함수 그래프를 그릴 수 있다.

e. 절편과 그래프의 개형을 보여주면서 지수함수와 로그함수 그래프를 그리고 주기, 중심선, 진폭을 표현하면서 삼각함수 그래프를 그릴 수 있다. (NGA & CCSSO, 2010c, p. 69)

질문 연속체에서 이 성취기준을 사용하는 교사는 다음의 내용에 초점을 맞출 수 있다.

- 학생은 함수 그래프를 그릴 수 있다.
- 학생은 절편, 최댓값, 최솟값이 무엇인지 이해하고, 함수 그래프를 그릴 때 이를 표현할 수 있다.
- 학생은 근과 점근선이 무엇인지 이해하고, 인수분해를 이용해 이를 구할 수 있다.
- 학생은 그래프의 개형이 무엇인지 이해하고, 함수 그래프를 그릴 때 이를 표현할 수 있다.
- 학생은 주기, 중심선, 진폭이 무엇인지 이해하고, 그래프를 그릴 때 이를 표현할 수 있다.

이 예에서 우리는 다양한 유형의 함수의 특징을 이해하는 데 초점을 맞춘다.

세부 사항

질문 연속체를 시작하기 위해 교사는 학생에게 특정 종류의 함수에 대해 질문을 한다. 여기에서 우리는 함수의 유형을 인간이 만든 개념으로 간주한다.

- 다음의 각 함수는 어떤 종류의 관계를 표현하나요? (크기, 양, 혹은 질)
    - 일차함수
    - 이차함수

---

28 좌표 평면에서 x의 값이 양 또는 음으로 점점 커짐에 따라 어떤 곡선이 일정한 직선에 한없이 가까워질 때에, 그 직선을 곡선에 상대하여 이르는 말.

- 제곱근함수
- 세제곱근함수
- 구간함수
- 계단함수
- 절댓값함수
- 다항함수
- 유리함수
- 지수함수
- 로그함수

- 다음 함수의 그래프는 각각 어떤 모양인가요? (개념)
  - 일차함수
  - 이차함수
  - 제곱근함수
  - 세제곱근함수
  - 구간함수
  - 계단함수
  - 절댓값함수
  - 다항함수
  - 유리함수
  - 지수함수
  - 로그함수

범주

교사는 단원에 대한 자신의 초점을 기반으로 해서 범주 혹은 범주들을 선택해야 한다. 이 예에서 교사는 다항함수, 루트함수, 구간함수라는 세 범주에 질문의 초점을 맞춘다.

학생에게 다음과 같이 해당 범주의 예를 찾으라고 요구한다.

- 다항함수의 예는 무엇인가요? 루트함수는? 구간함수는?

학생에게 다음과 같이 해당 범주의 일반적인 특성을 기술하라고 요구한다.

- 다항함수의 특징은 무엇인가요? 루트함수는? 구간함수는?
- 다항함수는 무엇을 위해 사용되나요? 루트함수는? 구간함수는? (목적)
- 다항함수와 관련된 원인 혹은 결과는 무엇인가요? 루트함수는? 구간함수는? (원인 혹은 결과)

학생에게 다음과 같이 해당 범주 내 비교 및 해당 범주와 다른 범주 간의 비교를 하라고 요구한다.

- 일차함수와 이차함수를 비교하세요. (범주 내 비교—다항함수)
- 일차함수와 절댓값함수를 비교하세요. (범주 간 비교—다항함수와 구간함수)

정교화

정교화 질문은 범주 질문에 대한 학생의 대답을 기반으로 한다. 그러므로 정교화 질문을 구성하기 위해 교사는 범주 질문에 대한 학생의 반응을 활용한다.

학생에게 다음과 같이 특성의 이유를 설명하라고 요구한다. ('왜?' 질문)

- 다항함수는 왜 현실의 삶에서 많이 적용되나요?
- 다항함수는 왜 비용을 분석하는 데 사용될 수 있나요?

학생에게 다음과 같이 특정 특성의 영향을 기술하라고 요구한다.

- 함수의 정의역(定義域: domain)[29]은 치역(値域: range)[30]에 어떤 영향을 주나요?
- 지수, 루트, 절댓값은 함수에 어떤 영향을 주나요?

---

29 집합 X에서 집합 Y로의 함수 f일 때 X를 함수 f에 상대하여 이르는 말.
30 어떤 함수에서 독립변수가 정의역 내의 모든 값을 취할 때 함수가 취할 수 있는 값 전체의 집합.

학생에게 다음과 같이 일정 조건하에서 무슨 일이 발생할지 예측하라고 요구한다. ('만약 ~라면?' 질문)

- 만약 함수의 정의역에서의 어느 값이 치역에서의 둘 이상의 값과 대응되면 어떻게 될까요?
- 만약 함수 그래프에서 수직선이 같은 값을 두 번 이상 만난다면 어떻게 될까요?

증거

만약 학생이 '정의역에서의 어느 값이 치역에서의 둘 이상의 값과 대응되는 관계는 함수가 아니다'라는 결론을 내린다면, 교사는 학생에게 자신의 결론에 대한 증거를 제시하도록 유도할 수 있다.

학생에게 다음과 같이 자신의 정교화를 뒷받침하는 자료를 제시하라고 요구한다.

- 여러분의 주장을 뒷받침하는 자료는 무엇인가요?

학생에게 다음과 같이 자신의 정교화를 구성하기 위해 사용한 추론을 설명하라고 요구한다.

- 여러분은 자신의 결론을 어떻게 알았나요?

학생에게 다음과 같이 자신의 결론 중 일부에 단서를 달거나 제한을 두라고 요구한다.

- 함수의 정의역에서의 어느 값이 치역에서의 둘 이상의 값과 대응되는 경우가 있나요?

고등학교 과학

다음의 과학 성취기준을 살펴보자.

HS-PS3-4: 폐쇄된 시스템 내에서 온도가 다른 두 요소를 결합했을 때 열에너지의 이동이 시스템 내의 요소들 사이에 더욱 균일한 에너지 분배를 가져온다(열역학 제2법칙[31])는 증거를 제시하기 위해서 조사를 계획하고 수행할 수 있다. (Achieve, 2013, p. 86)

질문 연속체에서 이 성취기준을 사용하는 교사는 다음의 내용에 초점을 맞출 수 있다.

- 학생은 조사를 계획할 수 있다.
- 학생은 조사를 수행할 수 있다.
- 학생은 증거를 제시할 수 있다.
- 학생은 열역학 제2법칙을 이해하고 이 법칙의 예들을 인식할 수 있다.
- 학생은 두 요소 사이에 에너지가 분배될 때 무슨 일이 발생하는지를 수로(양적으로) 설명할 수 있다.
- 학생은 두 요소 사이에 에너지가 분배될 때 무슨 일이 발생하는지를 말로(개념적으로) 설명할 수 있다.

이 예에서 우리는 열역학 제2법칙을 이해하고 그것의 예를 인식하는 데 초점을 맞춘다.

세부 사항

질문 연속체를 시작하기 위해 교사는 학생에게 에너지 분배라는 **자연현상**에 대해 질문한다.

- 에너지 분배는 어디에서 일어나나요? (장소)
- 에너지 분배는 얼마나 오래 걸리나요? (시간)
- 에너지 분배가 일어나는 동안 무슨 일이 발생하나요? (발생했나요/발생하나요)

....

31 고립계(isolated system)에서 엔트로피(entropy: 무질서도)는 절대로 줄어들지 않는다는 법칙.

교사는 단원에 대한 자신의 초점을 기반으로 해서 범주 혹은 범주들을 선택해야 한다. 이 예에서 교사는 에너지를 분배하는 과정과 에너지를 응집하는 과정이라는 두 범주에 질문의 초점을 맞춘다.

학생에게 다음과 같이 해당 범주의 예를 찾으라고 요구한다.
- 에너지를 분배하는 과정의 예는 무엇인가요? 에너지를 응집하는 과정은?

학생에게 다음과 같이 해당 범주의 일반적인 특성을 기술하라고 요구한다.
- 에너지를 분배하는 과정의 특징은 무엇인가요? 에너지를 응집하는 과정은?
- 에너지가 분배될 때 사건들은 어떤 순서를 가지고 발생하나요? 에너지가 응집될 때는? (과정)
- 에너지를 분배하는 과정과 관련된 원인 및 결과는 무엇인가요? 에너지를 응집하는 과정은? (원인 및 결과)
- 에너지를 분배하는 과정과 관련된 장소는 어디인가요? 에너지를 응집하는 과정은? (장소)

학생에게 다음과 같이 해당 범주 내 비교 및 해당 범주와 다른 범주 간의 비교를 하라고 요구한다.
- 얼음을 끓는 물에 넣는 것과 아이스크림을 먹는 것을 비교하세요. (범주 내 비교—에너지를 분배하는 과정)
- 얼음을 끓는 물에 넣는 것과 얼음을 만들기 위해 물을 얼리는 것을 비교하세요. (범주 간 비교—에너지를 분배하는 과정과 에너지를 응집하는 과정)

정교화 질문은 범주 질문에 대한 학생의 대답을 기반으로 한다. 그러므로 정교화 질문을 구성하기 위해 교사는 범주 질문에 대한 학생의 반응을 활용한다.

학생에게 다음과 같이 특성의 이유를 설명하라고 요구한다. ('왜?' 질문)

- 온도가 다른 두 요소가 만났을 때 왜 에너지는 분산되나요?

- 에너지가 분배된 후에 왜 에너지는 이용 가치가 떨어지나요?

학생에게 다음과 같이 특정 특성의 영향을 기술하라고 요구한다.

- 에너지는 온도에 어떤 영향을 주나요?

- 온도는 에너지 분배에 어떤 영향을 주나요?

학생에게 다음과 같이 일정 조건하에서 무슨 일이 발생할지 예측하라고 요구한다. ('만약 ~라면?' 질문)

- 만약 에너지가 시스템에 추가되지 않으면 어떻게 될까요?

증거

만약 학생이 에너지를 유용한 형태로 응집하기 위해 추가의 '새로운' 에너지가 사용되지 않으면 에너지는 시간이 지남에 따라 이용 가치가 떨어진다고 결론을 내린다면, 교사는 학생에게 자신의 결론에 대한 증거를 제시하도록 유도할 수 있다.

학생에게 다음과 같이 자신의 정교화를 뒷받침하는 자료를 제시하라고 요구한다.

- 여러분의 주장을 뒷받침하는 자료는 무엇인가요?

학생에게 다음과 같이 자신의 정교화를 구성하기 위해 사용한 추론을 설명하라고 요구한다.

- 추가의 '새로운' 에너지가 공급되지 않으면 에너지는 시간이 지남에 따라 이용 가치가 떨어진다는 것을 여러분은 어떻게 알았나요?

학생에게 다음과 같이 자신의 결론 중 일부에 단서를 달거나 제한을 두라고 요구한다.

- '새로운' 에너지는 어디에서 오나요?

학생에게 다음과 같이 자신의 정교화를 구성하기 위해 사용한 추론에서 오류를 찾으라고 요구한다.

- 청자가 여러분의 주장만 듣는다면 어떤 오류를 범할 수 있을까요?

학생에게 다음과 같이 자신의 정교화를 다른 관점에서 검토하라고 요구한다.

- 우주나 다른 행성에서 사물이 어떻게 다르게 작용할까요?

참고문헌 및 자료

Aagard, S. A. (1973). Oral questioning by the teacher: Influence on student achievement in eleventh grade chemistry (Doctoral dissertation, New York University). *Dissertation Abstracts International, 34,* 631A.

Achieve. (2013). *Next Generation Science Standards: DCI arrangements of the Next Generation Science Standards.* Washington, DC: Author. Accessed at http://63960de18916c597c345-8e3bed018c b857642bed25a591e65353.r63.cf1. rackcdn.com/K-12%20DCIs%20Combined%206.11.13.pdf on October 17, 2013.

Adams, T. H. (1964). *The development of a method for analysis of questions asked by teachers in classroom discussion* (Doctoral dissertation). University Microfilms. (64-2809)

Anderson, L. W., & Krathwohl, D. R. (Eds.). (2001). *A taxonomy for learning, teaching, and assessing: A revision of Bloom's Taxonomy of Educational Objectives* (Abridged ed.). New York: Longman.

Aschner, M. J. (1961). Asking questions to trigger thinking. *NEA Journal, 51,* 44-46.

AT&T. (2013). *Samsung Galaxy S4 Active: Whatever-proof* [Video file]. Accessed at www.ispot.tv/ad/7tAC/at-and-t-samsung-galaxy-s4-active-whatever-proof on July 31, 2013.

Bălescu, A., Nemet, C., Zamfir, C., Ispas, D., & Idomir, M. (2013). Identifying risk factors for symptoms of severe trichinellosis: A case study of 143 infected persons in Brasov, Romania 2001-2008. *Vet Parasitol, 194,* 142-144.

Beatty, I. D., & Gerace, W. J. (2009). Technology-enhanced formative assessment: A research-based pedagogy for teaching science with classroom response technology. *Journal of Science Education and Technology, 18,* 146-162.

Beck, I. L., McKeown, M. G., Hamilton, R. L., & Kucan, L. (1997). *Questioning the author: An approach for enhancing student engagement with text.* Delaware: International Reading Association.

Bedwell, L. E. (1974). The effects of training teachers in question-asking skills on the achievement and attitudes of elementary pupils (Doctoral dissertation, Indiana

University). *Dissertation Abstracts International, 35,* 5980-09A.

Beseda, C. G. (1973). Levels of questioning used by student teachers and its effects on pupil achievement and critical thinking ability (Doctoral dissertation, North Texas State University). *Dissertation Abstracts International, 32,* 2543A.

Bloom, B. S. (Ed.). (1956). *Taxonomy of educational objectives: The classification of educational goals. Handbook 1: Cognitive domain.* New York: Longmans, Green.

Brophy, J. (1973). Stability of teacher effectiveness. *American Educational Research Journal, 10,* 245-252.

Brophy, J., & Evertson, C. (1974a). *Process-product correlations in the Texas Teacher Effectiveness Study: Final report* (Research Report No. 74-4). Austin: University of Texas, R & D Center for Teacher Education.

Brophy, J., & Evertson, C. (1974b). *The Texas Teacher Effectiveness Project: Presentation of non-linear relationships and summary discussion* (Research Report No. 74-6). Austin: University of Texas, R & D Center for Teacher Education.

Brophy, J. E., & Evertson, C. M. (1976). *Learning from teaching: A developmental perspective.* Boston: Allyn & Bacon.

Brophy, J., & Good, T. L. (1986). Teacher behavior and student achievement. In M. C. Wittrock (Ed.), *Handbook of research on teaching* (3rd ed.; pp. 328-373). New York: Macmillan.

Brown, G. A., & Edmondson, R. (1984). Asking questions. In E. C. Wragg (Ed.), *Classroom teaching skills* (pp. 97-120). London: Routledge.

Bruff, D. (2009). *Teaching with classroom response systems: Creating active learning environments.* San Francisco: Jossey-Bass.

Buggey, L. J. (1971). A study of the relationship of classroom questions and social studies achievement of second-grade children (Doctoral dissertation, University of Washington). *Dissertation Abstracts International, 32,* 2543A.

Burbules, N. C., & Callister, T. A., Jr. (2000). *Watch IT: The risks and promises of information technologies for education.* Boulder, CO: Westview Press.

Carner, R. L. (1963). Levels of questioning. *Education, 83,* 546-550.

Clark, C. M., Gage, N. L., Marx, R. W., Peterson, P. L., Stayrook, N. G., & Winne, P. H. (1979). A factorial experiment on teacher structuring, soliciting, and reacting. *Journal of Educational Psychology, 71*(4), 534-552.

Clements, R. D. (1964). Art student-teacher questioning. *Studies in Art Education, 6*(1), 14-19.

Coiro, J. (2005). Making sense of online text. *Educational Leadership, 63*(2), 30-35.

Craig, S. D., Sullins, J., Witherspoon, A., & Gholson, B. (2006). The deep-level-reasoning-question effect: The role of dialogue and deep-level-reasoning questions during vicarious learning. *Cognition and Instruction, 24*(4), 565-591.

Dahllöf, U. S., & Lundgren, U. P. (1970). *Project Compass 23: Macro and micro approaches combined for curriculum process analysis: A Swedish educational field project*. Paper presented at the annual meeting of the American Educational Research Association, Minneapolis.

Dantonio, M., & Beisenherz, P. C. (2001). *Learning to question, questioning to learn: Developing effective teacher questioning practices*. Boston: Allyn & Bacon.

David, J. L. (2009). What research says about . . . Teaching media literacy. *Educational Leadership, 66*(6), 84-86.

Davide Pedersoli & C. (2010a). *Brown Bess*. Accessed at www.davide-pedersoli.com/scheda-prodotto.asp/l_en/idpr_67/rifles-brown-bess-brown-bess.html on October 23, 2013.

Davide Pedersoli & C. (2010b). *1763 leger (1766) Charleville*. Accessed at www.davide-pedersoli.com/tipologia-prodotti.asp/l_en/idt_46/rifles-1763-leger-1766-charleville.html on October 23, 2013.

Davide Pedersoli & C. (2010c). *Kentucky flintlock model*. Accessed at www.davide-pedersoli.com/scheda-prodotto.asp/l_en/idpr_91/rifles-kentucky-kentucky-flintlock-model.html on October 23, 2013.

Driscoll, D. M., Craig, S. D., Gholson, B., Ventura, M., & Graesser, A. C. (2003). Vicarious learning: Effects of overhearing dialog and monologue-like discourse in a virtual tutoring session. *Journal of Educational Computing Research, 29,* 431-450.

Dunkin, M. (1978). Student characteristics, classroom processes, and student achievement. *Journal of Educational Psychology, 70,* 998-1009.

Dunkin, M. J., & Biddle, B. J. (1974). *The study of teaching*. New York: Holt, Rinehart, and Winston.

Dupouy-Camet, J. (2000). Trichinellosis: A worldwide zoonosis. *Vet Parasitol, 93*(3-4), 191-200.

Engineer comp geek. (2009). *File:Musketparts.jpg.* Accessed at http://en.wikipedia.
org/wiki/File:Musketparts.jpg on September 13, 2013.

Evertson, C., & Brophy, J. (1973). High-inference behavioral ratings as correlates of
teaching effectiveness. *JSAS Catalog of Selected Documents in Psychology, 3,* 97.

Evertson, C., & Brophy, J. (1974). *Texas Teacher Effectiveness Project: Questionnaire
and interview data* (Research Report No. 74-5). Austin: University of Texas, R & D
Center for Teacher Education.

Floyd, W. D. (1960). *An analysis of the oral questioning activity in selected Colorado
primary classrooms* (Doctoral dissertation). University Microfilms. (60-6253)

Furst, N. F. (1967). The effects of training in interaction analysis on the behavior of
student teachers in secondary schools. In E. J. Amidon & J. B. Hough (Eds.),
Interaction analysis: Theory, research and application (pp. 315-327). Reading,
MA: Addison-Wesley.

Furst, N. F., & Amidon, E. J. (1967). Teacher-pupil interaction patterns in the elementary
school. In E. J. Amidon & J. B. Hough (Eds.), *Interaction analysis: Theory,
research and application* (pp. 167-175). Reading, MA: Addison-Wesley.

Gage, N. L., & Berliner, D. C. (1984). *Educational psychology* (3rd ed.). Boston: Houghton
Mifflin.

Gage, N. L., & Stanford Program on Teaching Effectiveness. (1976). A factorially
designed experiment on teacher structuring, soliciting, and reacting. *Journal of
Teacher Education, 27*(1), 35-38.

Gall, M. D. (1970). The use of questions in teaching. *Review of Educational Research,
40*(5), 707-721.

Gall, M. D. (1975). *The effects of teacher use of questioning techniques on student
achievement and attitudes, vol. I* (Final report). San Francisco: Far West
Laboratory for Educational Research and Development.

Gall, M. (1984). Synthesis of research on teachers' questioning. *Educational Leadership,
42*(3), 40-47.

Gall, M. D., & Rhody, T. (1987). Review of research on questioning techniques. In W. W.
Wilen (Ed.), *Questions, questioning techniques, and effective teaching* (pp. 23-48).
Washington, DC: NEA Professional Library, National Education Association.

Gall, M. D., Ward, B. A., Berliner, D. C., Cahen, L. S., Winne, P. H., Elashoff, J. D., et al.
(1978). Effects of questioning techniques and recitation on student learning.

American Educational Research Journal, 15(2), 175-199.

Gallagher, J. J. (1965). Expressive thought by gifted children in the classroom. *Elementary English, 42*(5), 559-568.

Gambrell, L. B. (1983). The occurrence of think-time during reading comprehension instruction. *Journal of Educational Research, 77*(2), 77-80.

Gandel, S. (2013, April 17). *Damn Excel! How the 'most important software application of all time' is ruining the world.* Accessed at http://finance.fortune.cnn.com/2013/04/17/rogoff-reinhart-excel-errors/ on August 6, 2013.

Garmston, R. J., & Wellman, B. M. (2009). *The adaptive school: A sourcebook for developing collaborative groups* (2nd ed.). Norwood, MA: Christopher-Gordon.

Gayle, B. M., Preiss, R. W., & Allen, M. (2006). How effective are teacher-initiated classroom questions in enhancing student learning? In B. M. Gayle, R. W. Preiss, N. Burrell, & M. Allen (Eds.), *Classroom communication and instructional processes: Advances through meta-analysis* (pp. 279-293). Mahwah, NJ: Erlbaum.

Ghee, H. J. (1975). A study of the effects of high level cognitive questions on the levels of response and critical thinking abilities in students of two social problems classes (Doctoral dissertation, University of Virginia). *Dissertation Abstracts International, 36,* 5187-08A.

Gholson, B., & Craig, S. D. (2006). Promoting constructive activities that support vicarious learning during computer-based instruction. *Educational Psychology Review, 18,* 119-139.

Good, T. L., & Brophy, J. E. (2003). *Looking in classrooms* (9th ed.). Boston: Allyn & Bacon.

Graesser, A. C., & McMahen, C. L. (1993). Anomalous information triggers questions when adults solve quantitative problems and comprehend stories. *Journal of Educational Psychology, 85*(1), 136-151.

Graesser, A. C., & Olde, B. A. (2003). How does one know whether a person understands a device? The quality of the questions the person asks when the device breaks down. *Journal of Educational Psychology, 95*(3), 524-536.

Guilford, J. P. (1959). Three faces of intellect. *American Psychologist, 14*(8), 469-479.

Guszak, F. J. (1967). Teacher questioning and reading. *The Reading Teacher, 21*(3), 227-234.

Hannel, I. (2009). Insufficient questioning. *Kappan, 91*(3), 65-69.

Hare, V. C., & Pulliam, C. A. (1980). Teacher questioning: A verification and an extension. *Journal of Literacy Research, 12*(1), 69-72.

Hattie, J. (2009). *Visible learning: A synthesis of over 800 meta-analyses relating to achievement.* New York: Routledge.

Hill, W. E. (1915). My wife and my mother-in-law. *Puck, 78*(2018), 11. Accessed at http://en.wikipedia.org/wiki/File:My_Wife_and_My_Mother-in-Law.jpg on November 1, 2013.

Hunkins, F. P. (1968). The influence of analysis and evaluation questions on achievement in sixth grade social studies. *Educational Leadership Research Supplement, 1,* 326-332.

Johnson, D. W., & Johnson, R. T. (2005). *Teaching students to be peacemakers* (4th ed.). Edina, MN: Interaction Book.

Kagan, S., & Kagan, M. (2009). *Kagan cooperative learning.* San Clemente, CA: Kagan.

Kendall, J. S., & Marzano, R. J. (2000). *Content knowledge: A compendium of standards and benchmarks for K–12 education* (3rd ed.). Alexandria, VA: Association for Supervision and Curriculum Development.

King, A. (1992). Comparison of self-questioning, summarizing, and notetaking-review as strategies for learning from lectures. *American Educational Research Journal, 29*(2), 303-323.

King, A. (1994). Guiding knowledge construction in the classroom: Effects of teaching children how to question and how to explain. *American Educational Research Journal, 31*(2), 303-323.

Kintsch, W. (1988). The role of knowledge in discourse comprehension: A construction-integration model. *Psychological Review, 95*(2), 163-182.

Kirsch, I. S., & Mosenthal, P. B. (1989). Building documents by combining simple lists. *Journal of Reading, 33*(2), 132-135.

Kirsch, I. S., & Mosenthal, P. B. (1990a). Mimetic documents: Diagrams. *Journal of Reading, 34*(4), 290-294.

Kirsch, I. S., & Mosenthal, P. B. (1990b). Mimetic documents: Pictures. *Journal of Reading, 34*(3), 216-220.

Kirsch, I. S., & Mosenthal, P. B. (1990c). Nested lists. *Journal of Reading, 33*(4), 294-297.

Kirsch, I. S., & Mosenthal, P. B. (1991). Understanding mimetic documents through "knowledge modeling." *Journal of Reading, 34*(7), 552-558.

Kirsch, I. S., & Mosenthal, P. B. (1992). How to navigate a document using locate known/need-to-know strategies. *Journal of Reading, 36*(2), 140-144.

Kleinman, G. S. (1965). Teachers' questions and student understanding of science. *Journal of Research in Science Teaching, 3*(4), 307-317.

Kuiper, E., Volman, M., & Terwel, J. (2005). The web as an information resource in K‒12 education: Strategies for supporting students in searching and processing information. *Review of Educational Research, 75*(3), 285-328.

Ladd, G. T., & Anderson, H. O. (1970). Determining the level of inquiry in teachers' questions. *Journal of Research in Science Teaching, 7*(4), 395-400.

Levin, T. (with Long, R.). (1981). *Effective instruction.* Alexandria, VA: Association for Supervision and Curriculum Development.

Lucking, R. A. (1975). A study of the effects of a hierarchically-ordered questioning technique on adolescents' responses to short stories (Doctoral dissertation, University of Nebraska). *Dissertation Abstracts International, 36,* 0138-08A.

Martikean, A. (1973). *The levels of questioning and their effects upon student performance above the knowledge level of Bloom's taxonomy of educational objectives* (Research Paper No. E585, Division of Education). Gary: Indiana University Northwest.

Marzano, R. J. (with Marzano, J. S., & Pickering, D. J.). (2003). *Classroom management that works: Research-based strategies for every teacher.* Alexandria, VA: Association for Supervision and Curriculum Development.

Marzano, R. J. (2007). *The art and science of teaching: A comprehensive framework for effective instruction.* Alexandria, VA: Association for Supervision and Curriculum Development.

Marzano, R. J., Frontier, T., & Livingston, D. (2011). *Effective supervision: Supporting the art and science of teaching.* Alexandria, VA: Association for Supervision and Curriculum Development.

Marzano, R. J., Pickering, D. J., & Pollock, J. E. (2001). *Classroom instruction that works: Research-based strategies for increasing student achievement.* Alexandria, VA: Association for Supervision and Curriculum Development.

Mathes, C. A. (1977). The effects of two different reading comprehension achievement of students at a fourth grade reading level. (Doctoral dissertation, Indiana University Nebraska). *Dissertation Abstracts International, 39,* 7139-40A.

Mazur, E. (1997). *Peer instruction: A user's manual.* Upper Saddle River, NJ: Prentice Hall.

Meyer, B. J. F. (1982). Reading research and the composition teacher: The importance of plans. *College Composition and Communication, 33*(1), 37-49.

Meyer, B. J. F., Young, C. J., & Bartlett, B. J. (1989). *Memory improved: Reading and memory enhancement across the life span through strategic text structures.* Hillsdale, NJ: Erlbaum.

Millett, G. B. (1968). Comparison of four teacher training procedures in achieving teacher and pupil "translation" behaviors in secondary school social studies (Doctoral dissertation, Stanford University). *Dissertation Abstracts International, 28,* 4514A.

Mosenthal, P., & Kirsch, I. (1989a). Lists: The building blocks of documents. *Journal of Reading, 33*(1), 58-60.

Mosenthal, P. B., & Kirsch, I. S. (1989b). Intersecting lists. *Journal of Reading, 33*(3), 210-213.

Mosenthal, P. B., & Kirsch, I. S. (1990a). Understanding general reference maps. *Journal of Reading, 34*(1), 60-63.

Mosenthal, P. B., & Kirsch, I. S. (1990b). Understanding graphs and charts, part I. *Journal of Reading, 33*(5), 371-373.

Mosenthal, P. B., & Kirsch, I. S. (1990c). Understanding graphs and charts, part II. *Journal of Reading, 33*(6), 454-457.

Mosenthal, P. B., & Kirsch, I. S. (1990d). Understanding thematic maps. *Journal of Reading, 34*(2), 136-140.

Mosenthal, P. B., & Kirsch, I. S. (1991a). Information types in nonmimetic documents: A review of Biddle's wipe-clean slate. *Journal of Reading, 34*(8), 654-660.

Mosenthal, P. B., & Kirsch, I. S. (1991b). Mimetic documents: Process schematics. *Journal of Reading, 34*(5), 390-397.

Mosenthal, P. B., & Kirsch, I. S. (1991c). More mimetic documents: Procedural schematics. *Journal of Reading, 34*(6), 486-490.

Mosenthal, P. B., & Kirsch, I. S. (1992). Cycle strategies in document search: From here to there to wherever. *Journal of Reading, 36*(3), 238-242.

Moyer, J. R. (1966). *An exploratory study of questioning in the instructional processes in selected elementary schools* (Doctoral dissertation). University Microfilms. (66-2661)

Nash, R. J., & Shiman, D. A. (1974). The English teacher as questioner. *English Journal, 63,* 42-45.

National Governors Association Center for Best Practices & Council of Chief State School Officers. (2010a). *Common Core State Standards for English language arts and literacy in history/social science, science, & technical subjects.* Washington, DC: Authors.

National Governors Association Center for Best Practices & Council of Chief State School Officers. (2010b). *Common Core State Standards for English language arts & literacy in history/social studies, science, and technical subjects—Appendix A: Research supporting key elements of the standards and glossary of key terms.* Washington, DC: Authors.

National Governors Association Center for Best Practices & Council of Chief State School Officers. (2010c). *Common Core State Standards for mathematics.* Washington, DC: Authors.

Otero, J., & Graesser, A. C. (2001). PREG: Elements of a model of question asking. *Cognition and Instruction, 19*(2), 143-175.

Pashler, H., Bain, P. M., Bottge, B. A., Graesser, A., Doedinger, K., McDaniel, M., & Metcalfe, J. (2007). *Organizing instruction and study to improve student learning* [NCER 2007-2004]. Washington, DC: National Center for Education Research, Institute of Education Sciences, U.S. Department of Education. Accessed at http://ies.ed.gov/ncee/wwc/pdf/practiceguides/20072004.pdf on January 19, 2011.

Pate, R. T., & Bremer, N. H. (1967). Guiding learning through skillful questioning. *Elementary School Journal, 67*(8), 417-422.

Rankin, B. (2005). *Radical cartography.* Accessed at www.radicalcartography.net/index.html?boston-f-g on September 13, 2013.

Redfield, D. L., & Rousseau, E. W. (1981). A meta-analysis of experimental research on teacher questioning behavior. *Review of Educational Research, 51*(2), 237-245.

Ripley, J. P., II. (1981). The effects of preservice teacher's cognitive questioning level and redirecting on student science achievement. *Journal of Research in Science Teaching, 18*(4), 303-309.

Rogers, V. M. (1968). Varying the cognitive levels of classroom questions in elementary social studies: An analysis of the use of questions by student-teachers (Doctoral dissertation, University of Texas at Austin). *Dissertation Abstracts International, 30,* 1459-04A.

Rosenshine, B. (1971). *Teaching behaviors and student achievement.* Slough, England: National Foundation for Educational Research in England and Wales.

Rosenshine, B. (1976a). Classroom instruction. In N. L. Gage (Ed.), *Psychology of teaching methods: The seventy-fifth yearbook of the National Society for the Study of Education, Part I* (pp. 335-371). Chicago: University of Chicago Press.

Rosenshine, B. (1976b). Recent research on teaching behaviors and student achievement. *Journal of Teacher Education, 27*(1), 61-64.

Rosenshine, B., Meister, C., & Chapman, S. (1996). Teaching students to generate questions: A review of the intervention studies. *Review of Educational Research, 66*(2), 181-221.

Ryan, F. L. (1973). Differentiated effects of levels of questioning on student achievement. *The Journal of Experimental Education, 41*(3), 63-67.

Ryan, F. L. (1974). The effects on social studies achievement of multiple student responding to different levels of questioning. *The Journal of Experimental Education, 42*(4), 71-75.

Samson, G. E., Strykowski, B., Weinstein, T., & Walberg, H. J. (1987). The effects of teacher questioning levels on student achievement: A quantitative synthesis. *Journal of Educational Research, 80*(5), 290-295.

Sanchez, C. A., & Branaghan, R. (2011). Turning to learn: Screen orientation and reasoning with small devices. *Computers in Human Behavior, 27*(2), 793-797.

Sanchez, C. A., & Wiley, J. (2009). To scroll or not to scroll: Scrolling, working memory capacity, and comprehending complex texts. *Human Factors, 51*(5), 730-738.

Sanders, N. M. (1966). *Classroom questions: What kinds?* New York: Harper & Row.

Savage, T. V. (1972). A study of the relationship of classroom questions and social studies achievement of fifth grade children (Doctoral dissertation, University of Washington). *Dissertation Abstracts International, 33,* 2245-05A.

Schreiber, J. E. (1967). *Teachers' question-asking techniques in social studies* (Doctoral dissertation). University Microfilms. (67-9099)

Soar, R. S. (1968). Optimum teacher-pupil interaction for pupil growth. *Educational Leadership, 26,* 275-280.

Soar, R. S. (1973). *Follow Through classroom process measurement and pupil growth*

(1970-71, final report). Gainesville: University of Florida, Institute for Development of Human Resources.

Soar, R. S. (1977). An integration of findings from four studies of teacher effectiveness. In G. Borich & K. Fenton (Eds.), *The appraisal of teaching: Concepts and process* (pp. 96-103). Reading, MA: Addison-Wesley.

Soar, R. S., & Soar, R. M. (1972). An empirical analysis of selected Follow Through programs: An example of a process approach to evaluation. In I. Gordon (Ed.), *Early childhood education* (pp. 229-259). Chicago: National Society for the Study of Education.

Soar, R. S., & Soar, R. M. (1973). *Classroom behavior, pupil characteristics and pupil growth for the school year and the summer.* Gainesville: University of Florida, Institute for Development of Human Resources.

Soar, R. S., & Soar, R. M. (1978). *Setting variables, classroom interaction, and multiple pupil outcomes* (Final report, Project No. 6-0432, Grant No. NIE-G-76-0100). Washington, DC: National Institute of Education.

Soar, R. S., & Soar, R. M. (1979). Emotional climate and management. In P. Peterson & H. Walberg (Eds.), *Research on teaching: Concepts, findings and implications* (pp. 97-119). Berkeley, CA: McCutchan.

Spaulding, R. L. (1965). *Achievement, creativity, and self-concept correlates of teacher-pupil transactions in elementary school classrooms.* Hempstead, NY: Hofstra University.

Stallings, J., & Kaskowitz, D. (1974). *Follow Through classroom observation evaluation 1972-1973* (SRI Project URU-7370). Stanford, CA: Stanford Research Institute.

Stallings, J. A., & Kaskowitz, D. H. (1975, April). *A study of Follow Through implementation.* Paper presented at the annual meeting of the American Educational Research Association.

Stevens, R. (1912). *The question as a measure of efficiency in instruction: A critical study of class-room practice.* New York: Teacher's College Press.

Stowell, J. R., & Nelson, J. M. (2007). Benefits of electronic audience response systems on student participation, learning, and emotion. *Teaching of Psychology, 34*(4), 253-258.

U.S. Bureau of the Census. (1975). *Historical statistics of the United States, colonial times to 1970, bicen-tennial edition, part 1.* Washington, DC: Author.

U.S. Department of Agriculture. (2011). *Parasites and foodborne illness* [Fact sheet]. Accessed at www.fsis.usda.gov/wps/wcm/connect/48a0685a-61ce-4235-b2d7-f07f53a0c7c8/Parasites_and_Foodborne_Illness.pdf?MOD=AJPERES on July 25, 2013.

van Dijk, T. A., & Kintsch, W. (1983). *Strategies of discourse comprehension.* New York: Academic Press.

Ward, B. A., & Tikunoff, W. J. (1975). *Application of research to teaching* (Report A75-2). San Francisco: Far West Laboratory for Educational Research.

Wilen, W. W. (1987). Improving teachers' questions and questioning: Research informs practice. In W. W. Wilen (Ed.), *Questions, questioning techniques, and effective teaching* (pp. 173-200). Washington, DC: NEA Professional Library, National Education Association.

Wilen, W. W., & Clegg, A. A. (1986). Effective questions and questioning: A research review. *Theory and Research in Social Education, 14*(2), 153-161.

Wiley, J., Goldman, S. R., Graesser, A. C., Sanchez, C. A., Ash, I. K., & Hemmerich, J. A. (2009). Source evaluation, comprehension, and learning in Internet science inquiry tasks. *American Educational Research Journal, 46*(4), 1060-1106.

Winne, P. H. (1979). Experiments relating teachers' use of higher cognitive questions to student achievement. *Review of Educational Research, 49*(1), 13-49.

Wisher, R. A., & Graesser, A. C. (2007). Question asking in advanced distributed learning environ-ments. In S. M. Fiore & E. Salas (Eds.), *Toward a science of distributed learning* (pp. 209-234). Washington, DC: American Psychological Association.

Wright, C., & Nuthall, G. (1970). Relationships between teacher behaviors and pupil achievement in three experimental elementary science lessons. *American Educational Research Journal, 7*(4), 477-491.

찾아보기

저자 소개

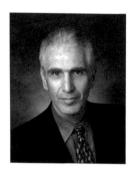

로버트 J. 마르자노(Robert J. Marzano) 박사는 콜로라도 덴버에 위치한 마르자노 연구소(Marzano Research)의 공동 설립자이자 CEO이다. 교육 분야에서 40년 동안 교육자를 대상으로 연사 및 교육 담당자로 활동했으며, 교수법, 평가, 성취기준 개발 및 시행, 인지, 효과적인 리더십, 학교에서의 지도(school intervention) 등의 주제에 관한 30여 권의 책과 150여 편의 논문을 저술했다. 저서로는 『교수의 기술과 과학(The Art and Science of Teaching)』, 『학습의 리더들(Leaders of Learning)』, 『탁월한 교수법(On Excellence in Teaching)』, 『수업 장학(Effective Supervision)』, 『수업 전략 시리즈(The Classroom Strategies Series)』, 『공통 핵심 성취기준 사용으로 교실 수업과 평가 개선하기(Using Common Core Standards to Enhance Classroom Instruction and Assessment)』, 『필수 과목을 위한 어휘(Vocabulary for the Common Core)』, 『차이를 만드는 교사 평가(Teacher Evaluation That Makes a Difference)』 등이 있다. 가장 최신의 연구와 이론을 실제 수업 전략으로 옮긴 그의 책들은 전 세계에 알려져 교사와 관리자 사이에서 널리 사용되고 있다. 그는 뉴욕의 아이오나 대학교에서 학사 학위, 시애틀 대학교에서 석사 학위, 워싱턴 대학교에서 박사 학위를 받았다.

줄리아 A. 심스(Julia A. Simms)는 교육학 및 문학 석사 학위 소유자로, 콜로라도 덴버에 위치한 마르자노 연구소의 출판 책임자이다. 그녀는 일반 교사, 재능 있는 교육 전문가, 교사 지도자이자 코치로서 유치원 교육부터 고등학교 교육까지 두루 활동했으며, 저서로는『교실 수업 코치하기(Coaching Classroom Instruction)』,『공통 핵심 성취기준 사용으로 교실 수업과 평가 개선하기』,『필수 과목을 위한 어휘』등이 있다. 그녀는 문식성(文識性: literacy) 교수법 및 지도, 교실 및 학교 전반에 걸친 개별화, 교육 공학 등 다양한 주제 영역에서 학교 수준 및 지역 수준의 전문가 양성을 주도해왔다. 그녀는 일리노이 휘턴에 위치한 휘턴 대학교에서 학사 학위, 콜로라도 주립대학교 및 노던콜로라도 대학교에서 각각 교육 행정과 문식성 교육 분야에서 석사 학위를 받았다.

마르자노 연구소 소개

마르자노 연구소는 설루션 트리(Solution Tree)와 마르자노 박사가 함께 설립한 벤처 기업이다. 이 연구소는 효과적이고 이용 가능한 교수 전략, 리더십 전략, 그리고 항상 최고의 실천을 선도하는 교실 평가 전략을 제공하기 위해, 마르자노 박사의 40년간의 교육 연구 경험을 학교 교육의 주요 영역에서 계속적으로 이루어진 현장 연구와 접목한다. 이 연구소는 연구를 실행으로 이끄는 자원 센터를 제공함으로써 교사와 관리자에게 학생의 학업 성취에서 깊이 있으면서도 즉각적인 개선을 하는 데 필요한 도구를 제공한다.